本书受韩国学中央研究院海外韩国学研究项目资助（韩国学种子项目：AKS-2015-INC-2230005）。

中韩文化与翻译

高红姬 编

中国出版集团有限公司

世界图书出版公司
北京 广州 上海 西安

图书在版编目（CIP）数据

中韩文化与翻译/高红姬编. —北京：世界图书出版有限公司北京分公司，2024.2
ISBN 978-7-5232-0401-6

Ⅰ.①中… Ⅱ.①高… Ⅲ.①比较文化—研究—中国、韩国②朝鲜语—翻译—研究
Ⅳ.① G131.262 ② G122

中国国家版本馆CIP数据核字(2024)第001941号

书　　名	中韩文化与翻译 ZHONGHAN WENHUA YU FANYI
编　　者	高红姬
责任编辑	乔　伟
责任校对	尹天怡
出版发行	世界图书出版有限公司北京分公司
地　　址	北京市东城区朝内大街137号
邮　　编	100010
电　　话	010-64038355（发行）　64033507（总编室）
网　　址	http://www.wpcbj.com.cn
邮　　箱	wpcbjst@vip.163.com
销　　售	新华书店
印　　刷	北京市金木堂数码科技有限公司
开　　本	787 mm×1092 mm　1/16
印　　张	15.5
字　　数	383千字
版　　次	2024年2月第1版
印　　次	2024年2月第1次印刷
国际书号	ISBN 978-7-5232-0401-6
定　　价	49.80元

版权所有　翻印必究

（如发现印装质量问题，请与本公司联系调换）

머리말

산동대학교 외국어대학 한국어학과는 중한수교의 해인 1992년에 설립되어 한국학 교육을 시작하였고 훌륭한 교수진 확보, 글로벌 시대 인재 양성 목표에 알맞은 교과목 설정, 한국학 교육에 필요한 다양한 교재 편찬, 여러 분야에서의 한국학 연구에 주력하며 한국학 인재 양성에 몰두해 왔다.

산동대학교 한국어학과는 2015년에 해외한국학 씨앗형 사업에 선정되어 새로운 한국학 인재 양성이라는 교육의 질적 전환을 목표로 <중국 내 한국 문화 번역 인재 양성을 위한 교수 요목 및 교재 개발 사업>이라는 주제로 사업을 추진하였다. 본 사업은 중국 대학교에서 한국어를 학습하고 있는 한국어 학습자들이 단순히 언어 학습자의 수준을 넘어 중한 문화 매개자의 역할과 나아가 한국 문화 전도자의 역할을 담당하는 전문 번역 인재로 성장할 수 있도록 교수 요목을 개발하고 한국 문화 번역 교재를 개발하여 사용하는 것을 핵심 목표로 한다. 이를 통해 중국 내 한국학 연구가 뿌리를 내리고 그 지평을 확장하여 한국학 연구의 후속 세대를 체계적으로 교육할 수 있는 토대를 마련함으로써 중국의 한국학 발전에 기여하고자 하였다.

산동대학교 외국어대학 한국어과는 2017년 9월부터 중국정부의 인가를 받아 한국어학과 번역대학원을 건설하고 학생을 모집하여 학부와 대학원을 연계한 한국학 번역 인재 양성 시스템을 구축하였다. 본 사업의 추진과 함께 10여 년의 번역 인재 양성 과정에 한국어학과는 한국의 문학을 포함한 전문 학술서적 번역이 가능한 인재를 양성하고 중한 문화교류 현장에서 문화 번역자 역할을 제대로 감당할 수 있는 창의적인 번역 인재 양성을 위해 노력해 왔다. 이러한 노력으로 번역대학원 석사생들은 3년간의 교육 과정에 중한 문학, 문화 관련 내용 번역 실천을 대량으로 진행하였고 중한 번역 관련 연구 성과들도 많이 배출하였다.

본 논문집 『중한 문화와 번역』은 씨앗형 사업 계획의 성과물로 펴낸 것으로 연구 구성원들과 대학원생들의 수준 높은 논문들을 수록하였다. 본 논문집에 실린 논문들은 교재에서의 문화 어휘 번역 방안, 중국에서의 한국 문학서 보급, 중국 대학에서의 한국어 번역 인재 양성 방안, 한국 작품의 중국어 번역 실천 보고서, 중한 언어 대조 등 다양한 주제로 구성되어 있다.

　끝으로 본 사업이 성과를 거둘 수 있도록 지지와 후원을 아끼지 않은 한국학중앙연구원 한국학진흥사업단의 지지와 후원에 감사드리며 논문집 발간을 위해 힘써 주신 세계도서출판사 외국어편집실 여러 선생님들의 노고에 감사를 드린다.

산동대학교 외국어대학 한국어학과
2023년 11월

목 차

종합한국어 교재 문화어휘의 번역 양상 및 문제점 해결 방안　高红姬 …………………… 1

중국 온라인상의 한국 문학서 보급 현황 고찰　朴爱阳 …………………………………… 15

중국 대학에서의 한국어 번역 인재 양성 방안 연구　朴爱阳 …………………………… 27

중국 내 대학교 한국어과 번역 관련 교과목 및 교재에 대한 연구　朴银淑 …………… 47

『駱駝祥子』한역(韓譯)본에 나타난 문화적 요소 번역 연구——관련성 이론을 바탕으로
　　高红姬, 杨淇淇 ………………………………………………………………………………… 63

한국어 '있다'의 중국어 대응 양상 연구　高子迪 ………………………………………… 77

『트렌드 코리아2020』한중 번역 실천 보고서　고晋瑶 …………………………………… 99

산문집『생각의 각도』한중 번역 실천 보고서　李真 …………………………………… 122

『마스크가 답하지 못한 질문들』(1~5장) 한중 번역 실천 보고서　董超越 ………… 143

『여성노동과 페미니즘: 보호라는 이름의 차별과 배제의 논리』한중 번역 실천 보고서
　　李雪冉 ………………………………………………………………………………………… 166

『중국 민속 이야기』중한 번역 실천 보고서　李春月 ………………………………… 185

短篇小说《金星女》韩汉翻译实践报告　吴林鸿 ………………………………………… 209

《金班长的诞生》(节选)韩汉翻译实践报告　鹿韶楠 …………………………………… 226

종합한국어 교재 문화어휘의
번역 양상 및 문제점 해결 방안[1]

高红姬[2]

1. 머리말

외국어 공부는 한 나라의 언어를 배움과 동시에 그 언어를 사용하는 나라의 문화를 배워가는 과정이라 할 수 있다. 외국어 교육이 어휘 교육에서부터 시작되듯이 한국 문화 교육도 문화어휘 교육에서부터 시작된다. 대부분의 학습자들은 한국어 교재를 통해 한국 문화 어휘를 접하게 되고 한국 문화 지식을 쌓아가게 된다. 특히 초급단계의 학습자들은 주로 종합한국어[3]교재를 통해 한국 문화를 접하게 된다. 그러므로 교재에 제시된 문화어휘의 중국어 번역은 학습자들이 한국 문화를 올바르게 이해하고 알아가는 데 중요한 역할을 하게 된다. 본고는 종합한국어 초·중급 교재에 제시된 한국어 문화어휘의 중국어 번역에 대한 분석을 통해 문화어휘의 번역 양상을 확인하고 번역에 나타나는 문제점 해결 방안을 제시하는 데 목적이 있다.

문화어휘에 대해 학자마다 개념 기술에 있어 약간의 차이를 보인다. 박영준(2000)에서는 '문화적 어휘'라 일컫고 문화적 어휘를 '문화적 어휘1: 문화와 관련된 어휘나 표현'과 '문화적 어휘2: 문화적 배경의 차이에 따라서 나타나는 어휘나 표현'으로 규정하였다. 강현화(2002)에서는 구체적으로 한국어 교육에 반영하여야 할 문화적 요소를 담고 있는 어휘나 문화적 배경을 담고 있는 어휘로 보았다. 심혜령(2009)에서는 '문화기반어휘'라는 용어를 사용하여 외국인 학습자가 언어 이론적 접근만으로 획득할 수 없는 모국어 화자들의 문화와 경험의 산물로서의 어휘들을 총칭한다고 개념화하였다. 이근희(2008)에서는 문화 관련 어휘에 대해 '원천언어를 사용하는 사회 공동체의 역사, 사회, 경제, 정치, 언어관습 등을 둘

---

[1] 이 논문은 2015-2016년도 정부(교육부)의 재원으로 한국학중앙연구원(한국학진흥사업단)의 지원을 받아 수행되었음 (AKS-2015-INC-2230005). 『語文論集』 68호(중앙어문학회, 2016)에 게재됨.
[2] 山东大学外国语学院朝鲜语系副教授
[3] '종합한국어' 과목은 '한국어정독(精讀)'이라고도 하는데 중국 대학교의 한국어학과에서 주당 6~8시간으로 배정하는 전공필수과목으로 1학년, 2학년, 3학년에 걸쳐 강의를 진행한다. 강의 시간으로 봤을 때 '종합한국어'는 전공필수과목 중에서 가장 큰 비중을 차지하는 주요 과목이며 어휘, 문법 설명과 본문 내용 설명·이해를 중심으로 진행된다. 이에 반해 말하기, 듣기, 읽기 등 전공과목은 일반적으로 주당 2시간이 배정된다. 그러므로 한국어 교육에서 제일 중요한 과목이라 할 수 있다.

러싼 고유한 특정 문화에서 비롯한 어휘'라고 정의하였다. 전미순·이병운(2011)에서는 한국어교육에서 문화어휘의 개념을 '한국의 사회문화적 의미가 직접적이거나 간접적인 형태로 반영되어 있어 한국 문화를 이해하는 키워드가 되는 것'으로 정의하였다. 즉 문화관련 직접 어휘는 직접적인 사물 및 개념을 지칭하는 어휘를 말하고 문화배경 간접어휘는 맥락에 따라 문화적 배경에 대한 설명이 필요한 어휘를 말한다고 하였다.

문화어휘 개념에 대한 기존 논의의 내용을 종합해 보면 문화어휘는 문화적 요소를 담고 있는 어휘와 문화 배경의 차이로 인한 상징적 의미가 있는 어휘로 정의할 수 있다. 교재에 나오는 문화어휘들은 대부분 전자에 속하는 문화어휘들이다. 본고에서는 이 정의에 따라 종합한국어 교재에 나오는 문화어휘를 추출하고자 한다.

한국어 문화어휘의 한중 번역을 주제로 한 연구로는 徐俊(2015), 손나나(2012)가 있다. 徐俊(2015)에서는 한국 해외 홍보물에 나온 한국어 문화어휘의 중국어 번역 연구를 중심으로 프레임이론의 관점에서 번역의 과정, 원천텍스트와 목표 텍스트 사이의 문화어휘의 상관관계를 논의하고 번역 전략을 살펴보았다. 그리고 문화어휘를 유형에 따라 수집·정리하고 번역방법을 분석하였으며 가독성 제고를 위한 문화어휘 번역의 개선 방법과 방향을 제안하였다. 홍보물 텍스트에서는 대부분 하나의 한국 문화어휘를 하나의 중국어 어휘로 대응시켜 텍스트를 형성하였기 때문에 한국 문화어휘에 대응하는 기타 대응 사례는 다루지 못하였다. 손나나(2012)에서는 『대한민국에서 장남으로 살아가기』란 문학 작품을 중심으로 한중 어휘 번역 전략에 대해 한자어, 외래어, 고유명사, 의성어, 의태어, 관용어구 등 일곱 가지로 나누어 분석하였다. 문학 작품이라는 텍스트의 특수성 때문에 제한된 문화어휘와 문화어휘 이외의 기타 어휘도 많이 다루었고 중국어 번역 사례가 필자에 의한 번역이라는 한계성을 갖는다. 이밖에 김혜림(2014)에서는 한국의 9개 공공기관 및 민간시설 누리집을 대상으로 문화용어를 추출하고 영어, 중국어, 일본어로 번역된 자료를 수집하여 언어별 번역 방안을 유형화하였다. 그리고 이를 토대로 번역의 문제점을 파악하고 언어별 특성에 입각한 문화용어의 번역 방안을 제시하였다. 이러한 종합 작업의 일환으로 한국어 문화용어의 중국어 번역 자료를 분석하고 번역 방안을 제시하였다. 위의 연구들은 홍보물과 소설에 나타난 문화어휘의 한중 번역 양상을 연구한 것으로 본고에서 다루고자 하는 중국인 학습자를 대상으로 한 교육용 문화어휘의 중국어 번역 양상 연구와는 거리가 멀다.

본고에서는 선행 연구들을 바탕으로, 중국에서 출판된 종합한국어 교재 5종을 대상으로 문화어휘의 번역 양상과 문제점을 분석하고 교재 문화어휘에 대한 중국어 번역 방안을 제시하고자 한다. 2장에서는 5종의 교재 어휘 목록에 제시된 어휘 중에서 한국어 문화어휘를 추출하고 중국어 번역 사례 분석을 통해 중국어 번역 양상을 제시하고 중국어 번역에 나타나는 문제점들을 검토하고자 한다. 3장에서는 2장에서 진행한 사례 분석을 바탕으로 한국어 문화어휘의 중국어 번역 방안을 모색하고자 한다.

2. 종합한국어 교재의 문화어휘 번역 양상 및 문제점

본고에서는 중국에서 편찬된 종합한국어 교재 중 편찬 지역과 보급률을 고려하여 북경대학교에서 편찬한 『韩国语』(1,2,3,4) ('A교재'로 칭함); 상해복단대학교에서 편찬한 『初级韩国语』(上下), 『中级韩国语』(上) ('B교재'로 칭함); 산동대학교에서 편찬한 『韩国语精读教程』(初级上下, 中级上下) ('C교재'로 칭함); 연변대학교에서 편찬한 『新编初级韩国语〉』(上下), 『新编中级韩国语』(上下) ('D교재'로 칭함), 각 대학에서 공동으로 편찬한 『大学韩国语』(一二三四册) ('E'교재로 칭함) 등 5종의 교재 총 19권을 사례 분석 대상으로 삼았다[1]. 그리고 교재의 구체적인 예를 통해 한국어 정독교재의 문화어휘 번역 양상을 살펴보도록 하겠다.

유교문화권에 속하는 중국과 한국은 역사적으로 오랜 시기를 거쳐 교류를 해 왔기 때문에 문화면에서 유사성을 갖고 있다. 예를 들면 일부 명절을 나타내는 어휘들은 한국과 중국에 모두 존재하는 문화요소를 담은 어휘들이다. 그러나 이미 한국에서 전통문화로 고착이 되었으므로 문화어휘로 간주하고자 한다.

한국어 문화어휘의 중국어 번역은 서양의 번역 기법을 적용하기 힘들다. 왜냐하면 중국어가 표음문자가 아닌 표의문자이고, 한국어에 고유어 문화어휘뿐만 아니라 한자어 문화어휘도 많기 때문이다. 김혜림(2014)에서는 한국어와 중국어의 특징을 고려하여 번역 유형을 한자역, 의역, 혼역, 음역으로 구분하고 한자역의 하위 유형에 한자어 한자역과 한자어 대응역, 의역의 하위 유형에 의미역, 대응역, 설명식 의미역을 포함시켰다. 그러나 한자어 대응역은 한자역의 하위 유형으로 볼 것이 아니라 의역의 하위 유형에 속한다. 본고에서는 김혜림(2014)의 분류기준을 참고로 하여 교재에 나오는 한국어 문화어휘의 중국어 번역 유형을 한자역, 의미역, 음역, 혼역으로 분류하였다.

2.1 한자역

한국어에는 한자어가 60%를 차지하므로 한자어에 대응하는 한자 그대로 번역할 수 있는 문화어휘가 많다. 한자역은 한국어의 한자어 문화어휘를 중국어로 번역할 때 동일한 한자로 번역하는 것을 말하는데, 이와 같이 동형 한자역을 할 수 있는 경우는 다음과 같은 두 가지 경우로 나누어 볼 수 있다. 하나는 중국어에 한국어의 한자어 문화어휘에 해당하는 同形同

---

[1] 한국어 교육의 분포 지역을 고려하여 북경대학교, 복단대학교, 산동대학교, 연변대학교에서 편찬한 교재와 여러 대학교 교수들이 공동으로 편찬한 교재를 선정하게 되었다. 이중 복단대학교에서 출판한 교재는 중급(하)가 출판되지 않아 3권만을 연구 대상으로 삼았다.

義 대응어가 존재하는 경우이고, 다른 하나는 중국어에 同形同義 대응어가 존재하지 않지만 한자의 의미를 통해 한국어 문화어휘에 대한 이해가 충분히 가능한 경우이다. 구체적인 예를 통해 살펴보도록 하겠다.

표1 중국어에 同形同義 대응어가 있는 경우

한국어	중국어	한국어	중국어
중추절	中秋节	효자	孝子
단오	端午	초복	初伏
중복	中伏	말복	末伏

표1의 예는 한국어 문화어휘가 중국어에도 동형동의 대응어로 존재하는 경우로, 이는 한국과 중국의 문화 유사성으로 인해 존재하는 어휘들이다. 일반적으로 명절이나 절기의 명칭들이 이 경우에 속한다.

표2 중국어에 대응어가 없는 경우

한국어	중국어	한국어	중국어
대한민국	大韩民国	한복	韩服
대한항공	大韩航空	제주도	济州岛
김철수	金哲洙	창덕궁	昌德宫
인천	仁川	태권도	跆拳道
춘향전	春香传	한식	韩食

표2의 예는 한국어에만 존재하는 한자어 문화어휘를 동형 한자로 옮긴 번역의 예이다. 한자가 갖고 있는 고유의 의미를 통해 한국어 문화어휘의 의미를 파악할 수 있는 경우에는 추가 설명이 없이 동형 한자어로 번역할 수 있다. 그러나 다음과 같은 경우에 동형 한자어로 번역하면 다른 의미로 해석되거나 소통이 불가능하게 된다.

표3 한자역에서 나타나는 문제점

한국어	중국어	한국어	중국어
강남	江南(BCD교재)	학원	学院(E교재)
보신탕	补身汤(A교재)	교보문고	教保文库(E교재)
고시원	考试院(C교재)	한우	韩牛(D교재)
자취	自炊(E교재)	양반	两班(AC교재)

표3에 제시한 예에서 '강남', '학원'과 같은 단어는 중국어에도 동일한 한자로 '江南', '学院'이라는 단어가 있으나 그 의미가 한국어의 단어와 완전히 다른 경우이다. 중국어에서 '江南'은 '양자강 하류 이남의 지역'을 가리키고 '学院'은 '단과대학'을 가리킨다. 그러므로 '강남'의 경우에는 한자어로 번역한 후 뒤에 '首尔汉江以南地区(서울 한강 이남 지역)'임을 밝혀야 한다. 즉 '한자역+추가설명'의 방법을 사용해야 한다. '학원'은 중국어로 '辅导班', '学习班'으로 의역을 해야 한다. 단어 '고시원'을 교재에서 '考试院'으로 제시하였는데 중국인 학습자들은 한자의 고유한 의미에 따라 '고시원'을 '각종 시험을 주관하는 기관'으로 이해할 것이다. '고시원'은 원래 '각종 고시 및 시험을 준비하는 장기 수험생들을 주 대상으로 하는 좁은 공간의 주거시설'이었으나, 사회의 변화와 함께 수험생 이외의 직장인들도 다른 거주 시설보다 싼 까닭에 많이 찾고 있으며 또 경제적으로 어려운 노인, 장애인, 노동자들도 고시원을 이용하므로 도시 빈곤층의 불안정한 거주지로 자리잡혔다. 이러한 한국 사회 현상을 보여주는 어휘들은 어휘 목록에서 간단한 추가설명을 하여 제시하는 것으로는 부족하다. 교재에서 '한국 문화 지식'이라는 내용 구성 부분을 추가하여 학습자들에게 문화 현상을 구체적으로 설명해 주는 것이 바람직하다. 표3에 제시한 어휘들의 바람직한 중국어 번역을 제시하면 다음과 같다.

표4 바람직한 중국어 번역

한국어	중국어	한국어	중국어
강남	江南 (首尔汉江以南地区)	학원	辅导班, 学习班
보신탕	狗肉汤	교보문고	教保书城
고시원	考试院 (价格低廉，空间狭小的居住设施)	한우	韩国大黄牛
자취	自己做饭	양반	两班 (文武官员)

2.2 의미역

의미역은 뜻을 살려 번역하는 방법을 말하는데, 일반적으로 고유어 문화어휘와 중국어 화자들이 한자의 고유 의미로 단어의 의미를 정확하게 이해하기 어려운 한자어 문화어휘의 경우 의미역을 사용한다. 아래 구체적인 예를 통해 교재에서의 번역 양상을 살펴보도록 하겠다.

표5 중국어의 대응어로 번역

	A 교재	B 교재	C 교재	D 교재	E 교재
만두	饺子, 包子				
도라지				桔梗	
베	麻布				
온돌	炕, 火炕		地暖	暖炕	
가마	轿子				
큰절		大礼, 鞠躬			
절	礼, 行礼, 鞠躬				
한가위	中秋节	中秋节			
꽃샘추위			春寒, 倒春寒		
집들이		搬家, 乔迁; 乔迁之宴	乔迁请客		乔迁宴
학원			补习班, 培训班		

위의 예들은 중국어에 대응어가 있는 경우이다. 일부 어휘는 중국어에 '一对一' 대응 관계로 대응어가 존재하지만 일부 어휘는 '一对多' 대응관계로 대응어가 존재한다. 중국어에 대응어가 있음에도 불구하고 위의 예들을 분석해 보면 다음과 같은 두 가지 문제점들이 존재한다. 하나는 동일 문화어휘에 대해 각 교재마다 제시한 중국어 번역이 서로 다르다는 것이다. 예를 들면 '온돌'에 대한 중국어 번역이 세 교재에서 모두 다르게 제시하고 있다. 이는 '一对多' 대응관계를 갖는 경우에 나타나는 현상으로 교재에서 제시할 때 가능한 대응하는 중국어 어휘를 모두 제시하여 통일성을 갖추는 것이 바람직하다. 다른 하나의 문제점은 일부 어휘 번역이 대응어를 제대로 제시하지 못하였다는 것이다(음영 표시를 한 부분). 그 원인은 한국어 문화어휘의 의미를 제대로 이해하지 못했거나 중국어에서 대응어를 제대로 찾지 못하였기 때문이다. '큰절'은 한국어에서 '서서 하지 않고 앉으면서 허리를 굽혀 머리를 조아리는 절'을 뜻한다. 그러나 중국어 번역으로 제시한 단어 '大礼(혼례와 같은 큰 행사)'와 '鞠躬(머리를 숙이고 다리를 굽혀 하는 인사)'는 모두 한국어의 '큰절'과 대응하는 어휘가 아니다. 중국어에서는 '跪拜'라는 단어로 한국어의 '큰절'을 나타낸다. '집들이'는 '이사를 하고 나서 손님을 초대한다'의 의미를 나타내는데 중국어 번역으로 제시한 '搬家'는 '이사를 하다'의 의미만 가지므로 대응 어휘가 아니다.

표6 중국어의 유사 어휘로 번역

	A 교재	B 교재	C 교재	D 교재	E 교재
된장					黄酱
고추장				辣椒酱	辣椒酱
고추장수제비			辣酱疙瘩汤		
씨름	摔跤, 角力				
포장마차					大排档, 路边酒摊

위의 예들은 한국어 문화어휘와 아주 유사한 중국어 어휘로 번역한 것이다. 예를 들면 한국어의 '된장'과 중국어의 '黄酱', 한국어의 '수제비'와 중국어의 '疙瘩汤'이 같은 것은 아니지만 만드는 방법과 맛이 아주 비슷하므로 중국어 화자들에게 익숙한 중국어 유사 어휘로 번역하는 것이 이해하기에 쉽다.

이상에서 중국어에 대응어 또는 유사한 어휘가 있는 경우의 번역 양상을 살펴보았다. 한국어 문화어휘에 이와 같이 중국어에 대응 어휘나 유사 어휘가 있는 경우는 많지 않다. 다음으로 중국어에 대응어가 없는 경우의 예를 살펴보도록 하겠다.

표7 함축적 의미에 따른 번역

	A 교재	B 교재	C 교재	D 교재	E 교재
불고기	烤肉	烤肉	烤肉	烤肉	烤肉
떡국	年糕汤	年糕汤	年糕汤	年糕汤	年糕汤
송편	松饼(韩国蒸糕中的一种)	豆馅蒸糕		松糕	蒸糕
김치찌개	泡菜汤		泡菜汤	泡菜汤	炖泡菜
김장	(过冬的)泡菜	腌泡菜		泡菜, 腌泡菜	
사물놀이			四物农乐	四物乐	四物农乐
김밥		紫菜包饭寿司	紫菜包饭		紫菜包饭
깍두기	萝卜泡菜	萝卜块儿咸菜			萝卜丁泡菜
된장찌개	酱汤				大酱汤
하숙집	寄宿处		寄宿家庭		寄宿
거문고				玄鹤琴	玄鹤琴
잡채			杂烩		炒杂菜
가래떡			条形打糕		条糕

续表

	A 교재	B 교재	C 교재	D 교재	E 교재
부대찌개			部队炖菜		
떡볶이		炒年糕			炒年糕
전세			租用, 包租		
전세집					全租房
쌈	饭团				
설렁탕	牛杂碎汤				

중국어에 대응어가 없는 경우의 문화어휘 의미역이 비중을 많이 차지하고 여러 가지 문제점도 많이 나타난다. 한국 사회에서만 나타나는 문화 현상을 중국어로 번역하되, 등가 번역이 이루어져 중국어 화자가 이해할 수 있도록 해야 하고 번역자의 주관적인 요소가 개입되기 때문이다. 교재에 제시된 중국어 번역은 가능한 형태적 대응을 실현하기 위한 '단어 대 단어' 번역이 대부분이었다. 구체적인 용례 분석을 통해 나타나는 문제점들을 정리해 보도록 하겠다.

첫째, 일부 한국어 문화어휘에 대한 중국어 번역이 교재마다 달라 통일성을 갖추지 못했다. 예를 들면 '송편'은 4종의 교재에 나오는데 모두 서로 다른 중국어 번역을 제시하였다.

둘째, 한국어 문화어휘에 대한 이해 부족으로 잘못된 중국어 번역을 제시하는 경향이 있다. 예를 들면 한국어의 '쌈'은 '밥이나 고기, 반찬 따위를 상추, 배추, 쑥갓, 깻잎, 취, 호박잎 따위에 싸서 먹는 음식'을 가리키는데 중국어 번역으로 '饭团(주먹밥)'을 제시하였다. 이는 한국어 '쌈'의 의미를 제대로 이해하지 못한 데서 생기는 오류이다. '菜包饭'으로 번역하는 것이 음식 재료와 먹는 방법 등 의미를 담고 있어 바람직한 번역이라 할 수 있다. 한국어 '불고기'는 '쇠고기 따위의 살코기를 저며 양념하여 재었다가 불에 구운 음식. 또는 그 고기'로 요리의 일종인데 5종의 교재에서 모두 '烤肉(불이나 오븐에 구운 고기)'로 제시하였다. 중국어에서 '烤肉'는 갖가지 고기 구이를 통털어 일컫는 말이므로 학습자들은 '불고기'를 '고기구이'로 잘못 인식하게 된다. 불고기는 '살코기를 저며 양념하여 재웠다'의 의미를 살려 '秘制烤肉'로 번역하는 것이 좋다.

셋째, 한국어 문화어휘에 함축된 의미가 많아 제시된 중국어 번역으로 이해하기 어려운 경우가 있다. 예를 들면 '송편'은 '멥쌀가루를 반죽하여 팥, 콩, 밤, 대추, 깨 따위로 소를 넣고 반달이나 모시조개 모양으로 빚어서 솔잎을 깔고 찐 떡으로 흔히 추석 때 빚고 주로 추석에 먹는 음식'의 의미를 갖는다. 즉 '송편'이라는 하나의 단어에 송편을 만드는 데 사용되는 여러 가지 재료, 모양, 만드는 방법, 풍습 등 다양한 의미가 함축되어 있다. 교재에서는

'송편'의 같은 말인 '송병'의 한자가 '松饼'이므로 중국어 번역으로 '松饼'을 제시한 경우가 있다. 또 '떡', '찌다', '송편의 소' 등 의미에 초점을 맞춰 '松糕', '蒸糕', '豆沙蒸糕'로 제시한 교재도 있다. 그러나 중국어에서 '松饼'이란 단어는 '머핀', '와플'을 가리키므로 중국인 학습자들이 '松饼'이란 단어를 봤을 을 때 누구도 이 단어를 한국어 '송편'의 의미로 이해하지 못할 것이다. '蒸糕', '豆沙蒸糕'를 통해서도 '송편'이 갖는 의미를 이해하기 힘들다. 이런 경우에는 '韩式松饼' 또는 '韩式松糕'로 제시한 후 반드시 '用粳米面做的月牙形夹馅饼，垫松针蒸，中秋节的代表饮食'과 같은 설명을 각주 형식으로 추가해야 한다. 한국어 문화어휘가 함축적 의미가 많은 경우, 중국어 번역은 가능한 많은 의미소를 담은 번역을 제시해야 이해에 도움이 된다. 그러므로 '잡채'는 '炒什锦拌粉条', '떡볶이'는 '辣炒年糕'로, 부대찌개는 '火腿炖汤'으로 번역하는 것이 낫다.

표8 설명식 번역

	A 교재	B 교재	C 교재	D 교재	E 교재
강강술래					朝鲜的一种传统民歌和舞蹈
김장철		(立冬前后) 宜于腌泡菜的时候			腌泡菜的时节
한복		韩国传统服装			
하숙	付出报酬在别人家吃住; 以供别人吃住为业的人家				
하숙집		搭伙住宿的民居			

중국어에 대응 어휘가 없고 또 하나의 어휘로 설명하기 힘든 경우에는 설명식 의미역이 잘 어울린다. 표8은 교재에서 설명식 번역을 한 예를 골라 제시한 것이다. 교재에서는 이와 같이 설명식 의미역을 사용한 예는 아주 적다. 표8에서 '김장철'은 하나의 어휘로 번역하기 어려우므로 설명식 번역이 적합하나 '한복'은 직접 '韩服'로 번역하는 것이 낫다. 그리고 하숙, 하숙집은 설명식 번역 앞에 '寄宿', '寄宿家庭'이란 어휘를 제시하고 뒤에 설명을 추가하는 것이 바람직하다. '강강술래'의 경우도 한자역 '强羌水越来'를 제시하고 뒤에 추가 설명을 하는 것이 바람직하다.

2.3 음역

음역에는 중국어 음역과 로마자 표기 음역이 있는데 5종의 교재에서는 모두 중국어 음역의 예만 보이고 그 예가 아주 적다. 5종 교재에서 찾은 음역의 예를 제시하면 다음과 같다.

표9 음역의 예

	A 교재	B 교재	C 교재	D 교재	E 교재
아리랑	阿里郎	阿里郎		阿里郎	
윷	尤茨				
놀부				诺尔夫	

중국어는 표의문자이므로 외래어 번역에 있어 음역보다는 의역을 많이 한다. 특히 한자문화권 나라인 한국의 문화어휘의 경우 더욱 그러하다. 위의 예에서 '아리랑'은 비록 '阿里郎'으로 음역을 하였으나 중국에서 조선민족의 민요로 널리 알려져 있고 익숙한 어휘로 자리잡았으므로 음역을 하는 것이 적절하다. 그러나 '윷'의 경우, 추가 설명이 없이 단순히 '尤茨'로만 제시한다면 중국인 학습자들인 '윷'이 도대체 무엇인지 알 수 없다. 『흥부전』에 나오는 인물 '놀부'도 추가 설명이 없이 '诺尔夫'로 제시하다 보니 서양인의 이름으로 이해하게 된다. 그것은 중국어에서 음역은 주로 영어를 번역할 때 쓰이기 때문이다. 그러므로 '윷'은 '尤茨'로 음역을 하되 '韩国传统游戏掷柶戏中的四根木棒'이라는 추가 설명을 해야 한다. '놀부'는 '游夫'로 번역하고 '韩国古典小说《兴夫传》的主人公'이라는 추가 설명을 하는 것이 좋다.

2.4 혼역

혼역은 하나의 어휘를 번역하는 데 2개 이상의 번역 방법을 사용한 경우를 말한다. 표10의 예를 통해 구체적으로 살펴보도록 하겠다.

표10 혼역의 예

	A 교재	B 교재	C 교재	D 교재	E 교재
강강술래	强羌水越来(全罗道地区流传下来的民俗舞及民谣)	羌羌水越来		羌羌水月来(好多人手拉手边转圈边唱的歌或舞蹈)	朝鲜的一种传统民歌和舞蹈
밀레오레		迷你吾利(商场名称)			
윷놀이	尤茨游戏	尤茨游戏, 投骰游戏(韩国传统民俗游戏)	投骰游戏	尤茨游戏	
민속놀이	民俗游戏			民俗游戏	
흥부	兴夫(古典小说《兴夫传》的主人公)				
임꺽정			林居正(朝鲜时代的义贼)		

续表

	A 교재	B 교재	C 교재	D 교재	E 교재
된장녀			大酱女		

　교재에 나타난 혼역의 예는 극히 적다. '한자역+ 의미역'을 사용한 예는 '강강술래', '흥부', '임꺽정'이고 '밀레오레'와 '윷놀이'는 '음역+ 의미역'을, '민속놀이'는 '한자역+ 의미역'을, '된장녀'는 '의미역+ 한자역'을 사용한 예이다. 『표준국어대사전』에 따르면 '강강술래'의 한자는 '强羌水越来'이지만 위의 도표에서 볼 수 있듯이 교재마다 제시한 한자가 다르다. '밀레오레'는 굳이 '迷你吾利'로 음역하기보다는 '美利来'로 음역하거나 건물에 쓰여 있는 영문 'Mileore'를 그대로 사용하고 뒤에 '韩国购物大厦'라는 추가 설명을 하는 것이 바람직하다. '윷놀이'는 중국 조선족의 '윷놀이' 민속이 알려지면서 '掷柶戏'라는 신조어가 생겨났다. '민속놀이'의 '놀이'는 민속 풍습을 의미하므로 '民俗活动'으로 번역하는 것이 좋다. '된장녀'는 문화 배경 설명이 없이는 이해하기 힘든 어휘이다. 그리고 '大酱女'보다는 '拜金女'로 번역하고 '된장녀'가 생겨난 문화 배경을 설명하는 것이 바람직하다.
　이상에서 5종의 한국어종합교재에 나오는 문화어휘의 번역 양상을 살펴보고 나타나는 문제점들에 대해 검토 및 분석을 하였다.

3. 교재 문화어휘의 중국어 번역 방안

　문화 특수성을 나타내는 문화어휘 번역을 정확하게 하기란 결코 쉬운 일이 아니다. 우선 번역자는 문화어휘가 갖는 함축적 의미를 올바르게 이해해야 하고 중국인 학습자들이 한국어 문화어휘를 정확하게 인식할 수 있도록 하는 것을 전제로 한 중국어 번역을 제시해야 한다. 그리고 교재의 어휘 목록에 제시하는 문화어휘 번역이므로 지면의 제한도 고려해야 한다. 본고에서는 2장의 분석을 통해 교재에서의 문화어휘의 중국어 번역 제시에 대해 다음과 같은 몇 가지 방안을 제안하고자 한다.
　첫째, 문화어휘의 중국어 번역이 통일성을 갖추어야 한다. 교재마다 서로 다른 중국어 번역을 제시하게 된다면 학습자들에게 혼란을 일으킬 수 있고 문화어휘에 대한 올바른 이해에 장애가 될 수 있다. 그러므로 중국인 학습자들이 알아야 할 문화어휘에 대해 통일적인 중국어 번역 제시가 우선적으로 이루어져야 한다.
　둘째, 중국어에 대응어 또는 유사 어휘가 존재하는 한국어 문화어휘는 중국어 대응어 또는 유사어로 한자역 또는 의미역을 한다.
　셋째, 중국어에 대응어가 없지만 한자 고유의 의미로 한자어 문화어휘를 이해할 수 있다면 한자역 방법으로 번역한다. 혹 이 경우 문화어휘의 의미 전달에 어려움이 있을 때에는 반드시 설명식 번역을 추가해야 한다.

넷째, 한국어 특유의 고유어 문화어휘는 의미역을 해야 한다. 한국어 특유의 고유어 문화어휘는 중국어 대응어가 없고 문화어휘가 갖는 함축적 의미가 많기 때문에 하나의 중국어 어휘로 학습자들이 이해할 수 있는 번역을 제시하기란 쉬운 일이 아니다. 문화어휘 번역에 있어 이 부류의 어휘 번역이 제일 어렵다. 그러므로 중국어 표의문자의 우세를 충분히 활용하여 문화어휘에 대한 정확한 이해를 바탕으로 문화어휘의 고유성을 유지함과 동시에 의사소통이 가능한 어휘로 번역해야 하고 설명식 번역도 추가하여 문화 부등성을 최대한 해소해야 한다.

다섯째, 한국어 특유의 고유어 문화어휘가 함축적 의미가 많아 하나의 중국어 어휘로는 도무지 표현하기 어려운 경우에는 설명식 번역 방법을 사용해야 한다. 그러나 어휘 목록에 제시하는 만큼 가능한 의미 전달에 가장 용이한 중국어 어휘를 제시하고 설명을 보충하는 것이 바람직하다.

여섯째, 중국어가 표의문자이므로 한국어 문화어휘의 중국어 번역에서 음역은 가능한 적게 하는 것이 좋다. 음역으로 인해 한국 문화의 고유성에 영향을 주는 번역은 삼가야 하고, 음역으로 문화어휘의 의미 전달이 어려운 경우 반드시 설명식 번역을 추가해야 한다.

일곱째, 어휘 목록에서 설명하기 힘든 문화어휘, 그리고 학습자들이 반드시 알아야 할 중요한 문화어휘들은 교재에서 '한국 문화 지식'이라는 내용 구성 부분을 추가하여 학습자들에게 문화 현상을 구체적으로 설명함으로써 학습자들의 한국 문화에 대한 지식 범위를 넓혀야 한다.

4. 맺음말

번역은 단순한 언어 전환이 아니라 문화 전환이라고 할 수 있다. 한국어 문화어휘는 한국의 고유한 문화를 담고 있기 때문에 함축적 의미가 많아 기타 어휘 번역보다 더욱 어렵다. 본고에서는 종합한국어 교재에 제시된 문화어휘의 중국어 번역 사례 분석을 통해 번역 양상과 문제점을 분석하고 번역 오류를 줄이고자 일곱 가지 번역 방안을 제안하였다. 번역에는 정답이 없다. 그러나 문화어휘의 고유성을 지킴과 동시에 문화의 부등성이 최대한 해소된 중국어 번역이 중국인 학습자들에게 전달되어 원활한 의사소통이 이루어진다면 이 중국어 번역은 정답이라 할 수 있겠다. 본고에서 중국인 학습자들이 알아야 할 교육용 문화어휘 선정과 단계별 교육 내용에 대한 검토, 분야별 문화어휘의 특징 및 구체적인 번역 기법에 대한 검토를 진행하지 못한 것이 아쉬움으로 남아 있다. 이러한 과제를 향후 연구에서 해결할 것을 기약하며 본고의 논의를 마친다.

참고문헌

[1] 강현화,「한국어 문화어휘의 선정과 기술에 대한 연구」,『박영순편, 21세기한국어교육학회의 현황과 과제』, 한국문화, 2002:397-418.

[2] 김근이수,「한일 자막번역에서의 문화관련어휘 번역전략에 대한 고찰-드라마 <내 이름은 김삼순>을 중심으로」, 부산외국어대학교 통역번역대학원 석사학위논문, 2011.

[3] 김도훈,「번역에 있어서의 문화 고유어의 중요성 및 번역전략-<카인의 후예> 번역을 중심으로」,『영어영문학21』제25권 1호, 부산외국어대학교, 2012:113-131.

[4] 김세정,「텍스트의 정보성-문학 작품 속 어휘번역」,『번역학연구』4(2), 한국번역학회, 2003:49-69.

[5] 김재희,「문화 관련 어휘 번역 방법 연구-코리아나 아랍어 번역 텍스육 분석을 중심으로」,『국제회의 통역과 번역』10(1), 한국외국어대학교, 2008:25-43.

[6] 김혜림,「문화용어 번역 실태조사 및 번역 방안 연구」, 연구보고서, 국립국어원, 2014:63-113.

[7] 박영준,「한국어 숙달도 배양을 위한 문화적 어휘・표현의 교육」,『한국어교육』제11권 2호, 국제한국어교육학회, 2000:89-110.

[8] 徐俊,「한국어 문화어휘의 중국어 번역 연구」, 한국외국어대학교 대학원 국어국문학과 박사학위논문, 2015.

[9] 손나나,「한국 문학의 중국어번역 연구-어휘적인 측면을 중심으로」, 계명대학교대학원 통번역학과 석사학위논문, 2012.

[10] 심혜령,「한국어 학습자를 위한 '문화기반어휘' 연구: 고유명사를 중심으로」,『언어와 문화』제5권 2호, 한국언어문화교육학회, 2009:175-195.

[11] 왕쩌,「한중번역의 오류사례분석-영주시 중문홈페이지를 중심으로」, 동양대학교대학원 중한언어문화학과 석사학위논문, 2012.

[12] 이근희,『번역의 이론과 실제』, 한국문화사, 2008.

[13] 이다현,「문화요소적 어휘 대응번역-한국 고유어휘와 고유명사를 중심으로」, 세종대학교대학원 영어영문학과 석사학위논문, 2003.

[14] 이향주,「외국어로서의 한국어 문화 어휘 선정 및 교육 방법 -초급단계를 중심으로」, 선문대학교 교육대학원 석사학위논문, 2011.

[15] 전미순・이병운,「한국어 문화어휘에 관한 일고찰, -문화어휘 분석을 중심으로」,『언어와 문화』7(1), 한국언어문화교육학회, 2011:191-210.

[16] 정호정,『통역・번역의 이해』, 한국문화사, 2007.

[17] 최혜민,「한국 고유문화 어휘의 번역 방향-한국어 교재의 영어 번역을 중심으로」, 한성대학교대 학원 한국어문학과 한국어교육전공 석사학위논문, 2011.
[18] 北京大学朝鲜文化研究所. 韩国语（1,2,3,4）[M]. 北京：民族出版社，2004.
[19] 姜银国，等. 初级韩国语（上、下），中级韩国语（上）[M]. 上海：上海交通大学出版社，2005.
[20] 朴银淑，等. 韩国语精读教程（初级上、下，中级上、下）[M]. 北京：外语教学与研究出版社，2009/2010/2013/2014.
[21] 崔羲秀，等. 新编初级韩国语（上、下），新编中级韩国语（上、下）[M]. 沈阳：辽宁民族出版社，2006/2008.
[22] 牛林杰，等. 大学韩国语（第一册，第二册，第三册，第四册）[M]. 北京：北京大学出版社，2014.

중국 온라인상의 한국 문학서 보급 현황 고찰[1]

朴爱阳[2]

1. 들어가는 말

문화교류란 각 문화가 갖는 고유성과 정체성을 알아가며 상대를 이해하려는 친화적 노력이며 문화교류를 할 때 인적 교류와 동시에 수반되는 중요한 행위가 자료의 교환과 번역이다. 인적, 물적 자료의 교류와 번역 행위는 상호 친화적 노력의 자발적, 적극적 수용행위이며 문화와 문화를 이어주는 핵심 도구가 된다. 이러한 관점에서 볼 때 한중 교류의 역사는 한중 간 인물과 자료 교류의 역사라 해도 과언이 아닐 것이다. 한중 수교 이후 양국 간 자료로서의 효용성을 갖는 도서 번역과 출판은 지속적으로 이루어지고 있으며 앞으로도 이러한 움직임은 계속 강화될 것으로 보인다. 영향력 있는 번역물은 때로 문화교류의 발전 방향을 결정하는 강력한 힘을 갖기도 하는데 번역을 통해 한중 교류의 다양성과 빈번함을 읽을 수 있는 자료들이 양국에서 지속적으로 출판 소개되고 있다는 것은 서로를 이해하는 데 매우 긍정적인 일이라고 하겠다.

본고가 한국 문학서의 중국에서의 유통에 관심을 둔 것은 문화를 가장 잘 알릴 수 있는 매개체가 문학이고, 문학을 통해 문화의 정체성과 고유성이 거부감 없이 스며들고 흘러들어 간다고 생각했기 때문이다. 그런데 외국 작품의 번역이라는 것은 문화의 '이식'이라는 개념을 반영하며 상대적으로 우수한 문화에 대해 더욱 많이 시도되는 경향이 있다. 그간 중국에서는 외국 출판물에 대한 활발한 번역을 통해 상당한 수준의 번역작업을 실시해오고 있다.[3] 그러나 실제로 본고의 조사 결과 한국인이 번역한 작품은 물론이고 중국인 번역가가 소개하는 한국 문학서나 한국 관련 작품은 영미 작품이나 일본서적 소개에 비해 상당히 적은 편으로

---

[1] 이 논문은 2015-2018년도 정부(교육부)의 재원으로 한국학중앙연구원(한국학진흥사업단)의 지원을 받아 수행되었음 (AKS-2015-INC-2230005). 『한중언어문화연구』 48호(한국중국언어문화연구회, 2018)에 게재됨.
[2] 山东大学外国语学院朝鲜语系外籍教师
[3] 중국에서의 번역연구와 번역 동향을 연구한 자료로 김혜림(김혜림, 「중국의 번역연구 동향」, 『번역학연구』 13집, 2012. 9)의 논문이 있다. 이 논문에 의하면 과거 중국에서는 대학원 세부 전공으로 번역학을 인정하였지만 세계 각국과의 교류 증대에 따른 통번역 수요의 확대에 따라 2006년 이후 학부에도 번역학과를 설치하였고 2003년 4월 상하이외국어대학 통번역대학원 설립을 계기로 더욱 번역의 활성화를 도모하고 있다. 현재 중국에서는 통번역학의 학문적 정체성 수립에 관한 연구, 코퍼스나 TAPs 등 실증적인 방법을 활용한 연구를 비롯한 문헌이나 이론 소개, 단순 텍스트 분석 등에 관한 연구, 서구 번역 이론에 대한 연구, 중국의 통번역 역사, 중국 전통 번역 사상이나 번역가의 고찰 등에 관한 연구가 이루어지고 있는 실정이다.

나타났다.[1] 한국문학번역원의 지원이나 민간교류 등을 통해 한국 문학 작품의 중국어 번역 사업이 꾸준히 지속되어 왔으며 한중 양국 간에 이루어진 각종 교류의 영향으로 한국에 대해 호기심은 있지만 그 관심이 한류나 한국 관광, 한국 상품 등에 주로 머물고 있어 향후 중국 독자들에게 한국 문학서를 전략적이고 적극적으로 소개할 필요가 있다는 점을 시사한다.

본 고찰은 한국 문학서가 중국 온라인 서점에서 유통되는 현황을 바탕으로 향후 우리 문학 작품의 전파 및 활성화 방안을 어떻게 강구하면 좋을지에 대한 관심에서 출발하였다. 다양한 방안 중에서도 먼저 중국에서 우리 문학 작품이 출간된 현황의 정리를 통해 외국 출판물과 한국 관련 서적에 대한 중국인들의 의식을 가늠해 볼 수 있다. 아울러 이러한 분석에서 시작하여 향후 어떠한 방향성을 갖고 외국에서 우리 문학서를 보급할 것인지에 대한 장기적인 전략의 수립도 도모해 볼 수 있다. 중국에서의 한국 문학서 소개 현황과 향후 과제 등에 대하여 차례로 생각해 보기로 한다.

2. 한국 문학서 중국 보급 현황

2.1 중국 저작권 수입 현황

그간 중국에서의 외국 저작물 출간은 상당한 노력을 통해 진행되어 왔으며 일정한 수준과 성과를 이루고 있다고 볼 수 있다. 그러나 한국과 관련된 저작물의 연구와 보급은 서구나 영어권에 비해 상대적으로 미흡한 상태로 중국의 신문출판통계 사이트에서 발표한 도서 저작권 수출입 국가와 지역별 내용을 도표로 한 자료를 살펴보면 다음과 같다.[2]

표1 중국의 저작권 수출입 국가별(지역별) 현황——도서부분   단위:종(种)

국가와 지역 \ 연도	2012년		2013년		2014년		2015년		2015년	
	수입	수출	수입	수출	수입	수출	수입	수출	수입	수출
미국	4944	1021	5489	753	4840	734	4840	887	5201	932
영국	2581	606	2521	574	2655	410	2677	546	2873	290

---

1 그간 한국 측에서는 한국문학번역원, 한국고전번역원 등을 통해 국가적으로 번역가도 키우고 경쟁력 있는 작품을 중국어로 번역해 왔다. 중국에서의 한국어학과 설치와 중국인 한국 유학생들의 증가로 인해 중국인 중에서도 한국어 원문 해독 능력을 갖춘 이들이 많이 배출되어 왔다. 1997년 드라마 '한류'가 펼쳐지면서 2002년부터 김하인, 귀여니 등을 비롯하여 최인호, 신경숙 등의 작품이 중국어로 번역되었고 특히 귀여니의 작품은 2004년 중국 10대 베스트셀러의 상위에 오른 바가 있기도 하다. 그럼에도 불구하고 현재까지 수용 국가(중국)의 필요에 의해 번역된 작품의 파급력은 상당히 미미한 수준이라 할 수 있다. 한류로 표현되는 대중문화 외의 정치, 경제, 교육 분야 등에 있어서는 여전히 중국 자료의 번역이 압도적이라고 할 수 있다. (손지봉,「중국의 번역연구 일고」,『한중인문학포럼 발표 논문집』, 2014. 12 참조)

2 http://www.ncac.gov.cn/chinacopyright/contents/9977/313436.html 자료출처: 중국국가저작권국(中国国家版权局) 통계,발일일: 2017년1월20일, 검색일:2017.12.23. 도서 부분만 정리(본고 투고 이후 2016년 발표되어 2018년 5월 11일자 내용을 추가로 정리 보충하였다).

续表

연도 국가와 지역분류	2012년		2013년		2014년		2015년		2015년	
	수입	수출	수입	수출	수입	수출	수입	수출	수입	수출
독일	874	352	707	328	807	304	783	380	888	262
프랑스	835	130	772	184	754	313	959	138	1069	110
러시아	48	104	84	124	97	177	86	135	101	356
캐나다	122	104	111	46	160	67	151	81	142	87
싱가폴	265	173	310	171	211	248	240	262	260	184
일본	2006	401	1852	292	1736	346	1724	285	1911	353
한국	1209	282	1472	656	1160	623	826	619	1024	576
홍콩	413	440	354	402	181	277	159	311	208	486
마카오	5	1	7	24	8	13	1	31	1	56
대만	1424	1781	1100	1714	1171	2284	1052	1643	949	1848
기타	1389	2173	1846	2037	1762	2292	1960	?	1960	2788

2012년부터 2015년까지 4년간 수출입 내용을 살펴보면 다른 나라와 달리 한국 도서의 수출입 수치는 굴곡이 심한 것으로 보인다. 이는 미국과 영국 등 영어권 작품 수입이 지속적으로 증가한 것과 큰 차이가 있으며 같은 아시아권인 일본어 도서 저작권 수입 수준에도 크게 못 미치는 수치이다. 특히 2015년에는 2012년의 60% 정도에 그쳤다. 이러한 통계 결과는 중국 국내외 다양한 요인이 작용한 것이겠지만, 당시 2013년과 2014년 한중 관계는 두 정상의 국빈 방문으로 양국의 관계가 나쁘지 않았고 또 2016년에는 다시 어느 정도의 수입 수치를 회복하고 있어 한국 도서 저작권 중국 수입 추이 변화를 전적으로 외부적 요인으로 판단하는 것은 무리가 있다고 본다. 본고는 이 문제의 원인을 콘텐츠 자체에서 먼저 찾아야 하며 그 이유를 중국 내 한국 도서 콘첸츠 호감도 저하에서 살필 수 있다. 이미 한국을 비롯한 세계 각국의 콘텐츠 유입으로 중국 독자의 눈높이가 높아졌음에도 획일적이고 전형적인 내용을 담은 한국 도서에 식상함과 피로감을 느끼는 독자가 증가하고 있다는 사실이다. 문화체육관광부와 한국 문화산업교류재단이 KOTRA와 협력해 발간한 보고서「2015년 한류의 경제적 효과에 관한 연구」를 보면 중국에서 애니메이션이나 게임, 도서 등은 타 콘텐츠에 비해 인지도와 호감도가 떨어진다고 하였다.[1] 앞으로 지속적인 홍보와 다양하고 내실 있는 콘텐츠 개발로 한국 문학에 대한 인지도를 높일 필요가 있다.

---

[1] 출처: http://kofice.or.kr/b20industry/b20_industry_01_view.asp?seq=262 한국 문화산업교류재단/코트라,「2015년 한류의 경제적 효과에 관한 연구」, 2016:111.

2.2 중국 온라인 서점의 한국 문학서 소개 현황

중국에서의 한국 문학서 유통 상황을 알아보기 위해 중국 유명 온라인 서점을 직접 조사하여 본 결과 현재 중국 온라인에서는 약 천여 종의 한국 도서가 소개되고 있는 것을 파악할 수 있었다. 중국 인터넷 문고 가운데 비교적 인지도가 높은 "当当网", "豆瓣读书", "亚马逊" 등 서점 사이트 3곳에 소개된 한국 도서 중어판도 637종에 달한다.(조사기간: 2017년 12월 20일~2018년 1월 9일) 이들 자료의 도서명, 작가, 번역자, 출판사, 출판 시기, 장르, 페이지, 판매 금액, ISBN 등을 찾아 기록하고 다음 (그림1)과 같이 분류해 보았다.[1]

그림1 중국 온라인 서점 한국 문학서 정리 (2018년 1월 현재)

우선 위의 자료를 바탕으로 연도별 출판 현황을 살펴보았는데 이를 그래프로 나타내면 다음과 같다.

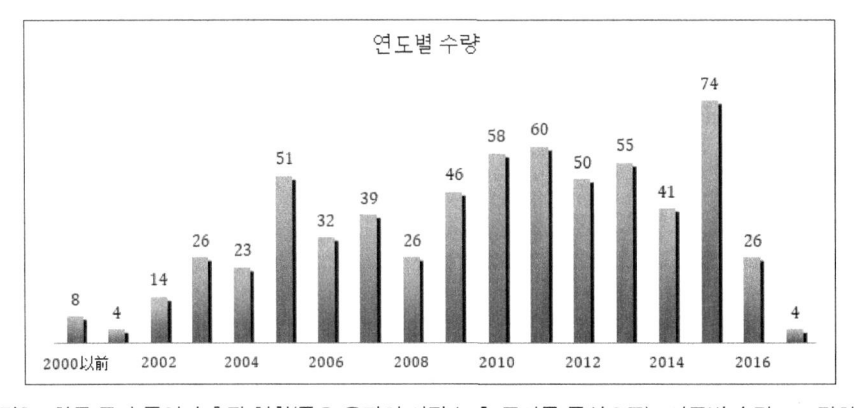

그림2 한국 도서 중역서 출판 현황(주요 온라인 서점 노출 도서를 중심으로) -연도별 수량   단위:권

---

[1] 조사는 3대 온라인 서점을 중심으로 살펴본 것이다. 전체 온라인상에는 이보다 더 많은 수의 자료가 유통될 것으로 보이지만 3대 온라인 서점을 통해 현재 중국의 도서 유통 상황을 대략적으로 파악할 수 있다고 보기에 샘플링 차원에서 우선 조사해 본 것임을 밝힌다.

2018년 1월 9일 기준으로 1970년부터 2017년까지 온라인 서점을 통해 소개된 한국 도서의 중국어 번역 출판 시기를 볼 때 표1에 나타난 저작권 수입의 도표와는 약간의 차이를 보인다. 실제로 저작권 수입이 곧장 도서 출판으로 이어진다고는 할 수 없다. 한국에서도 외국 서적이 소개되고 번역되어 출판이 되기까지 일정한 시간이 소요되는 것처럼 중국에서도 출판사에 따라 상황이 다르지만 약 1년 정도의 시간이 걸린다. 따라서 도서의 내용과 출판사의 개별적인 상황에 따라 출판 시기가 달라질 수 있다. 이러한 의미에서 위 그림2는 한국 저작물 번역서 출판 시장의 시기별 현황을 어느 정도 보여준 유의미한 결과라고 할 수 있다.

2.3 장르별 현황[1]

자료 조사에 따르면 전체 도서 643종 가운데 문학 작품류가 351종(55%)으로 가장 많은 비중을 차지하고 있었다. 다음으로 문화 예술이 116종으로 18%를 차지했고 시중에 판매 중인 교재는 가장 적게 조사되었다. 이에 대한 구체적인 내용을 표로 나타내면 다음과 같다.

표2 장르별 분포 현황1

장르	문학	기초과학		교재	예술분야	기타	합계
종류	351	71		16	116	89	643
비율	55%	11%		2%	18%	14%	55%

표3 장르별 분포 현황2

문학	종류	비율	기초과학	종류	비율	교재	종류	비율	문화예술	종류	비율	기타	종류	비율
소설	268	76.4	문화	16	22.5	교재	14	87.5	만화	47	40.5	생활	20	22.5
전기	20	5.7	심리	12	16.9	사전	2	12.5	회화	47	40.5	패션	19	21.3
아동문학	18	5.1	사회과학	12	16.9				애니메이션	8	6.9	가구	10	11.2
수필	13	3.7	역사	11	15.5				그래픽디자인	7	6.0	여가여행	9	10.1
인문서	13	3.7	경제	6	8.5				사진영화	7	6.0	건강	8	9.0
산문	11	3.1	교육	6	8.5							여성	7	7.9
시집	6	1.7	건축	3	4.2							음식	7	7.9

---

[1] 분류 근거는 중국 온라인 사이트에서 분류한 것을 따른 것으로 한국 도서 분류와 차이가 있을 수 있다.

续表

문학	종류	비율	기초과학	종류	비율	교재	종류	비율	문화예술	종류	비율	기타	종류	비율
고전문학	1	0.3	기초과학	2	2.8							학습	5	5.6
문학개론	1	0.3	전쟁	2	2.8							창업	3	3.4
			관리	1	1.4							컴퓨터	1	1.1
합계	351	100.0%	합계	71	100.0%	합계	16	100.0%	합계	116	100.0%	합계	89	100.0%

위 표에 의하면 소설이 76.4%로 압도적으로 많은 비중을 차지하고 있어 문학서 전파가 상대적으로 활발하게 전개되고 있음을 알 수 있는데 소설류 번역이 가장 활발한 이유는 드라마와 웹툰의 영향이 컸기 때문으로 보인다. 그밖에 전기 5.7%, 아동 문학 5.1%, 인문서 3.7%, 수필 3.7%, 산문 3.1%, 시집 1.7%, 고전문학 0.3%, 개론서 0.3% 등으로 나타났다. 문학 작품 이외에는 사회과학분야 71종(8.4%), 학습 교재류 16종(2.4%), 만화 등 그림 회화 분야 116종(17.8%), 기타 90종(14%) 등이 중국독자에게 소개 및 판매되고 있음을 살필 수 있었는데 본 통계를 통해 현재 중국에서의 한국 문학서 유통 현황을 어느 정도 가늠할 수 있었다.

2.4 한국 문학서 번역가 현황

번역가에 대한 초기 조사 결과, 한국 문학 작품을 중국어로 옮기는 일에 종사하는 번역가는 대부분 학계와 번역 현장에서 교육과 연구에 종사하는 전문성이 높은 전문 번역가가 많았다. 예를 들어 황석영의 『객지』를 번역한 苑英奕(원영혁, 대련외국어대학), 박경리의 『토지』등을 번역한 金英今(김영금, 편집자), 박완서의 『아주 오래된 농담』등을 번역한 金泰成(김태성, 작가), 김동리의 『무녀도』등을 번역한 韩梅(한매, 중국산동대학교), 이광수의 『흙』을 번역한 李承梅(이승매, 중국해양대학교)와 李龙海(이용해, 중국해양대학교), 신경숙의 『외딴방』을 번역한 薛舟(설주, 번역가)과 徐丽红(서려홍, 번역가), 성석제의 『도망자 이치도』를 번역한 郑炳男(정병남, 번역가)과 金冉(김염, 번역가), 조신영의 『쿠션』과 한강의 『채식주의자』등을 번역한 千日(천일, 필명: 천태양, 번역가), 한강의 『내 여자의 열매』를 번역한 崔有学(최유학, 중국중앙민족대학교), 『가시고기』등을 번역한 金莲兰(김련란, 동방언어학원), 『국화꽃 향기』등을 번역한 荀寿潇(순수소, 번역가), 귀여니의 인터넷 소설을 번역한 黄簧(황힁, 번역가) 등등 모두 현재 한국문학 중어번역 현장에서 중요한 역할을 담당하는 전문가들이다.[1] 번역가의 이러한 개인적 특징은 번역자 자신의 경험이 교육 현장에 전달될 수 있으며 번역 인재 양성에도 긍정적인 효과를 기대할 수 있을 것으로 본다.

번역된 작품의 구성원을 보면 작품당 번역가 구성은 1인 1작품의 예가 대부분이었다. 한국과 중국 번역가가 한 팀으로 구성된 경우는 매우 드물었고 중국 번역가 2인이 한 조가 되어 작품을 번역한 예도 여럿 보였는데 그 가운데 유명 번역가 薛舟과 徐丽红은 각각 번역한 책도 많지만 두 사람이 한 조가 되어 번역한 작품이 전체에서 27권 이상이나 되었다.[2] 이러한 예는 한국 문학 작품을 전문적으로 번역하는 작업이 왕성하게 일어났음을 보여 줌과 동시에 향후 차세대 신진 번역가의 양성에 대한 필요성과 시급성을 동시에 보여주는 예라 하겠다. 또 하나의 추세는 출판사가 대표 역자가 되는 경우인데 이런 번역서는 개별 역자의 이력이 드러나지 않아 번역문체의 특징이나 성향을 파악하기 어렵다.[3]

3. 앞으로의 과제

한중 문학 교류의 건강하고 균형적인 성장을 도모하기 위해 중국에서의 한국 문학서 보급의 활성화를 위한 몇 가지 제언을 정리하면 다음과 같다.

3.1 다양한 문학 작품 보급에 노력

위의 표2와 표3 온라인 도서 현황과 중국 독자 요구 조사 결과에서도 볼 수 있듯이 한국 도서의 중국어 번역서는 장르 면에서 다양성이 부족한 것으로 나타났다. 번역자는 번역을 통한 문화교류에 일정 부분 책임을 질 수 있어야 하며 전문적인 내용의 대중적인 접근이 가능할 수 있도록 상대 문화에 대한 이해도를 높여야 할 것이다. 중국 독자에게 한국 문학서에 대한 관심도를 높일 수 있게 하는 방법은 여러 가지가 있다. 우선 국제적인 상을 받은 작품과 드라마 소설, 웹툰 소설은 현재로서 가장 쉽게 접근이 가능한 분야로 여겨지며 이 분야 작품에 대한 지속적인 지원과 발굴이 계속되어야 한다.

또한 친근하고 다양한 소재의 한국 문학서를 발굴하고 중국어 번역물로 제공하려는 노력

---

[1] 한국문학 번역가 소개는 부록 1에 수록하였음. 본 자료는 중국 포털 사이트 바이두(百度baidu.com)에서 검색이 가능한 번역가를 중심으로 제시하였음(검색일:2018.3.10).
[2] 薛舟와 徐丽红이 공역한 작품을 살펴보면 다음과 같다. 신경숙(『종소리』, 『엄마를 부탁해』, 『외딴방』, 『어디선가 나를 찾는 전화벨이 울리고』), 은희경(『타인에게 말 걸기』), 김훈(『공무도하』), 유광수(『진시황 프로젝트』), 천명관(『고래』), 유민주(『대장금』), 구효서(『랩소디 인 베를린』), 이정명(『바람의 화원』, 『뿌리 깊은 나무』), 조경란(『혀』), 권지예(『폭소』), 김영하(『나는 나를 파괴할 권리가 있다』) 등과 귀여니 작품 다수.
[3] 지금까지 중국에서의 한국 문화 관련 번역은 소수의 연구자에 의해 수행되어 왔으나 향후는 신진 번역가들을 통해 보다 다양한 장르의 작품들이 고르게 소개되어야 할 것이다.

도 필요하다. 예를 들어 한류 콘텐츠를 새로운 시각에서 조명하는 작품들에 대한 소개와 도시와 농촌을 연결하는 귀농 생활, 농촌 체험과 어촌 체험기를 담은 신개념 농촌 이야기, 한국의 정치 사회적 특징으로 나타난 이주민과 그들의 정착 생활 등 친숙하지만 참신하고 낯설지만 알고 싶은 소재의 글들을 소개하려는 노력을 생각해 볼 수 있다.

전문 학술 서적의 번역과 함께 대중이 읽고 한국을 이해할 수 있는 소재를 다룬 한국 문학 작품을 번역하여 독자들에게 제공함으로써 한국 문화에 대한 다양한 경험이 가능할 수 있도록 노력하는 것도 생각해 볼 필요가 있다. 한편으로 이러한 노력이 원전 제공자의 노력으로만 해결되지 않는다는 점을 생각해 볼 때 문학 번역서의 소비자인 중국 학계에서도 상대방 문화를 담고 있는 문학 작품을 거부감 없이 현지 언어로 옮겨오려는 자발적인 노력을 할 필요가 있다고 생각된다. 상호 작품을 번역하고 소개하는데 있어 효율적인 방안을 강구하는 노력은 향후 한중 문학 교류를 공고하게 하는 버팀목과 같은 역할을 할 뿐만 아니라 양국 문학의 번역 인프라 확장에도 중요한 역할을 하게 될 것이다.

3.2 차세대 한국 문학 번역가 양성

위의 온라인 서점 현황 조사에서 파악된 것처럼 현재 중국에서 한국의 학술서나 문학서 번역의 활성화는 좀 더 시간과 노력을 요하는 것으로 보인다. 그러나 이러한 상황을 역으로 생각해보면 중국 독자들에게 소개될 문학 도서가 아직도 많다는 것을 인지할 수 있으며 이는 한국 문학도서의 확장과 보급이 더욱 발전할 가능성이 있다는 의미로도 해석할 수 있다. 하지만 중국에서 한국 문학서는 물론 인문 사회 전반에 걸친 한국 도서의 번역 출판 부진을 정부 차원의 지원만으로는 해결할 수 없으며 이와 함께 보다 근본적인 대책이 강구되어야 할 것이라고 생각한다. 본고는 그 방안의 하나가 한국어 교육 현장에서 번역 능력을 갖춘 한국어 전공자를 양성하는 것이라 생각하는데 이를 위해서는 번역 인재 양성 시스템 구축과 한국 문학 번역 연구 환경의 조성을 우선적으로 생각해 볼 수 있겠다.[1]

현재 한국 번역원에 등록된 번역가는 영어권 738명, 일본어권 374명, 중국어권 498명으로 한중 번역의 경우 비교적 상위에 있으며[2] 온라인 한국 도서 중국어 번역 현황 조사에서 초기 분석한 것처럼 현재 한국 도서 번역 현장에서 활동하고 있는 번역가는 한국어에 대한 언어적 지식과 한국 문화에 대한 이해, 번역에 대한 전문성이 매우 높은 전문 번역가가 많

---

[1] 박애양(2016)은 중국 현지에서 한국을 제대로 소개할 수 있는 한국 문화 번역 인재 양성 시스템 구축과 한국 문화 번역 연구 환경 재조정을 위해 '교육 내적 환경'(교육 참여자, 교육 목표, 교육 내용, 교재, 수업 설계 등)과 '교육 외적 환경'(학부와 대학원 연계 시스템, 교육 내용 보완, 번역 대회, 번역 네트워크 구축 등), 몇 가지 구체적 방안을 제시한 바 있다. 박애양, 「중국 대학에서의 한국어 번역 인재 양성 방안 연구」, 『언어와 문화』12권 4호, 한국언어문화교육학회, 2016:103-130.
[2] http://library.ltikorea.or.kr/translators?f=y&field_language%5B%5D=Chinese 한국문학번역원 (자료 참고일:2017.1.12).

다. 앞으로 이들의 뒤를 이를 젊은 번역가의 양성이 한중 문화 교류와 번역 교류에 핵심적 요소가 될 것이다. 번역 능력은 시간과 노력에 비례한다고 할 수 있다.

번역 능력은 출발어와 도착어에 대한 언어 능력과 문화 이해력, 그리고 번역자의 근력까지 요구되는 종합적 능력으로 오랜 기간 학습과 훈련을 통하지 않고는 좋은 결과물을 도출하기 어렵다. 향후 문학 도서 번역을 통한 한중 교류의 저변 확대와 균형적 발전을 위해 청년 번역가들의 역할을 기대하려면 번역 인재 양성에 관심을 두고 이에 대한 방안을 모색해야 할 것이다.[1] 예를 들어 중국 대학 한국어과에서 한국 문학 동아리 활동을 적극 권장하는 것이다. 현재 산동대 한국어과에서는 2학년 학생들을 중심으로 독서동아리를 지원해 오고 있다. 모임은 일주일에 1회 약 2시간 정도이며 15명 내외의 학생들이 자발적인 참여로 진행된다. 2017년 두 학기에 걸쳐 함께 읽은 작품은 『국어교과서작품읽기-중1소설』이었으며 작품에 대한 배경 설명과 의미, 한국적 문화 요소 등에 대한 설명을 하고 참가 학생들의 감상을 듣고 서로 토론하는 시간을 갖는다. 또한 토론한 작품에 대한 감상문을 제출하면 한국인 지도 교수가 첨삭 지도하는 형식으로 진행된다. 참고로 2018년 봄 학기 감상 작품은 이지성의 『꿈꾸는 다락방』이다.[2] 이러한 노력은 한국어 교육 현장뿐만 아니라 한국의 중국어 교육 현장에서도 주의를 기울여야 할 부분이다. 번역이 언어뿐만 아니라 사상과 문화, 인간의 삶의 모든 것을 옮기는 작업이니만큼 학제 간 공동의 관심 주제로 협업할 필요가 있다. 한국 문학의 번역과 보급은 이러한 기본적인 틀에서 활성화 방안을 확대시켜 가야 할 것이다.

3.3 한국 문학서 보급의 체계적이고 지속적인 관리 필요

중국에서 한국 문학을 접하는 방법은 서적에 의한 것이 일차적이겠으나 실제로는 정식으로 번역 출판된 도서 이외에도 온라인을 통한 비공식적 접근도 가능하며 서적 못지않게 활

---

[1] 이러한 노력의 일환으로 현재 산동대 한국어과에서는 2학년 학생들을 중심으로 독서동아리를 지원해 오고 있다. 모임은 일주일에 1회 약 2시간 정도이며 15명 내외의 학생들이 자발적인 참여로 진행된다. 2017년 두 학기에 걸쳐 함께 읽은 작품은 『국어교과서작품읽기-중1소설』로 작품에 대한 배경 설명과 의미, 한국적 문화 요소 등에 대한 설명을 하고 참가 학생들의 감상을 듣고 서로 토론하는 시간을 갖는다. 또한 토론한 작품에 대한 감상문을 제출하면 한국인 지도 교수가 첨삭 지도하는 형식으로 진행된다.
[2] 본고가 중국 내 14개 대학(吉林大學, 吉林華僑外国語学院, 対外経済貿易大学, 北京大学, 北京第二外国語学院, 四川外国語大学, 山東大学, 山東師範大学, 西安外国語大学, 广东外語外貿大學南國商學院, 延边大学, 中央民族大学, 青岛科技大学, 湖南理工大学) 한국어과에 한국 문학 독서동아리의 운영 여부를 전화와 SNS를 통해 알아보았다. 이중 11개 대학에서 독서동아리가 운영되지 않는다고 응답하였고 中央民族大学에는 '옹달샘'이라는 문학동아리가 있었으나 현재는 운영되지 않고 있으며, 북경제2외국어대학에서는 한국 문학 작품의 중국 번역서 독서발표회(최근 독서 작품: 朴槿惠日记박근혜일기)가 진행된다고 응답하였다. 이들 대학 가운데 유일하게 산동대 한국어과(제남 캠퍼스)에서 한국 문학 독서동아리가 활발하게 진행되고 있었다.(조사일:2018.5.27~29) 그러나 이번 조사는 중국 소재 대학 한국어과를 다 조사하지 못한 것으로 표본화하기에는 다소 부족하여 후속 연구가 진행되어야 할 것이다.

발한 실정이다.[1] 한 예로 중국의 한 문학 작품 전문 사이트[2]에 소개된 한국 소설을 보면 한류 문학 붐을 일으켰던 초기 작가들의 작품이 많이 올라와 있는 것이 발견된다. 예를 들어 귀여니(可爱淘), 지수현(池秀贤), 김현정(金贤正), 김하인(金河仁), 최주란(崔姝阑), 최승지(崔胜智), 다인2(多忍2), 김경휘(金庆辉), 김지혜(金智慧), 강한나(姜恨罗), 김예풍(金艺风), 마실가는광뇨니(流浪的青春), 김명숙(金明淑), 강가영(姜佳英), 소희(苏熙), 이정남(酷儿), 최우려(酷贝儿), 은세영(银世英), 이임은(李林银), 김은경(夏雨爱特), 오현정(吴贤正), 정은경(郑恩京), 이수아(李帅雅), 은반지(银戒指), 서연(瑞恋), 주효선(周孝善), 서형주(徐亨周), 임은희(林银喜), 정주희(郑周喜), 은봉(银锋), 박경은(朴京恩), 김은경(金恩更), 전민희(全民熙), 강미주(姜美珠), 위현우(韦炫羽), 김성종(金圣钟), 紫色女孩, 葡萄[3] 등 38인에 달하는 소설 작가들이 나름대로의 독자층을 확보하고 있는 것이다. 이 사이트에서는 직접 이들 한국 작가의 소설 202권이 중국어 번역본으로 읽을 수 있도록 링크가 되어 있었다.

그림3 중국 온라인에서 소개되고 있는 한국문학 작품

온라인을 통해 한국 문학 작품을 중국 독자에게 전달하는 것은 보급에 있어 편리하고 빠른 방편이 될 수 있지만 이러한 방법은 비공식적 접근이며 번역물의 질적 수준과 저작권 보

---

1 출처: http://www.poemlife.com/index.php?mod=showtran&str=1370 중국 인터넷 사이트 '诗生活'. 이 사이트에는 '번역란(翻译专栏)'을 따로 두어 유명 번역가의 해외 문학 중어 번역문을 읽을 수 있도록 링크를 해 놓았다 (검색일: 2018.3.10).
2 출처: https://www.kanunu8.com/files/15.html 중국 인터넷 사이트 '努努书坊-韩流文学, 韩国青春문학' 코너(참고일:2018.3.10).
3 위 사이트에 올려진 작가들의 본명을 찾았으나 紫色女孩, 葡萄 등 두 작가의 한국 이름은 찾을 수 없었다.

호라는 문제와도 연관이 되므로 관계 기관의 지속적인 관심과 관리 감독이 또한 필요하다는 점도 고려할 점이다.

번역을 통한 한중 교류가 단순히 한국 문학서를 중국어로 번역한다는 것을 의미하는 것이 아니다. 또한 알리고 싶은 것과 알고 싶은 것 사이에는 가름할 수 없는 다양한 요인들이 잠재되어 있어 중국 현지에서의 독자층, 즉 소비자들에 대한 지속적인 수요 조사가 이루어져야 한다. 본고에서 현재 중국의 도서 현황을 모니터링하고 소비자의 요구 사항을 가늠해 본 것처럼 향후로도 소비자의 만족도를 높일 수 있는 자료를 지속적으로 번역 출간할 필요가 있다. 이와 관련해서는 중국 소비자들이 선호할 만한 관심거리와 우리 문학에 대한 호기심을 충족시킬 만한 적절한 저작물을 지속적으로 발굴하고 출간하는 것이 요구된다. 우리는 우리의 다양한 문화와 우수한 콘텐츠를 보급하는 것을 생각하지만 실제 출판 현장에서는 경제성과 보급 능력 등을 고려할 수도 있다. 즉 생산자와 보급자, 소비자 사이에 각기 다른 이해관계와 관심 영역이 존재할 수도 있다는 것을 고려하여 지속적인 수요 조사와 소통을 통해 출판 현장에 대한 대응 전략을 세울 필요가 있다 하겠다.

3.4 한국어 원서 출판 출로 개척

최근 타블로의 『BLONOTE』, 김용택의 『어쩌면 별들이 너의 슬픔을 가져갈지도 몰라』, 김정기의 『2016 sketch collection』, 강순제의 『한국복식사전』, 임기중 등이 쓴 『연행록의 세계』, 김문식의 『조선왕실의 외교의례』 등과 같이 책은 중국 현지 온라인 서점[1]에서 한국어 원서가 판매되고 있다. 중국에서의 한국어 원서 판매는 그동안 정규 혹은 비정규 교육 기관을 통해 배출된 한국어 전공자들이 잠재적 독자층을 형성했으며 한국 문학서에 대한 관심과 인터넷 직거래로 원서 수입 및 배급이 쉬워진 온라인 환경 때문이라 할 수 있는데 이러한 현상은 한국 원서 독자층의 형성과 확대의 가능성을 기대하게 하는 긍정적 변화라고 생각한다. 앞으로 한국 문학서 보급이라는 과제를 생각할 때 번역서와 함께 한국어 원서 수출에 대한 고민 역시 필요하며 이는 현재 한국 문학서의 중국 진출 과제를 해결하는 중요한 요소로 작용할 것으로 보인다.

4. 나가는 말

한중 교류에서 현지인들이 한국 문학과 문화를 잘 이해하려면 제대로 된 한국 자료가 충분히 제공되어야 하는데 현재 중국 독자들에게 제공되고 있는 한국 문학서는 종류와 수량에서 독자의 수요를 충분히 만족시키지 못하고 있는 상황이다. 이러한 상태로 한중 교류가

---

1 豆瓣图书: 중국 유명 인터넷 서점 https://book.douban.com/subject/26976483/ (검색일: 2018.3.10).

이루어지고 있다는 점은 한국의 문화 정신을 알리고 양국민의 이해의 간극을 좁히는 역할을 감당하기에는 어려움이 상존함을 드러내는 부분이다. 앞에서 언급한 다양한 출판물의 출간과 번역 인재의 양성, 중국 현지에서 요구되는 적절한 출판물의 발간과 현황 파악에 따른 미래 전략 수립 등을 통해 한국 문학서의 지속적인 보급을 이룰 수 있다면 우리 문학 서적 전파에 있어 안정된 기틀을 다지는 조치라 할 수 있다. 중국 대중으로 하여금 한국 문학서 대해 친근한 인식을 갖게 하고 다양한 내용을 통해 관심도를 높여 놓는다면 향후 좀 더 수준 있는 저작물을 갖고 중국 출판 시장에서 안정적인 보급을 할 수 있을 것으로 생각된다. 이는 우리 작품과 저작물이 세계화를 이루는 길과도 연관된 중요한 문제라고 할 것이다.

참고문헌

[1] 김장선, 『춘향전 번역 수용 연구(1939-2010년)』, 역락, 2014.

[2] 김혜림, 「중국의 번역연구 동향」, 『번역학연구』13집, 한국번역학회, 2012.

[3] 박애양, 「중국 대학에서의 한국어 번역 인재 양성 방안 연구」, 『언어와 문화』12권 4호, 한국언어문화교육학회, 2016.

[4] 손지봉, 「21세기 중한 문학번역의 현황과 전망」, 『한중인문학연구』48집, 한중인문학회, 2015.

[5] 손지봉, 「중국의 번역연구 일고」, 『한중인문학포럼 발표 논문집』12, 2014.

[6] Ruth Page, Bronwen Thomas. New Narratives: Stories and Storytelling in the Digital Age[M]. Nebraska :University of Nebraska Press, 2011.

[7] 류대성,신병준, 『국어 교과서 작품 읽기: 중1 소설』,창비,2012.

[8] 한국문학번역원http://library.ltikorea.or.kr/translators?f=y&field_language%5B%5D=Chinese

[9] 중국국가관권국 中国国家版权局http://www.ncac.gov.cn/chinacopyright/contents/9977/313436.html

[10] 중국 인터넷 포털 사이트 百度百科https://baike.baidu.com

[11] 중국 인터넷 사이트 努努书坊https://www.kanunu8.com/files/15.html

[12] 중국 인터넷 사이트 诗生活http://www.poemlife.com/index.php?mod=showtran&str=1370

[13] 인터넷 서점豆瓣图书https://book.douban.com/subject/26976483/

[14] 인터넷 서점当当网http://book.dangdang.com

[15] 인터넷 서점亚马逊https://www.amazon.cn

중국 대학에서의 한국어 번역 인재 양성 방안 연구[1]

朴爱阳[2]

1. 서론

해외에서 이루어지는 한국어 연구가 한층 객관적이고 균형적인 발전을 이루기 위해서는 여러 부분에서 보완이 필요하지만 무엇보다도 현지 언어를 통해 한국을 소개하고 문화를 전파하는 일이 기본이 되어야 함은 주지의 사실이다. 현지의 외국인들에게 한국에 관한 내용을 담은 번역물은 일차적으로 한국 관련 정보를 전달하는 기능을 발휘할 뿐만 아니라 이를 재전파하는 강한 파급력과 확장성까지 지니고 있기 때문이다. 그러므로 '번역'의 역할은 무엇보다 중요하다고 할 수 있으니 한국어 학습자의 번역 능력은 해외 현지에서의 한국어 교육과 연구뿐 아니라 상호 문화 교류에 있어서도 중요한 부분을 담당하고 있기 때문이다.

한국어를 학습하는 외국 현지의 학습자 역시 한국어 학습을 통한 모국어와의 통번역에 대해 관심을 높여 가는 추세에 있다.[3] 현재 국내 각 교육 기관에서는 외국인을 위한 한국어 교육 과정을 위시하여 대학원에서의 전문 인재 양성을 위한 교육이 활발히 이루어지고 있으며 해외에서의 수요와 공급 역시 매우 활발한 상황 속에 있다. 이와 맥락을 같이 하여 각종 한국어 표현 교육 연구 역시 성황리에 이루어지고 있으나 외국인의 한국어 통번역을 분석 대상으로 한 연구나 외국 현지에서의 한국어 번역가 양성 방안에 대한 연구는 상대적으로 미흡한 상황에 있는 실정이다.[4] 해외에서의 한국 관련 정보나 문화를 연구하고 소개하는 번역 인재를 양성하는 것과 관련한 연구가 미흡하다는 것은 현지에서 이루어지는 한국어 교

---

[1] 이 논문은 2015-2018년도 정부(교육부)의 재원으로 한국학중앙연구원(한국학진흥사업단)의 지원을 받아 수행되었음 (AKS-2015-INC-2230005). 『언어와 문화』 12-4(한국언어문화교육학회, 2016)에 게재됨.

[2] 山东大学外国语学院朝鲜语系外籍教师

[3] 해외 한국어 교육의 교과 과정, 교육 과정을 통해 외국인 학습자의 한국어 통번역에 대한 관심과 요구 정도를 파악할 수 있다. 임형재·송은정(2015:310-311)은 2014년 KF통계를 통해 한국어 관련 해외 대학 과정이 98개국 987개 대학에 개설되어 있으며 그들의 요구를 위해 진행한 설문 조사 중 응답자의 67%가 향후 한국어 통번역에 관한 업무나 직업에 종사하고자 하는 의지를 갖고 있고 37%가 통번역 대학원까지 진학을 희망하고 있음을 밝힌 바 있다. 해외 학습자들의 한국어 통번역 욕구와 수요가 날로 지대해지는 것을 나타내는 지표라 할 수 있는 것이다.

[4] 임형재·송은정(2015:305-306)의 전게 논문에 의하면 외국인의 한국어 통번역을 분석의 대상으로 한 연구는 2000년 중반 이후에 와서야 최권진(2006), 고암(2009), 장정윤(2011), 이민우(2012) 등의 몇몇 연구가 이루어지게 되었고 이 중 고암(2009)과 이민우(2012)의 논문에서 국내 대학원에서 이루어지는 외국인 대상 한국어 교육의 현황과 대책을 제시한 바 있다고 하였다. 현재까지 외국 현지에서의 한국어 번역가 양성 방안에 대한 연구는 한소한 실정이라 하겠다.

육과 한국어 관련 인재를 배출하는 것과 연관된 전략이 미흡하다는 것과도 맥을 같이 한다. 중국의 경우 현재까지 언어 교육을 중심으로 한국어 교육이 진행되어져 왔고 언어의 활용이 가능한 인재도 많이 배출되어져 왔으나 한국 관련 저작물을 번역할 만한 인재를 양성하는 교육이나 전략은 상대적으로 부족한 상황에 있다 할 수 있다. 향후 중국 독자에게 장르에 구애됨 없이 가독성 있는 작품을 제공할 수 있는 실력을 갖춘 중국인 번역자의 양성이 필요한 과제로 인식되는 부분이다.

중국인이 다양한 장르의 한국 관련 자료를 모국어로 번역하는 역량을 발휘하게 하기 위해서는 한국에 유학 중인 인재[1]를 활용하는 방법과 중국 현지에서 한국어를 공부하고 있는 학생들을 번역 인재로 양성하는 방안이 있을 것이다. 이 두 가지 큰 틀의 방안 중에서 본고는 중국의 일반 대학에서 한국어과 전공자들을 대상으로 한 번역 인재를 어떻게 양성할 것인가 하는 점에 목표와 방향성을 맞추고 있다. 국제화를 통해 경계가 무너진 문화 접경지대에 살고 있으며 다양한 문화 번역 활동이 발생하는 현재의 상황을 생각해 볼 때 중국 현지에서 한국어 교육의 지속적 발전과 활발한 보급을 이루기 위해서는 지금까지의 언어 중심 교육에서 한국 문화 소프트파워 강화를 위한 교육으로의 전환이 요구되는 바 이를 위한 다양한 접근법 중에서도 현지상황을 잘 활용하면서 한국 문화 연구가 뿌리를 내리는 가장 효율적인 방안은 중국 대학 한국어 교육 현장에서 번역 인재를 양성하는 것이라고 본다. 이에 기존에 이루어진 한국어 번역 인재 양성 상황을 살펴보고 이를 바탕으로 몇 가지 양성 방안을 정리하여 제안해 보고자 한다. 본고를 통해 해외 한국어 교육 현장에서 새로운 인재 양성을 통한 교육의 질적 목표를 이루는 결과를 도모하는 고찰의 계기가 되기를 기대해 보는 것이다.

2. 선행 연구 검토

본고에서는 현재 중국에서 이루어지고 있는 차세대 번역 인재 양성에 대한 현황 파악과 이를 분석한 각종 선행 연구를 살펴보고 보다 실제적인 제안을 제시해 보는 것을 목표로 한다. 본고가 시도하는 중국 대학 한국어 교육 현장에서 한국 문화 번역 인재 양성 연구는 한국 문학의 세계화를 위해 한국 문학 작품의 번역 전파가 매우 시급함을 지적하고 번역 문학의 활성화를 위해 한국어를 배우는 재한 외국인 유학생들을 통한 번역 인재 활용 방안을 제시한 김성곤(1999:1-13)의 연구나, 한국 문헌의 외국어 번역을 한국어를 배운 외국인이 맡아서 해야 되며 이를 위해서는 외국인 중에서 한국어와 한국 문화를 연구할 사람을 국가적

---

[1] 현재 한국에서 공부하는 유학생 가운데 중국 학생들 수가 가장 많다. 교육부 자료에 의하면(교육부 홈페이지 http://www.moe.go.kr 참조, 참고일: 2015년 2월 6일) 2014년 4월 현재 한국에 있는 전체 외국 유학생 중 중국 유학생 수는 50,336명으로 전체 외국 유학생 가운데 가장 많은 59.3%를 차지한다.

인 차원에서 양성해야 한다고 주장한 이상섭(1993:11)의 연구와도 맥을 같이 하는 고찰이라 할 수 있다. 그간 중국 교육계에서는 한국어를 '小語種'[1]으로 분류하여 크게 중시되지 않았으며 한국어 관련 번역 인재 양성 부문에도 관심과 투자를 상대적으로 미흡하게 펼쳐 왔다. 이에 반해 한국 학계에서는 많은 전문가가 외국인 한국어 학습자들을 중심으로 번역 인재를 양성해야 한다는 주장을 펼쳐 왔는데 이와 연관된 선행 연구를 대략적으로 소개하면 다음과 같다.

손지봉(2014:855)은 그간 중국에서의 한국어학과 설치와 중국인 한국 유학생들의 증가로 인해 중국인 중에서도 한국어 원문 해독 능력을 갖춘 이들이 많이 배출되었고 중국 문단에 한국 도서가 활발하게 소개되어 중국 10대 베스트셀러에 오른 작품도 있지만 현재까지 수용 국가(중국)의 필요에 의해 번역된 작품의 파급력은 상당히 미미한 수준이며 한류로 표현되는 대중문화 외의 정치, 경제, 교육 분야 등에서는 여전히 중국 자료의 번역이 압도적임을 소개한 바 있다.

심재기(2003:354-356)는 번역 전문 인력의 부족을 한국 이민 교포 가운데 발굴함으로써 해결하기보다 특수 전문교육기관을 통해 번역가를 양성해야 한다고 주장했다. 그의 주장은 일반대학의 번역 교육 한계를 지적하고 대안을 제시했다는 점에서 주목할 만하지만, 중국 한국어 교육 현장에서 번역 교육 특수 목적 대학을 설립 운영한다는 것은 물리적으로 어려운 일이므로 우선 한국어학과를 개설한 일반 대학에서 그 임무를 감당해야 할 것이다.

이상의 연구와 연관하여 국내의 대학원에서 수학하는 외국인 학생을 대상으로 한 연구도 살펴볼 만하다. 고암(2009)은 각종 설문을 통해 국내 통번역대학원 한중과 재학생을 대상으로 한 한국어 수업의 문제점과 통번역 목적 한국어 교육의 필요성을 제시한 바 있고, 이민우(2012)와 송혜정(2013)은 10주에 해당하는 과정을 통해 외국인을 위한 한국어 통번역 과정 개발을 제안하면서 통번역 교육 과정의 설계 예시를 보여 준 바 있다. 그밖에 국내 통번역대학원의 한국어교육에 대한 분석과 L1, L2로서의 국어 교육, 한국어 교육의 문제점을 분석한 성초림(2014)의 연구, 외국인을 위한 통번역 목적 한국어 교육을 위한 현행 교육 과정 평가를 살펴보고 세부적인 대안을 제시한 임형재(2016)의 연구도 참고할 만하다.

이상에서 열거한 몇몇 연구는 한국에서 실행할 수 있는 외국인 대상 한국어 인재 양성 방안을 제시하고 있다는 점에서 의미가 있는 성과라 할 수 있다. 그러나 외국인이 이해하기 쉽도록 새로운 과목을 구성하고 보다 구체적이고 합리적인 교육 내용에 대한 보다 세밀한 검토를 가하기 위해서는 외국 현지에서의 자료를 바탕으로 연구가 진행되어야 할 필요성이 충분히 있다 하겠다. 본고는 선행 연구에서 살펴보지 못한 이러한 점에 문제의식을 갖고 현

---

1 중국 교육계에서 '小語種'은 일반적으로 영어를 제외한 외국어를 지칭한다.

지의 상황에 기초한 인재 양성 방안의 필요성을 주목하고 있는 것이다.

3. 중국 대학에서의 번역 교육 현황

본고는 중국 현지에서 이루어지는 각종 한국어 관련 인재 양성 방안 중에서도 대학 기관을 통해 이루어지는 인재 양성 방안에 관심을 갖고 있는데 그 이유는 다음과 같다.

첫째, 대학 기관에서는 인재 인프라를 구축할 가능성이 상대적으로 크다는 점이다. 현재 중국 대학에서는 교육 참여자인 학습자와 교수자 간의 인프라가 충분하게 갖춰져 있는 상황이라 할 수 있다. 현재 중국 대륙에서 한국어학과[1]를 개설한 4년제 대학이 100여 곳이 넘고 매년 약 5~6천 명의 졸업생이 배출된다.[2] 한중 수교 이후 한국어학과 졸업생만도 이미 그 수를 헤아릴 수 없을 정도로 많아져 중국에서의 한국어 인재 인프라는 그 층이 매우 두텁다고 할 수 있다. 교수자원 역시 수급이 원활한 것으로 나타났다. 송현호(2012:470-473)의 통계에 따르면 중국 내 주요 대학 한국학 관련 학과 전임 교수진 규모가 작게는 3명에서 많으면 20명이 넘는 대학도 있어 현재 중국에서의 한국어 교육은 각 대학의 교육적 철학과 교수자의 풍부한 교수 경험을 바탕으로 학습자의 잠재력을 일깨우고 수준을 높여 번역 인재로 길러내는 데 충분한 역량을 가지고 있다고 하겠다.

둘째, 중국 대학은 최고의 기관 시스템을 활용할 수 있다는 점에서 효용성이 크다. 이는 중국의 대학이 현재 많은 인재를 배출하고 있을 뿐 아니라 현재까지 책임 있는 교육기관으로서 이미 많은 고급 인재를 양성해 온 경력이 있다는 것이다. 그간 형성된 인프라와 각종 자료를 바탕으로 분석을 가하면 미래 번역 인재에 대한 접근이 보다 쉽고 체계적으로 이루어질 수 있다는 장점이 있으며 한 번 입학하면 4년 동안의 지속적인 교육 시간을 통하여 안정적이고 지속적으로 인재를 양성할 수 있다는 점에서 가시적인 효과를 기대할 수 있다.

셋째, 번역 인재 양성에서 대학의 역할이 중요한 또 다른 이유는 대학은 사회의 최대 지성이 모여 다양한 가능성을 만들어내는 창조적 공간이며 "새로운 문화적 정체성과 비평의식을 정교하게 다듬을 수 있는 곳"이기 때문이다.[3]

이상의 여러 요인들을 생각해 볼 때 중국에서 이루어지는 한국어 교육의 일차적인 현장으로 대학을 절대로 배제할 수 없는 실정이다. 따라서 현재까지 대학에서 이루어진 한국 문화 연구와 보급에 대한 상황을 살펴보고 한국 문화 번역 인재 양성을 적극적으로 검토하는

---

1 학과 명칭의 경우 중국 4년제 대학은 대부분 조선어과(朝鮮語系)로, 전문대는 응용한국어과(应用韓國语系)로 되어 있다(http://gaokao.chsi.com.cn/, 참고일: 2016.11.01). 본고는 한국어과로 통일시켜 사용한다.
2 GAOXIAOTING(2015:60)의 2014년 조사에 따르면 중국 대륙에서는 4년제 대학 119곳에서 한국어과를 개설하여 한국 관련 인재를 양성하고 있는 것으로 나타났다.
3 Peter Bush · Kirsten Malmkjaer(2015:28-29)는 영국 정부의 영어 중심 정책에 반대하고 국가 간 경계를 초월하는 초국가적 커뮤니티 탄생과 발전의 틀을 형성하는 데 있어 번역이 수행하는 중요한 역할을 강조하면서 대학 교육 과정에서 번역 교육의 필요성을 주장한 바 있다.

것은 매우 중요한 의의를 지닌다 하겠다. 이와 연관하여 중국 대학에서의 번역 교육 현황을 살펴보면 다음과 같다.

3.1 중국 대학에서의 번역 교육 실시 현황

3.1.1 교육 목표

현재 중국 대학의 교육 목표는 중국 사회가 요구하는 실무형 인재를 양성하는 것을 목표로 하고 있고 최근 번역 교육에 대한 요구도 높아져 학과의 특성과 관계없이 대부분 대학에 1~3개의 번역 과목이 개설 및 운영되고 있다. 그런데 그 내면을 보면 한국 문화와 한국학에 대한 내용적 접근보다는 언어 능력과 졸업 후의 취업활동에 관련한 실용성을 부각한 교육번역이 대부분이다.[1] 이는 학습자의 언어 능력 향상이나 졸업 후 취업 활동과 연관된 실용적인 번역 능력 향상에는 긍정적 작용을 하겠지만 인문학적 번역 능력 양성에는 물리적으로 부족한 점이 많다. 이러한 교육 목표 아래서의 번역 교육 시스템은 사회가 기대하는 실용 번역 능력 향상에도 부족할 뿐 아니라 전문 분야 영역에 대한 훈련도 부족하여 외교, 시사, 문학, 문화 등 다양한 분야에서 제대로 된 번역 역량을 발휘할 수 없다.

3.1.2 교수 방법

현재 중국 내 한국어 학과에서는 일반적인 번역 이론과 번역방법을 전수하는 식으로 중한·한중번역을 다루고 있는데 대부분 교수자 중심으로 수업이 진행되며 학생들은 중국어와 한국어 각 언어 차이의 인식을 기반으로 한국어의 어휘, 조사, 어미 등을 정확하게 구사하는 능력을 기르는 것을 주목적으로 학습하고 있다.

3.1.3 번역 교수·학습 시간

한국어과의 번역 관련 수업은 약간의 차이는 있지만 대부분 중한번역과 한중번역 2과목으로 구성되어 있으며 학습 시간은 17주 약 34시간이고 과목당 2학점이다. 중국 대학 학제는 한국과 마찬가지로 4학년 8학기제이지만 마지막 학기는 졸업논문 작성 시기로 수업을 이수하지 않는다. 교육 과정에서 번역 과목은 3·4학년에 배치되어 있어[2] 3학기 만에 학술성과 실용성을 겸비한 번역 인재로 거듭나기에는 시간적인 어려움이 있다.

3.1.4 번역 교재 현황

일반 언어 교재는 한국어 교재를 중국에서도 사용하는 경우가 많은데 번역 교재의 경우 한국에서 출판된 교재를 사용하는 예는 보이지 않았으며 현지 교수진과 출판사에 의해 개발

---

[1] Dorothy Kelly(2012:106)는 "어학 수업을 번역 수업으로 위장해서는 안 된다"며 어학수업과 번역 수업의 혼용에 대한 반대를 분명히 하고 있다.
[2] 하안나(2012:29-31) 표7 참고.

된 번역 교재가 대부분으로 나타났다.[1] 이는 한국에서의 한국어 번역 교육과 중국 내 한국어 교육 현장에서의 번역 교육은 그 교육의 목적이 다르기 때문에 교재를 호환해서 사용하기 어렵다는 것을 보여 준다.

본고가 중국 현지에서 출판 보급된 번역교재(통역, 사전류 제외) 총 21종[2]을 수집하여 분석한 결과 한중-중한 쌍방향 번역 교재 5종과 중한번역 교재 4종, 한중 번역 교재가 12종으로 한중번역 교재가 더 많은 것으로 조사되었다. 교재 구성은 대부분 통합형 단일본으로 간단한 번역 이론과 번역 기교를 함께 실었고 실용 번역을 중심으로 오류문장(錯誤飜譯)과 교정문장(正確譯文)을 설명과 함께 제시했다. 교수요목을 분석한 결과 이론적 배경을 근거로 교수요목을 개발하고 본문을 구성했다기보다 현장에서 자주 사용하는 장르를 중심으로 본문을 구성한 교재가 많았다.

기본 교재 분석 결과 현재 사용하고 있는 번역 교재는 오류 분석 중심의 통합형 교재가 대부분으로 분야별로 연구된 번역 교재가 필요하며 과학적으로 연구된 교수요목에 따라 내용을 구성한 번역 교재 개발이 요구된다 하겠다. 이외에 기존 교재 분석에서 다양한 문제들이 도출되었는데 가장 큰 문제는 중국 현지에서 출판된 교재의 경우 내용에서 비규범적 한국어 어휘나 문장이 모범 문장으로 제시된 예가 많다는 것이다.[3] 한국인 저자가 참가하지 않았거나 한국인 전문가에게 감수를 받지 않은 교재에서 어색한 한국어 표현이나 조한(朝漢)·한조(漢朝) 번역 교재의 예문에서 볼 수 있는 표현을 모범 번역으로 제시한 예가 발

---

1 그간 한국에서 출간된 중한, 한중 번역 교재로는 이용해, 『중한번역 이론과 기교』, 국학자료원, 2002, 백수진, 『중국어 번역 급소 찌르기』, 다락원, 2002, 박종한, 『중국어 번역 테크닉』, SISA중국어문화원, 2001, 박종환·김혜림·오문의, 『중한번역연습』, 한국방송통신대학교 출판부, 2008, 강수정, 『중국어 통역 번역: 기본편』, 다락원, 2013, 등이 있으며 한중번역에 대한 교재로는 장성민, 『중국어 한중번역 시사작문 45』, 시사에듀케이션, 2002, 권수철, 『스마트 통번역 중국어(한중번역편)』, 동양북스, 2013, 손다옥, 『단어만 잘 골라잡아도 중국어번역이 쉬워진다』, 공동체, 2014 등을 들 수 있다. 그러나 현재 중국 대학에서 한국에서 출판된 중한·한중 번역서를 사용하는 예는 찾지 못했다.

2 중국에서 출판된 번역 교재를 정리하면 다음과 같다. 쌍방향 교재: 金钟太, 『中韩双语及翻译研究』, 复旦大学出版社, 2014; 李玉华, 孙金秋, 『韩汉互译教程』(一, 二), 大连理工大学出版社, 2006; 蔡铁军, 黄蕾, 金晶, 『中韩韩中翻译』, 黑龙江朝鲜民族出版社, 2010; 张敏, 张娜, 『中韩互译教程』, 北京大学出版社, 2013; 중-한 교재: 孙志凤, 『中韩翻译教程』, 大连理工大学出版社, 2014; 张敏, 朴光海, 金宣希, 『中韩翻译教程』(第二版), 北京大学出版社, 2012; 张义源, 金日, 『中韩翻译教程』(2008版), 延边大学出版社, 2009; 朱锡峰, 『中韩翻译教程』, 辽宁民族出版社, 2006; 한-중 교재: 金兰, 『中级韩汉翻译教程』(全两册), 北京大学出版社, 2008; 金海月, 『韩汉翻译实践』, 北京语言文化大学, 2005; 金香兰, 周晓波, 『韩中翻译教程』, 世界图书出版公司, 2015; 柳英绿, 『韩汉翻译基础』, 延边大学出版社, 2002; 李龙海, 李承梅, 『韩汉翻译教程』, 上海外语教育出版社, 2009; 李民, 宋立, 『韩汉翻译研究』, 社会科学文献出版社, 2014; 张强, 朱会敏, 『韩中翻译教程』, 大连理工大学出版社, 2012; 张敏, 朴光海, 金宣希, 『韩中翻译教程』(第三版), 北京大学出版社, 2012; 全香兰, 周晓波, 『韩中翻译教程』, 世界图书出版公司, 2015; 全香兰, 『韩汉翻译技巧』, 北京语言大学出版社, 2005; 朱锡峰, 『韩中翻译教程』, 辽宁民族出版社, 2006; 陈宏, 韩英, 『韩汉翻译教程』, 北京大学出版社, 2004; 沈仪琳, 『韩文汉译实用技巧』, 社会科学文献出版社, 2006.

3 예를 들어 "그 사람은 깃털 하나 뽑을 수 없는 무쇠닭이라니까, 정말 구두쇠야.", "동북의 호랑이-수중왕", "우리는 곤란을 경시할 수 없거니와 곤란을 두려워 할 수도 없다" 등.

견되었는데 이러한 예는 학습자들의 정상적인 한국어 학습에 부정적인 영향을 미칠 수 있고 목표 언어에 대한 정체성의 혼란도 일으킬 수 있어 시정이 시급하다. 또 교재에 수록된 양이 지나치게 많다거나 난이도가 높고 각 단원의 학습 목표와 수준, 학습량 등의 조절에서 미흡할 경우 학습에 지장을 초래할 수 있다. 예를 들어『韓中飜譯敎程』과『中韓飜譯敎程』은 재판, 삼판이 될 정도로 중국 내 많은 학교에서 사용되고 있지만 책 한 권에 이력서 번역에서 시 번역까지 너무 많은 내용을 담고 있어 가독성과 실용성이 떨어지기 때문에 학부 학생들 번역 교재로 적합하지 않다는 평을 받고 있다.[1] 이는 현지에서의 번역 교육이 실용성을 강조한[2] 것과 관계있으며 적극적인 문화 소통을 위한 번역 교육 교재와는 인식의 차이가 존재한다고 하겠다.[3] 물론 오류분석을 통해 번역투 문장이나 문법 오류의 화석화를 줄일 수 있다. 그러나 내용학적인 면에서 볼 때 기능적 학습교재라는 지적을 면할 수 없다. 향후 한국 문화 번역 인재 양성을 위한 교재 개발은 지금까지와 다른 방향의 접근이 필요하며 각 대학의 교육 목표나 교육 과정 등과 잘 부합된 내용으로 교재 개발이 진행되어야 한다.

3.2 중국에서의 번역 교육에 대한 인식

3.2.1 일반적 인식

번역에 대한 일반적인 인식은 '언어 능력=번역 능력'으로 언어만 잘하면 번역도 잘 할 것이라는 생각하기 쉽다. 언어 능력을 높이면 번역 능력도 높아질 것이라는 일차적인 생각은 전체 번역 교수·학습과 번역 행위에 부정적 요인으로 작용할 수 있다.

지금까지 중국에서의 한국어 번역 교육은 목표어 문화의 이해와 수용이라는 차원보다는 언어교육 차원으로 접근해 왔다. 한국어 교육의 경우 중국은 한국어 교육에 대하여 외교적 입장에서 남과 북을 아우를 수 있는 '조선어 교육'이라는 생각을 유지하고 있어 '조선어 학과'에서 한국어를 가르치는 경우가 많았다. 중국에서의 번역 교육은 듣기, 말하기, 읽기, 쓰기 4영역 이외의 제5 영역으로 언어 능력 가운데 하나로 교육하고 있다. 이는 번역 교육의 목표가 번역을 통한 목표 언어 문화의 이해라기보다 언어 능력 향상을 위한 보조 수단으로 사용되고 있는 상황이니 번역을 교육하고 대하는 의식의 문제를 첫 번째로 지적하지 않을

---

[1] HE Wenqi(2013:19-38)의 조사에 따르면 총 26개 대학 가운데 17개 대학에서 이 교재를 사용하고 있었는데 교재 분석 결과 내용이 어려워 학습자의 흥미를 끌기 어렵다는 평가를 내놓았다. 또한 졸업생들에게 실시한 기존 번역 교재 만족도 역시 대부분 보통 이하로 평가한 것으로 나타났다.
[2] 지금까지 발표된 중국인 한국어 학습자를 위한 번역 수업 내용 및 교수 학습 방안 연구 역시 주로 실용 번역 교수학습에 대한 방안이 주를 이루고 있다.(오춘화:2001, 김귀순:2002, 하안나:2012, HE Wenqi:2012 등)
[3] 장애리(2011:93)는 俞佳乐의 연구를 빌어 통번역의 품질과 난이도는 언어보다는 문화와 관련 있으며 출발어 텍스트의 정확한 이해와 도착어 텍스트의 정확한 표현 여부는 문화의 이해 정도와 비례한다고 언급했다. 번역 교재 개발은 지식으로서의 문화를 탑재해야 하며 한국 문화에 대한 폭넓은 이해를 바탕으로 비판적 문화인식 능력을 키울 수 있는 교재 개발에 포커스를 맞추어야 할 것이다.

수 없는 것이다.

3.2.2 학계 인식

중국 한국어 교육계에서 한국 관련 서적 독자층 확대를 위한 번역 인재 양성에 대한 인식은 현재 매우 부족한 편이다. 한국의 경우도 상황은 비슷하지만 중국에서의 한국어 교육은 원어민 강사를 제외하고는 대부분 교수자와 학습자가 중국인이기 때문에 한국 문화 보급에 소극적일 수밖에 없다.[1] 그러나 번역은 문학과 문화의 재산출로 균형적인 문화 교류와 인재 양성이라는 차원에 번역 교육에 대한 인식의 전환이 필요하다. 앞으로 기존 번역 교육에 대한 인식의 재고와 새로운 방향으로의 접근이 모색될 때라고 생각한다.

3.2.3 번역 인프라 구축에 대한 인식

한국 문화 번역 인재 양성에서 인프라 구축은 가장 중요한 문제다. 지금까지 중국에서의 한국어 교육은 언어 교육을 중심으로 진행되어 왔고 언어의 활용이 가능한 인재 교육이 양적 성장을 이루어 왔음에도 불구하고 중국에서 한국 문화의 정수를 연구하고 소개하는 인재의 양성에는 전문적이고 의식적인 접근이 부족했다. 지금까지 중국에서의 한국 문화 관련 번역은 소수의 연구자에 의해 수행되어 왔다. 이들만으로 반만년 역사의 한국 문화를 담은 한국학이나 끊임없이 창작되는 각종 작품을 번역해 내기란 역부족이다. 중국 내 한국 문화의 소프트 파워를 강화하려면 한국 문화 번역 사업의 활성화가 우선적으로 시도되어야 한다. 국제화를 통해 다양한 문화 번역 활동이 발생하는 현재의 상황을 생각해 볼 때 중국 현지에서 한국을 제대로 소개할 수 있는 한국 문화 번역 인재 양성 시스템 구축과 한국 문화 번역 연구 환경의 재조정은 필연적인 요구라 할 수 있다.

4. 번역 인재 양성을 위한 교육 개선 방안

번역 인재의 양성과 확산을 위하여서는 여러 방면을 통해 대안책을 생각해 볼 수 있을 것이다. 본고에서는 보다 체계적인 접근을 위해 '교육 내적 환경'(교육 참여자, 교육 목표, 교육 내용, 교재, 수업 설계 등)과 '교육 외적 환경'(학부와 대학원 연계 시스템, 교육 내용 보완, 번역 대회, 번역 네트워크 구축 등) 모두를 아우르는 시각으로 몇 가지 구체적인 방안을

---

[1] 송현호(2012:470-473)의 통계에 따르면 중국 내 주요 대학 한국학 관련 학과에서 근무하는 교수진은 연변대 130명, 북경대 42명, 중앙민족대 36명, 낙양외국어대 21명, 산동대 위해분교 20명 등 일부 대학을 제외하고 16명에서 3명이 근무한다. 차이가 있겠지만 일반적으로 한국어과에는 한국인 원어민 강사가 1~2명씩 근무하고 있다. 한국 대학이나 정부에서 파견한 교사들을 제외하고 대부분은 계약직으로 몇 년 근무하다 귀국하거나 다른 대학으로 이직하게 된다. 원어민 강사들은 대부분 말하기 쓰기 읽기 듣기 등 기초적인 언어 교육에 투입되어 한국 문화, 한국 작품 번역 등과 같은 수업을 담당할 기회가 상대적으로 적다. 이들에 대한 정부 차원의 지원이나 인재 관리 시스템이 세워져 있지 않기 때문에 한국어 교수자 인재 유실 현상 또한 매우 심각하다고 하겠다. 한중 번역 인재 양성에 이들의 역량이 투입된다면 한국어 교육과 한국 문화 교육에 시너지 효과를 기대할 수 있다.

생각해 보고자 한다. 이에 교육 참여자, 교육 목표 설정 및 교육 과정 설계, 교육 내용, 교육 자원 등의 분야를 중심으로 번역 인재 양성을 위한 교육 개선 방안을 다음과 같이 세부적으로 정리해 보았다.

4.1 교육 참여자

4.1.1 학습자의 동기 부여

한국어학과에 입학한 모든 학생이 전문 번역가를 꿈꾸는 것이 아니기 때문에 통번역 전공자가 아니라면 번역에 대한 관심과 동기 부여가 어려울 수 있다. 그러나 번역 능력은 사회가 요구하는 능력으로 한국어과 학생들이 반드시 갖춰야 할 기본 능력이다. 사회가 한국어학과 졸업생들에게 수준 높은 언어 실력은 물론 어느 정도의 번역 능력까지 기대하기 때문이다. 조은숙(2011:272-273)의 조사에 따르면 한국어과 졸업생들에게 사회가 원하는 능력 가운데 번역 능력이 가장 큰 것으로 나타났다. 번역 능력은 학습자 자신의 장래를 위해서도 반드시 갖추어야 할 기본적인 능력이므로 학습자 스스로 번역 능력 양성을 통해 전공과목에 대한 종합 능력이 향상될 수 있도록 노력할 필요가 있다. 번역 능력 강화 교육으로 실용 번역 능력과 인문학 번역 능력을 갖춘 한국어 전공자들의 실용적인 업무 수행 능력은 기존 대학 교육 과정을 수료한 졸업생들보다 한 단계 향상된 상태가 될 것은 물론이고 이들 가운데 일부가 심화 과정을 거쳐 활동하게 될 전문 번역가 영역에서도 책임 있는 활동을 기대할 수 있을 것이다.

4.1.2 현지 교수자간의 협업 강화

한국어 교육 현장에서 활동하는 중국인 교수자에게 한국 문화 연구의 발전을 위해 한국 인문지식에 대한 교육 강화와 번역 교육 필요성에 대해 설득력 있는 접근이 필요하다. 번역 인재 교육과 양성이라는 중요한 과제를 대학에서 달성해 나가기 위해서는 무엇보다도 이 문제에 대한 중국인 교수자의 공감이 있어야 하기 때문이다. 또한 번역 분야에서 중국 교수진과 한국인 교수진의 장점과 단점을 서로 보완할 수 있어 현지 교수자간의 협업이 매우 중요하다. 일반적으로 각 대학 한국어과에는 한국인 원어민 강사가 1~2명씩 근무하고 있어 중국 대학에서 근무하는 중국인 교수자와 한국인 교수자의 협업을 통해 수업 운영과 교재 개발 방법을 모색할 수 있다. 교수자에 대한 또 한 가지 고려해야 할 부분은 번역 담당 교수자 부족이다. 현재 중국 한국어 교육계에 번역학 전공자들이 그리 많지 않기 때문에 교수 방법과 접근법에서 의도하지 않았던 시행착오가 발생할 수 있어 이 부분에 대한 대책과 보완이 시급하다. 앞으로 우수한 번역 교수자의 계속적인 투입과 기존 교수자의 번역 교수 능력 향상을 위한 지속적인 관심과 노력이 함께 진행되어야 할 것이다.

4.2 교육 목표 설정 및 교육 과정 설계

번역 능력은 풍부한 언어 능력과 문화 지식을 기초로 했을 때 바르게 양성될 수 있으며 학습자 개인이 번역 교육을 수학할 수 있는 기초가 다져져야 교육의 효과를 기대할 수 있다. 따라서 번역 인재 양성은 언어 능력과 문화 능력을 바탕으로 단계별 목표 설정과 목표 달성이 가능하도록 설계해야 한다.

4.2.1 교육 목표 설정

지금까지 한국어 교육이 언어적 외연을 넓히는 데 주력했다면 앞으로는 언어 능력을 바탕으로 한국 문화에 대한 내용적 토대를 견고히 해야 한다. 이러한 현실을 고려할 때 번역 교육 목표는 실용 번역과 문학 번역을 고루 섭렵하여 학문적 지식과 실용적 기능을 균형 있게 갖출 수 있도록 새롭게 수정되어야 한다. 이에 본고는 향후 번역 교육 목표를 한국 문화 전반을 다룰 줄 아는 번역 인재 양성과 한중 문화 교류 현장에서 문화 번역자 역할을 감당할 수 있는 창의적인 인재 양성으로 세워 교육의 질적 향상을 추구할 필요가 있다고 본다.

4.2.2 교육 과정 설계

중국의 한국어과 교육 과정은 중한, 중조(中朝) 관계를 고려하여 운영되고 있다. 또한 각 대학의 교육 목표에 따라 교육 과정 설계는 선택과 집중의 역학 관계가 있다. 지금까지 한국어 교육 목표가 언어 교육에 집중하여 인재를 양성해 왔다면 앞으로는 언어 교육의 성과 위에 목표 언어의 문화 정체성에 대한 깊은 이해가 가능한 멀티 인재 양성을 위해서 교육 과정을 재정비해야 할 시기가 도래했다고 하겠다. 이러한 시각으로 볼 때 문장 이해력과 문화력을 고루 갖춘 번역 인재 양성이라는 새로운 목표 설정은 한국어 교육 현장이 당면한 필연적 사명이라고 할 수 있을 것이다. 따라서 기존의 기능 중심의 한국어 교육 과정으로는 한국 문화 관련 자료 번역이 가능한 인재 양성이 어렵기 때문에 한국 문화 번역을 위한 인재 양성에 최적화된 시스템 개발이 필요하다. 이를 실현하기 위해서는 다양한 요구를 고려한 '현지화'된 교육 과정을 설계하되 해당 교육기관의 번역 교육 목표에 따라 문학 번역, 실용 번역, 일반 번역, 전문 번역 등에 대한 비율문제를 잘 조절하는 선에서 합당하게 설계해야 할 것이며 한국 고전 문화와 근현대 문화, 한국 한문 문학 작품 번역에 이르기까지 다양한 장르의 한국 문헌을 중국어로 번역해 낼 수 있는 번역 능력을 갖출 수 있는 내용으로 구성되어야 할 것이다.

그러나 대학의 교육 과정은 단순히 무엇을 가르치느냐 하는 교육 내용 결정에 국한된 것이 아니라 교수 방법과 학습 방법, 언어 정책과 교사 교육 등 다양한 문제와 밀접한 연관성이 있기 때문에 함께 고려되어야 할 문제가 많고 복잡해서 교육 과정을 개정하거나 새롭게 설계한다는 것이 쉬운 일은 아니다. 교육 과정 내용은 각 대학의 교육 목표에 부합하게 설계되어야 하겠지만 본고가 제안하는 번역 인재 양성에 효과적인 교육 과정 내용으로 다음 몇 가지가 중요하다.

첫째, 번역은 목표 언어와 모국어에 대한 종합적 표현 능력으로 교육 과정 설계 단계에서 학습자들이 쓰기 능력을 향상할 수 있는 다양한 쓰기 과목 설계가 요구된다. 특히 번역에서 모국어 구사 능력은 번역자 자질 가운데 가장 기본이 되는 자질이며 중국어 작문 능력은 한중 번역에 있어 가장 기초가 되는 글쓰기 능력으로 쓰기 과목에 약한 학생들의 모국어 쓰기 능력 강화를 위해 반드시 개설되어야 하는 과목이다.

둘째, 문학적 내용과 실용적 내용을 포함한 읽기 과목 설계가 요구된다. 좋은 번역 글쓰기가 가능하기 위해서는 읽기 능력이 중요하다. 텍스트에 대한 이해가 번역 결과물의 질을 좌우할 수 있기 때문이다. 한국 문화 읽기 내용은 한국 문화 전반에 걸친 다양한 내용과 문학적 용어를 이해할 수 있도록 유기적으로 설계되어야 하며 교과목의 특성에 따른 읽기 훈련을 통해 풍부한 배경 지식을 갖출 수 있도록 교육 과정 개발 단계에서 교과목 배치에 신경써야 한다.

셋째, 번역 교육에 대한 노출 시기이다. 앞에서 거론한 것처럼 일반 대학의 경우 번역 교육은 고학년을 중심으로 이루어진다. 그러나 저학년에도 번역 교육과 관련된 내용적 접근이 필요하다. 번역 능력은 이해력과 표현력의 종합적 영역으로 언어 능력과 문화 능력이 유기적으로 발전할 수 있기 때문에 저학년 때부터 확장된 학습이 가능한 교과목 설계가 요구된다 하겠다. 예를 들어 저학년에서는 한국 사회와 문화, 문학 및 번역 이론[1]과 같은 이론적 지식 습득을 위한 과목들이 학년별, 수준별로 배치된 교육 과정의 개발이다.

본고가 중국 대학 한국어과 가운데 교육 과정에 대한 최근 자료 수집이 가능했던 4개 대학의 교육 과정을 살펴본 결과 이들 대학의 교육 목표는 다음과 같이 정리할 수 있다. 북경대: 조선과 한국학 연구의 첨단 인재 양성(2014년 새 교육 과정), 연변대: 지리적 장점을 기반으로 한중 언어에 능숙하고 조선과 한국의 국정 지식이 밝은 한국어 고급 인재 양성, 남경대: 인문학적 소질과 세계관을 지닌 인재 양성, 산동대: 전문화, 국제화된 뛰어난 자질을 갖춘 복합형 인재 양성 및 고급 번역 인재 양성(2014년 새 교육 과정). 교육 과정 내용을 살펴보면 다음과 같다.[2]

---

[1] 학부에서 번역 이론에 대한 교육이 필요한지에 대한 논의는 아직 진행 중이다. 穆雷(2006)는 학부단계에서 통번역 전공은 통역이론과 번역 이론, 통번역학의 기본 원리를 포함해야 하므로 통번역 이론 과목의 비중을 15% 정도로 하고 외국어 전공의 경우 5% 정도의 번역 이론 교육이 필요하다고 주장하였다. 전기정(2009:590)에서 재인용. 본 연구에서도 한국어 전공자들의 번역 이해와 번역 능력 내재화를 위해 학부 단계에서 번역 이론에 대한 개념적 교육은 꼭 필요하다고 본다.
[2] 자료 출처: 북경대 http://sfl.pku.edu.cn/show.php?contentid=2792 (참고일:2016.05.06), 연변대 김영수·유영미 2015, 남경대 내부 자료(2016년), 산동대 내부 자료(2015년).

표1 중국 대학 한국어과 교육 과정 예시

북경대	전공	필수	한국(조선)어(1-4), 한국(조선)어시청설(1-4), 고급한국(조선)어(1-4), 한국(조선)문화, 조선반도개황, 한중번역, 중한번역
		선택	한국(조선)어응용문쓰기, 한국(조선)어신문선독(상,하), 한국(조선)문학사(상,하), 고급한국(조선)어말하기(1-2), 한국(조선)어어법, 한국(조선)경제, 한국(조선)작품선독(상,하), 한국(조선)민속, 한국(조선)철학, 한국(조선)언어학개론, 한국(조선)어통역, 한국(조선)역사
연변대	학과	기초	기초한국어, 고급한국어, 초급한국어회화, 중급한국어회화, 고급한국어회화
	전공	필수	현대한어, 조선한국개황, 한국어문법, 한중번역, 중한번역, 한국어응용문습작, 한국어시청각(1-4), 한국신문열독, 조선한국문학 작품선독, 조선한국문학사
		선택	한중어음대비, 한중어휘대비, 한중문법대비, 한자독음, 언어학이론, 한국 문화, 민속학, 중한문화비교, 조선한국간사, 오류분석, 외사기초, 한국경제
남경대	학과	핵심	기초조선(한국)어정독(1-2), 중급조선(한국)어정독(1-2), 조선(한국)국정개황, 조선(한국)통사, 조선(한국)문학사(1-2), 조선(한국)언어학개론
	전공	선택	기초조선(한국)어 시청설(1-2), 중급조선(한국)어 시청설(1-2), 고급조선(한국)어시청설, 조선(한국)어문법, 조선(한국)어 읽고쓰기(1-2), 당대중한문화교류, 조선(한국)문학경전, 조선(한국)고전문헌, 조선(한국)전통문화, 근대중조(한)사상교류, 당대한국작가해독, 중조(한)교류사, 조선어전공활동 및 주제강좌(1-2), 중조(한)문학비교, 중조(한)언어비교, 조선(한국)학논문쓰기지도, 시사조선(한국)어, 경제무역조선(한국)어, 조선(한국)응용문쓰기, 중조(한)번역 이론 및 실천, 중조(한)순차/동시통역
산동대	학과	기초	조선-한국사회와문화, 중외문화교류사, 중국어작문, 외교예절, 한국어실용문쓰기, 한국어실용문법(1-2)
	전공	기초	종합한국어(1-4), 고급한국어(1-2), 한국어회화(1-4), 한국어쓰기(1-2), 중한한중번역(1-2), 중한한중통역
		필수	한국어듣기(1-4), 조선-한국문학사, 조선한국역사, 중한미디어매체번역, 한국어주제읽기, 학술논문쓰기
		선택 언어	여행한국어, 고급한국어어법
		선택 문화	조한정치외교, 한국문학과 영화감상
		선택 번역	중한한중번역입문, 중한한중경제무역기술번역, 중한한중외교사번역, 중한한중시사번역, 중한한중동시통역

위 4개 대학의 교육 과정 모두 한국 문화와 관련된 과목 개설이 두드러진다. 기초 언어 지식 일변도에서 벗어나 학문으로서의 한국학 전수에 연구 역량을 기울이고 있음을 알 수 있다. 과목 명칭은 대부분 한국과 조선을 병기하여 한국과 조선이 공유한 부분과 개별적 소개가 필요한 과목을 분류하였다. 개설 과목의 내용을 보면 북경대는 문화, 문학, 철학, 민속, 역사 등 인문학을 강조하였고 연변대는 음운, 어휘, 문법, 언어학, 오류 분석 등 어문학 부분에 비중을 두었으며, 남경대는 문학 부분에 집중한 것으로 보인다. 산동대는 기본적인 과

목 구성은 위 대학들과 비슷하나 다양한 글쓰기 과목과 한국 문화 읽기 과목 등 문화 번역을 특화한 모습이다. 최근 중국 대학의 한국어과 교육 과정에 대한 새로운 시도는 한국어 교육과 한국 문화 번역 인재 양성에 매우 긍정적인 요소로 작용할 것으로 보인다.

4.3 교육 내용

4.3.1 교육 목표에 따른 번역 교재 개발

현재 중국에서 사용하는 번역 교재는 통합형 단행본이 주를 이루는데 학부생을 위한 수준별, 목적별, 유형별 번역 교재 개발이 요구된다. 또한 교과목 배열과 교육 내용을 수정해서 학년과 수준에 따라 사물에 대한 세상 지식을 쌓기 위한 과목, 언어 능력을 위한 과목, 번역 능력을 위한 과목으로 분류해서 내용을 보완해야 한다. 또한 번역 이론과 실제에 대한 내용학적 접근을 위해, 다양한 번역 이론과 이를 훈련할 수 있는 내용을 탑재한 수준별 번역 교재가 개발되어야 하며 번역훈련과 함께 내용학적 지식을 습득할 수 있는 교재 개발이 절실히 요구된다 하겠다.

4.3.1.1 교수요목

교수요목은 학습 내용의 구성에 대한 총괄적인 원칙으로 학생들이 숙달해야 하는 학습 항목들을 정리해 놓은 것으로 대상과 목적에 따라 교재가 교육 내용에 적합한지, 이론적 배경은 확실한지 등을 살필 수 있는 교수요목이 개발되어야 한다. 번역 교재 교수요목 역시 학습자들이 언어 능력 향상을 위한 도구로서의 문화가 아닌 한국 문화 자체에 대한 지식을 습득할 수 있도록 내용적 항목들을 고려하고 구체화하는 작업을 통해 학습자들이 문화번역자로의 발전이 가능할 수 있도록 설계되어야 할 것이다.[1]

4.3.1.2 교재 구성 및 내용

교육 과정에 의해 개설된 과목에 따라 개발된 개별 번역 교재는 중국의 학제에 맞게 총 18개 단원으로 구성하고 학습 단원 16개, 실습 단원을 2개를 두어 학습한 내용을 심화할 수 있도록 구성한다. 교재에 실릴 텍스트 선정은 매우 중요한 부분으로 문화 능력을 탑재한 번역 인재 양성이라는 목표로 개발되는 교재라고 할 때 학습자 수준과 교과목 목표에 따라 한국 문화에 대한 폭넓은 이해와 비판적 문화 능력을 양성할 수 있는 텍스트를 선정하고 번역 능력을 제고할 수 있도록 충분히 고민된 문형들을 중심으로 구성해야 한다. HE Wenqi(2013:36-40)의 설문조사에서 번역 과목 학습자들은 한국의 현대 사회에 대한 지식

---

[1] 강현화(2011:1-27)에서는 학습 시기와 언어 능력, 문화 자체의 위계화를 고려한 원형적 교수요목과 학습자, 학습목적, 환경 등에 따라 적용되는 적용적 교수요목을 제안하였는데 번역 교재 교수 요목에도 대상별, 목적별 교수 요목이 설계되어야 할 것이다.

보다 문법과 어휘에 대한 학습을 더 많이 했다고 대답했으며 교재 내용 선호도 조사에서는 일상생활에서 자주 접하는 주제와 현대 한국 현실을 반영하는 주제라고 답한 연구 결과를 볼 때 학습자들에게 번역 수업은 언어학적인 지식과 문제 해결 방법뿐만 아니라 텍스트를 통해 한국 사회와 문화에 대한 지식을 넓혀 가길 바라고 있으며 이러한 결과는 본 연구에서 주장하는 한국 문화 내용을 담은 번역 교재 개발의 현실성을 증명하는 것이라 볼 수 있다.

4.3.1.3 일반 과정과 심화 과정 교재

학부 교과목과 학부생을 위해 개발한 교재를 심화 과정 학생들을 위한 교재로 활용하기 위한 고민도 필요하다. 일반 과정과 심화 과정 학습자들이 수준에 따라 차이는 있지만 내용 적으로는 연결성이 보장된 교재로 학습할 수 있어야 한다. 예를 들어 학습 순서에 따라 학부 과정에서 개발된 교수요목과 교재를 대학원 심화 과정을 연계하는 징검다리 역할을 할 수 있도록 재구성하여 순차적 학습과 내용적 연계성이 가능하도록 구성할 필요가 있다.

4.3.2 개설 과목의 교육 목표에 맞춰 설계된 수업 진행

본고가 제안하는 번역 수업은 한국 문화와 관련된 내용을 중심으로 분야별로 개발된 분리형 교재를 사용하며 수업 과제 수행 전 활동, 과제 수행, 토론 등의 순서로 진행된다. 중국은 보통 1과목당 17~18주 2학점이고 수업 시간은 1일 50분씩 2교시로 구성된 수업이 많다. 1일 2교시 번역 수업을 간단히 소개하면 다음과 같다.

표2 수업 활동 예시

준비 활동	주제 토론: 브레인스토밍 새 단어, 표현 정리 본문 관련 짧은 글 읽기(배경지식 확장) 내용 요약 및 토론(번역 방법 결정, 브리프 작성)	40분
과제 수행	본문 읽고 번역 발표 및 토론(난점, 문제 해결 방법, 평가)	50분
토론	정리(기대 학습 성과) 과제 부여	10분

수업 시간에 주제가 담긴 문장을 번역하는 전 과정을 경험해 봄으로써 비슷한 내용의 과제물을 완성하는 동안 스스로 번역 이론을 적용하고 해결할 수 있는 능력을 양성할 수 있도록 설계하면 효과적인 수업이 될 수 있다. 또한, 번역 수업에서 한국 문화 내용을 중심으로 개발된 분리형 교재를 사용하게 되면 내용의 연속성으로 관련 지식 축적이 가능하고 장르별 번역 능력도 확보할 수 있다는 장점이 있다. 오지혜(2013:281)에서는 언어 학습자 문학 교육 모형으로 언어-문화-문학 통합 교육이라는 교육 틀을 제시한 바 있는데 본고는 번역이

종합적이고 개인적 역량이 드러나는 '학문'이기 때문에 번역 교육에서도 내용 중심 지도를 통한 언어-문화-문학의 통합적 교육이 도입되어야 한다고 본다.

4.4 교육 자원

4.4.1 학부와 대학원 연계 프로그램 개발

학부와 대학원을 연계하여 실시하는 번역 교육도 번역 인재 육성 방안에 긍정적 효과를 줄 것으로 생각한다. 일반적으로 번역 활동이 언어 능력 발달에 촉매제 역할을 하므로 학부 저학년부터 문형 번역이 시행되지만 구체적인 번역 교육은 고학년 학생들을 대상으로 진행된다. 그러나 학부에서의 번역 교육은 한국어 학습자를 대상으로 하고 한국어 전공자가 모두 전문번역가로 활동할 수 있는 것도 아니기 때문에 진정한 의미의 번역 교육이라고 보기는 어렵다. 또 번역 능력은 오랜 시간 공을 들여야 궤도에 오를 수 있는 영역으로 정신적, 시간적, 물질적으로 반드시 채워져야 할 물리적 양이 존재하기 때문에 서두르거나 소홀히 할 수 없다. 단순히 학부 차원의 교육으로 끝나서는 진정한 전문 인재로의 양성이 어려우므로 학부와 대학원을 연계하는 인재 육성 방안이 필요하다. 대학원 과정에서 요구하는 번역 인재는 한국 문화와 전문 번역을 수행할 한국학 번역 인재로서 높은 언어 수준과 깊은 문화적 이해를 겸비한 인재를 의미한다.[1] 이를 위해서는 학부 때부터 문학적 소양을 기르고 작품에 대한 안목을 기르는 훈련이 중요한데 학부에서 목표 언어의 언어학적 지식과 함께 문화적 배경 지식이 성장하지 않는다면 대학원에 진학해서 전문적인 교육을 받는다고 해도 교육 효과는 기대에 미치지 못하게 된다.[2] 현실적으로 볼 때 한국어교육 분야는 학부에서 대학원으로 연계되는 교육 과정이나 교육교재의 개발 역시 초보적 단계에 불과한 실정이다. 따라서 학부와 대학원을 연계한 번역 인재를 키우는 교육 과정의 개발과 교수 요목, 교재 개발 등은 서로의 연계성을 고려한 상황에서 연구되어야 할 것이다. 예를 들어 학부 차원에서는 한국학 분야 전반을 전문적으로 번역할 수 있는 능력 양성에 기초가 되는 다양한 분야의 텍스트를 번역 연습할 수 있도록 교수요목과 교육 내용을 설계하고 심화 과정인 대학원에서는 학부에서 익힌 번역 능력을 바탕으로 전문 번역자로서 담당할 수 있는 문학 번역, 학술 번역, 실용 번역의 인재로 특화해서 교수·학습할 수 있는 프로그램을 개발 및 운영해야

---

[1] 행간에 숨겨진 문화적 함의를 읽어내어 번역해낸다는 것은 고도의 언어 능력과 문화적 공력을 요구하게 된다. 같은 언어권 사람들 간에도 행간의 의미를 잘못 읽어 오해와 충돌이 빈번하게 발생하기 때문에 문화 간 오해로 편견과 혐오감이 발생하고 극단적으로 문화 간 충돌이 발생할 수 있으므로 한국 문화에 대한 깊은 이해가 우선되어야 한다.

[2] GAO XIAOTING(2015:74)의 중국 내 한국어 통번역 전공 대학원생 요구 조사 결과에 따르면 통번역 대학원생들이 통번역에 대한 전문적인 지식과 기술적인 훈련보다 언어학적 지식을 더 요구하는 것으로 나타났다. 이는 목표어에 대한 기초 지식이 매우 부족하다는 것을 보여 주는 예로 학부 교육에서 한국어 언어 지식과 한국 문화 지식에 대한 교육이 보다 강화되어야 한다는 것을 반증하고 있다.

할 것이다. 그러기 위해서는 학부의 한국어 교육 목표와 대학원 교육 목표가 지향하는 지향점이 비슷해야 한다. 학부 교과목과 학부생을 위해 개발한 교재의 확대 개발에 대한 고민도 필요하다. 교재의 난이도와 교육 내용을 선별하여 학부 과정과 대학원 과정에서 사용하게 될 통합형 교재와 분리형 교재를 함께 개발한다면 기초를 다지고 실제 훈련을 강화하여 내용적 지식 습득과 기능적 훈련에 대한 연계 학습이 가능할 수 있게 된다.

4.4.2 교육 보완 프로그램 운영

한국 문화 특강이나 중·단기 번역캠프 운영 등을 통해 한국학에 대한 보완적 학습 기회를 모색한다. 중국에서의 한국어 교육은 현실적으로 환경적 제약을 받게 되는데 이러한 물리적 한계를 극복하기 위해 보완 프로그램을 운영할 필요가 있다. 현재 오디오, DVD, 인터넷 등 시청각 자료의 활용이 다양해졌으나 오프라인 강의를 통한 직접적인 체험 수업을 받을 수 있는 기회는 상대적으로 적다. 특히 정규 과정에는 개설되지 않은 한국 사회에 대한 전문적 지식이 요구되는 정치·경제·사회 지식이나 민속학 등 비전공 과목에 대한 특강이 요구된다. 그러나 이러한 전문 강의는 해당 대학 교수들만으로 어려움이 있을 수 있으므로 한국학 네트워크를 통해 협력하도록 한다. 예를 들어 각 대학 교수진 간의 강의 교환이나 현지에 나와 있는 한국학 전공자 인프라 이용, 그리고 중국 각지에서 활동하고 있는 한국학 전문가 초청을 통해 한국을 입체적으로 배울 수 있다. 일회성 특강을 통해서도 한국학에 대한 내용적 갈증이 어느 정도 해소될 수 있으나 보다 장기적인 보완 프로그램 운영도 고려할 수 있다. 중국 내 한국학 관련 대학이나 연구소 혹은 한국 문화원 등에서 학술 문헌이나 문학 작품 등에 대한 번역 실력을 집중적으로 양성할 수 있는 중·단기 강좌나 특강을 개설하여 내용적 보완이 가능하도록 배치하는 방법이다. 이 부분은 학과와 학교의 이해와 지원이 필요한 사안이기에 실행에 어려움이 있을 수 있는데 이럴 경우 그들의 저서에 대한 분석과 실천을 대안으로 제시할 수 있을 것이다. 예를 들어 문학 작품 번역을 위한 중·단기 강좌나 특강을 함에 있어 학생들에게는 번역 기술과 문학적 소양을 함께 가르쳐서 다양한 작품 번역 능력을 함양할 수 있도록 방향성을 설정하는 것이다. 이를 위해서는 문학 언어의 기제를 파악해서 내재화할 수 있는 물리적인 학습 시간도 필요하므로 전문성, 실용성, 문학성, 문화성을 고루 갖춘 수업, 교재, 교실 환경 등을 고려한 번역 교수법이 함께 개발되어야 한다.

4.4.3 동기 유발 활동 전개

번역 인재 양성을 위한 방안으로 한중 번역 대회를 상시 개최하는 것도 추진해 볼 만한 문제이다. 현재 중국에서는 한국어 말하기, 쓰기, 노래, 연극, 마케팅아이디어 등의 행사가 진행되고 있지만, 문학 번역 대회는 아직 없는 실정이다. 중국 내에서 자체적으로 외국어 통번역 대회가 열리기도 하지만 대부분 외교 시사와 관련된 실용 통번역을 테스트하는 내용이라 전문적인 작품 번역을 권장하는 대회라고는 할 수 없다. 이에 아마추어 문학 번역 대회와 같은 행사를 통해 한국어 학습자들의 번역에 대한 관심과 욕구를 높이는 방법도 고려해 볼 수 있으며 이와 관련하여 한국 문학 작품 읽고 서평 쓰기, 한국 도서 서평 번역하기 등의 내용도 함께 고려해 볼 수 있다. 이러한 번역 대회를 정례화한다면 한중 번역에 대한 교육 내용 연구도 활발해질 수 있을 것이며 학생들에게도 일정한 영향력을 행사할 것으로 예상한다. 무엇보다 한국 작품 친밀도와 한국 문화 이해도가 높아질 것인데 문학 작품 번역 대회 참가를 위해서는 다양한 한국 문학 작품 열람이 선행적인 요소로 작용하게 될 것이고 이에 따라 작가나 작품에 대한 연구 역시 자발적으로 일어날 수 있기 때문이다. 이러한 행사를 한국문학번역원과 같은 권위 있는 기관에서 주최하여 실행한다면 보다 큰 효과를 얻을 수 있을 것이다.

4.4.4 번역 네트워크 건설을 통한 인프라 구축

현지 네트워크를 통합 운영할 한국학 번역 연구소의 건립이나 번역 협회를 통한 다양한 활동도 생각해 볼 수 있다. 현재 각 나라는 자국의 문학을 세계화하는 것에 많은 공을 들이고 있는 실정이다. 그 가운데 같은 동양권인 일본 문학의 세계화 정책을 벤치마킹할 필요도 있다고 본다. 심재기(2003:348)에 따르면 일본의 경우 자국의 문화를 알리기 위해서 문학이 가장 바람직하다는 생각으로 장기 계획으로 문학 관련 출판사를 국제적으로 진출시켰다고 한다. 한국에서도 한국문학번역원이나 고전문학번역원 등이 한국 작품의 세계화를 위한 노력을 수행하고 있는데 이러한 추세와 맥을 같이 하면서 기관에서 실행하는 번역 대회나 번역 시험의 시행을 생각해 볼 수 있다. 현재 중국 정부에서 인정하는 번역 시험 중에 한국어는 빠져 있는 상황이라[1] 중국의 한국어과 학생들이 한국어 번역 자격 시험에 대한 인식이 없다. 그러나 한국문학번역원이나 고전문학번역원 등 한국의 권위 있는 기관에서 번역 대회나 번역 시험을 실행한다면 중국 내 번역 인재 양성의 저변 확대에 분명한 영향력을 끼칠 수 있다. 학생들이 각종 번역 시험이나 대회를 준비하는 과정에서 한국 문학에 대한 소양을 기를 수 있으며 각종 번역 대회에서 입상한 참가자들이 한중번역 분야에서 공식적인 인정을 받을 수 있다는 점에서 큰 효율성을 지녔다고 생각한다. 아울러 각종 번역 대회나 번역 시험을 통과한 학생들이 관련 현장에서 활동할 수 있는 기회를 마련해 주는 장기적인 방안도 필요하다. 그러기 위해서 번역 연구소와 출판사의 연합 활동이 절실히 필요하며 이들에 대한 지속적인 관리와 지원도 필요하다 하겠다.

---

[1] 중국 정부가 공식적으로 인정하는 번역 인증 시험 '全国翻译专业资格(水平)考试'는 2016년 현재 영어, 일어, 프랑스어, 아랍어, 독어, 러시아어, 스페인어 등 7종만 실행되고 있다 (http://www.catti.net.cn 참고일:2016.11.01).

5. 결론

본고를 통해 중국 대학에서의 한국어 번역 교육 현황을 살펴보고 인재 양성을 위한 방안을 교육 내적 환경과 외적 환경을 중심으로 살펴보았다. 번역 인재 양성은 한국 문화 발전을 위한 유일한 대안이 아니며 모든 학생이 번역사가 되어야 하는 것도 아니다. 그러나 본고가 제안하는 번역 인재 양성 방안의 최종 목표는 전문 번역가 양성이 아니라 전문번역가 자질을 갖춘 한국 문화 번역 인재의 배출이다. 이들의 교육적 기반이 일반 대학 한국어과 전공이기 때문이다. 다만 한국어 전공자들이 잠재적 번역가로 양성되고 이들을 통해 한국 문화 번역이 활발하게 행해져 양질의 한국 문화가 수용된다면 급격한 문화 이식으로 인한 한국 문화의 부정이나 배타적 인식으로 인한 험한 현상 발생의 소지를 차단하고 한중 문화 교류의 보다 긍정적인 발전이 가능하리라 본다.

현재 한국에서 공부하는 중국 유학생들은 한국 문화 전파에 매우 큰 잠재력을 지닌 사람들이지만 이들 못지않게 잠재력을 지니고 있는 이들이 바로 현재 중국 내 대학에서 한국어를 수학하거나 졸업한 인재들이다. 중국에서 점차 늘어가는 한국 문화 연구 추세에 맞게 수준 높은 한국 문화 연구를 수행하는 인재를 양성하고 한국학이 중국 내 여타 주류 학문과 동등한 경쟁력을 갖게 하기 위해서는 지속적으로 다양한 노력이 시도되어야 한다고 본다. 번역 인재를 양성하는 것은 일정한 과정을 거쳐야 하기에 단기간에 가능한 것이 아니며 현재의 중국 내 상황을 보면 번역가의 활동이 빠른 보상으로 이어진다고 보기도 어려운 실정이다. 그러나 이러한 노력을 통해 우수한 번역 인재가 양성되고 그들을 통해 한국 문화가 중국 전역에 소개되어 사회적 관심을 얻게 되면 한중 교류의 수평적 발전에도 긍정적인 역할을 하리라고 본다. 또한 이들이 역량을 발휘하여 우수한 한국 학술 문화가 중국 전역에 소개되어 새로운 인식을 얻게 된다면 한중 교류의 양적·질적 수준은 지금보다 더욱 높은 정도에 이룰 수 있을 것이며 한국 문화 연구가 중국에서 선순환적인 발전을 하는 데에도 큰 역할을 하게 될 것이라고 본다.

참고문헌

[1] 강현화,「한국 문화 교수요목 설계 방안 연구 - 세종학당학습자를 위한 원형적 교수요목 개발을 중심으로」,『언어와 문화』제7권 3호, 한국언어문화교육학회, 2011:1-27.
[2] 고암,「통번역대학원의 한국어교육 연구: 중국인 학습자의 경우를 중심으로」, 부산외국어대학교 석사학위 논문, 2009.
[3] 김도훈·성승은,『번역사 만들기』, 한국문화사, 2012.

[4] 김성곤,「한국문학의 세계화: 번역과 홍보를 중심으로」,『비교한국학』5, 국제비교한국학회, 1999:1-13.

[5] 김영수·유영미,「중국과 미국의 한국어 교육 과정 비교 -연변대학교와 럿거스대학교를 중심으로」,『국어교육』150권, 한국어교육학회, 2015:359-375.

[6] 김장선,『춘향전 번역 수용 연구(1939-2010년)』, 역락, 2014.

[7] 배두본,『외국어 교육 과정론-이론과 개발』, 한국문화사, 2010.

[8] 성초림,「국내 통역번역대학원의 한국어교육: 관찰과 제안」,『통·번역학연구』18-3, 통·번역연구소, 2014:361-376.

[9] 손지봉,「중국의 번역연구 일고」,『한중인문학포럼 발표 논문집』12, 한중인문학포럼, 2014:837-857.

[10] 송현호,「중국 지역의 한국학 현황」,『한중인문학연구』35, 한중인문학회, 2012:463-504.

[11] 송혜정,「한국어 통번역 과정」,『국제한국어교육학회주계학술발표논문집』, 국제한국어교육학회, 2013:285-289.

[12] 심재기,「한국문학의 세계화 정책: 문학번역가 양성을 위한 제언」,『독일언어문학』22, 한국독일언어문학회, 2003:347-372.

[13] 오지혜,「국외 한국어교육의 문학 교재 구성을 위한 언어학습자문학 연구」,『새국어교육』제95호, 한국국어교육학회, 2013:269-302.

[14] 오춘화,「중국에서의 한국어교육-번역교수의 효율화방안 연구」,『중국학논총』제11집, 한국중국문화학회, 2001:443-461.

[15] 왕단,「한국 인문·사회 도서의 중국어 번역 출판 현황과 전망」,『한중인문학연구』48집, 한중인문학회, 2015:43-62.

[16] 이민우,「외국어로서의 한국어 통번역과정 개발 연구」,『한국어교육』제23권 4호, 국제한국어교육학회, 2012:233-259.

[17] 이상섭,「번역 일반론」,『국어문화학교』제1집 제1권, 국립국어연구원, 1993:1-12.

[18] 임형재,「외국인을 위한 통·번역 목적 한국어 교육을 위한 교육 과정 평가 -중·일 학습자의 자가 평가를 중심으로」,『언어와 문화』제12권 3호, 한국언어문화교육학회, 2016:177-203.

[19] 임형재·송은정,「외국인을 위한 통번역 목적 한국어 교육 연구」,『외국어로서의 한국어 교육』42, 연세대학교 언어연구교육원 한국어학당, 2015: 303-332.

[20] 장애리,「통번역을 위한 문화 능력 연구」, 이화여자대학교 박사학위논문, 2011.

[21] 장정윤,「번역 교육 모형설계를 위한 고찰: 고급수준 이상의 한국어 학습자를 대상으

로」, 고려대학교 석사학위논문, 2011.

[22] 전기정,「중국어 번역 교육의 현황과 향후 교육방법」,『중국어문논역총간』제24집, 중국어문논역학회, 2009:581-603.

[23] 조은숙,「한국어 교육 과정의 설계와 개선 방향에 대하여: 중국 대학교의 교육 과정을 중심으로」,『언어와 문화』제7권 3호, 한국언어문화교육학회, 2011:257-277.

[24] 최권진,「통역을 위한 한국어 교수・학습방법 연구」,『이중언어학』제32호, 이중언어학회, 2006:349-379.

[25] 하안나,「중국인 한국어 학습자 대상 번역 교육 방안 연구」, 고려대학교 석사학위논문, 2012.

[26] Peter Bush・Kirsten Malmkjaer, 이형진・윤선경 역,『문학번역: 대학에서 어떻게 가르칠 것인가?』, 한국외국어대학교지식출판원, 2015.

[27] GAO XIAOTING,「중국 대학 내 한국어 통번역 학습자 요구분석」,『한어문교육』33집, 한국 언어문학교육학회, 2015:59-90.

[28] HEWenqi,「중국인 한국어학습자 대상 한중 중한 번역 수업 실태 조사」, 이화여자대학교 국제대학원 석사학위논문, 2013.

[29] 한국교육부 홈페이지 http://www.moe.go.kr/, 참고일: 2015.02.06.

[30] 한국문학번역원 http://www.klti.or.kr/ku_01_07_011.do, 참고일: 2015.02.06.

[31] 중국교육부양광프로젝트플랫폼 http://gaokao.chsi.com.cn, 참고일: 2016.11.01.

[32] 中国外文局翻译专业资格考评中心 http://www.catti.net.cn, 참고일: 2016.11.01.

중국 내 대학교 한국어과 번역 관련 교과목 및 교재에 대한 연구[1]

朴银淑[2]

1. 서론

1949년 북경대학교에서 조선어학과를 설립하고 학생 모집을 시작[3]한 지 거의 70년에 이르고 중한 수교 이후 한국(조선)어과[4]를 설립한 것으로부터 계산해도 중국 내 대학교의 한국어과 개설 시간은 이미 25년이란 반반 세기가 흘렀다. '십년이면 강산이 변한다'는 한국 속담처럼 강산이 두 번 넘어 바뀌는 제법 오랜 세월이 흐른 것이다. 그 과정에는 양국 관계가 전례 없는 발전을 거듭해 초기(1992-1996년)의 우호 협력 관계로부터 전략적 협력 동반자 관계(2003년~)로 발전하는 성과를 거두었다. 그러나 2016년 7월 한국에 고고도 미사일 방어 체계 사드(THAAD)배치를 공표한 이후 양국 관계는 급랭해져 한겨울 시베리아 한류 급습을 실감케 했다. 얼마 전에 있었던 APEC회의와 문재인 대통령의 방중을 계기로 양국 지도자들이 만남의 자리를 가지면서 중한관계가 좀 풀리기는 했지만 아직 예전의 관계로는 회복하지 못하고 있다. 이렇듯 지리적으로나 문화적으로 이웃나라인 중한 양국은 때론 우호적인 친근한 이웃사촌으로, 때론 서로 위협적이고 반목하는 대립 관계를 연출해 왔는데 앞으로도 이런 관계가 반복될 것으로 보인다. 국익과 민족 이익이 우선시되는 한 이런 관계의 반복은 불가피하다. 한 가족, 형제 사이에도 감정과 관계가 좋고 나쁠 때가 있거늘 하물며 국가와 국가, 민족과 민족 사이의 감정 변화와 이익 충돌은 더 부언할 필요를 느끼지 않는다. 문제는 이런 위기에 직면했을 때 그 문제와 매듭을 어떻게 풀어 갈 것인가가 중요하다. 그러려면 양국의 사회・정치・문화를 잘 알고 서로의 생각과 마음을 객관적이고 이성적인 태도로 대하고 이해할 상대가 필요하다. 이러한 인재를 양성하는 것이 중국 대학교 한국어

---

[1] 이 논문은 2015-2018년도 정부(교육부)의 재원으로 한국학중앙연구원(한국학진흥사업단)의 지원을 받아 수행되었음 (AKS-2015-INC-2230005). 『한중인문학연구』 58호(한중인문학회, 2018)에 게재됨.
[2] 山東大學外國語學院朝鮮語系教授
[3] 안병호, 「지난간 세월을 돌이켜 보며」, 중국한국(조선)어교육연구학회 엮음, 『한국어교육 연구에 대한 회고와 과제』, 한국 문화사, 2012년, 13쪽.
[4] 중국 내 대학교에 설립된 한국어과들은 교육부 학과 목록에는 '조선어학과'로 등록되어 있다. 주로 한국과 정치, 경제, 인적, 문화, 학술 등 교류가 이루어지고 있고 학생들이 졸업 후 한국관련 기관이나 기업에 취업해 일하기 때문에 명칭 사용과 이해 편의상 '한국어학과'로 부르고 있다.

교육의 중요한 임무이며 책임이라 할 수 있다.

세계 정세의 변화와 중국 정치·사회 및 대외 관계의 변화 등 원인으로 중국 정부는 중국의 외국어 교육과 외국 문제 연구에 대해 새로운 요구와 과제를 제기했었다. 중국 교육부에서는 2017년에 새로운 『高等學校外語類專業本科教學質量國家標準』과 『朝鮮語專業本科教學質量國家標準(草案)』을 내놓고 심의 토의를 거쳐 2018년에 들어서면서 공포를 시작하고 있다. 새로운 국가표준을 검토해 보면외국어 전공 학과들은 대상국의 언어, 문학은 물론 그 나라의 정치, 사회, 종교, 전통문화 등 지역학을 잘 알고 이해하는 인재 양성을 촉구하고 있다. 환언하면 새로운 시기에 들어서서 중국의 대외 정책 제정과 대외 문제 발생 시 제안과 대책을 제공하고 능동적으로 대응할 수 있는 인재 양성을 독려하고 있는 것이다. 따라서 조선어학과[1]는 전공교과목으로 종합조선어, 조선어독해, 조선반도문학사, 조선반도문학 작품 강독, 조선반도사회와 문화 등과 함께 조한(한조)번역을 핵심 교과목으로 명시하고 있다.

한중 관계의 발전 변화와 중국 정부의 새로운 외국어 인재 양성에 있어서의 국가 표준을 고려하면 한국어과 교육 과정에 있어서의 통번역 교과목의 중요성은 자명하다. 중국 한국어 교육계에서는 해마다 한국어과 학생들을 대상으로 전국적 범위의 통역 경기 대회를 개최해 학생들이 그간 갈고 닦은 번역 기량을 겨루게 하여 학습자들의 번역 공부와 능력 향상을 독려하고 있다. 이러한 사회적 수요 변화와 흐름을 반영하듯이 중국에선 몇 년 전부터 많은 대학들에서 한중-중한 통번역 석사(MTI)들을 양성하고 있다. 학생들도 학술형의 석사 과정보다 실용형의 번역 석사 쪽으로 관심을 더 갖고 많이 몰리면서 한중-중한 통번역 교육에 대한 새로운 과제들을 제기하고 있다. 이러한 새로운 과제들을 고민하고 해결하려면 먼저 학부 과정의 한중-중한 통번역 교육 현황을 살펴 성과들을 확인하고 문제점을 찾아내 그 해결책을 고민해야 한다고 생각된다. 그래서 본 연구에서는 먼저 중국 내 대학교 한국어과에서 개설한 중한-한중 통번역 관련 교과목들을 살펴보고 현재 사용하고 있는 교재들을 정리하여 현황 진단과 함께 과제와 대책에 대해 함께 고민해 보고자 한다.

2. 한중 - 중한 통번역 교육 현황 조사와 통계 분석

중국 내에 한국어과가 개설된 대학교는 2012년 중국한국(조선)어교육연구학회 성립 10주년 특집으로 진행된 보고서[2]의 170~200여 개 대학에서부터 지난해 통계인 250여

---

[1] 중국 교육부에 등록되어 있는 중국 내 대학교 한국어과의 공식적 명칭은 '조선어과'로 되어 있다. 그러므로 조선반도와 관련된 명칭이나 교과목도 가령 '조선반도문제', '조선역사', '조선문학사' 등으로 되어 있다. 그러나 대외교류나 교육 내용, 졸업생 취직, 학술 연구 등에 있어 대부분 한국 측으로 치우쳐 있어 편의상 '한국어과', '한반도', '한국역사', '한국문학사'로 칭한다.
[2] 김병운 엮음, 중국한국(조선)어교육연구학회 창립 10주년 특집 『중국대학 한국어교육 실태 조사 보고서』(내부 자료), 2012년.

개¹로 다소 차이를 보인다. 분명한 것은 현 시점 한국어과가 개설된 대학 수가 200여 개 대학은 넘는다는 사실이다. 이 중에는 중국의 중점 대학, 4년제 대학, 그리고 전문대가 포함되어 있다. 본 연구에서 통계된 111개 대학² 중 중점대학이 20개, 일반 4년제 대학이 60개, 전문대가 31개인데 중요하고 대표적인 대학들은 대부분 포함하고 있다. 그리고 그중 일부 대학은 얼마 전 중국 교육부에서 선정한 '世界一流大學 및 一流學科建設學校'(약칭 '双一流大學')에 들었다. 외국언어문학 학과가 건설 대상으로 선정된 대학은 双一流大學建設 총 137개 대학중 6개 대학³밖에 되지 않는다. 이는 중국의 대학교에서 외국언어문학과의 위상과 영향력을 짐작케 하며 나아가 한국(조선)언어문학과의 위상을 성찰해 보고 깊이 고민하게 하는 계기를 제공해 주기도 한다.

중한-한중 통번역은 한국어학과 전공 수업에서 중요한 위치를 차지하는데 이는 여타의 외국어 교육에서 번역 수업의 중요성과 그 궤를 같이 한다. 번역은 외국어 학습과 능력에서 빼놓을 수 없는 중요한 교육 내용이고 습득할 지식이며 지녀야 할 능력이다. 그런 만큼 교육자나 학습자들의 보다 큰 관심 환기와 함께 충분히 중요시돼야 할 내용이다.

그러면 중국 내 대학교 한국어과의 한중-중한 통번역 교육 현황은 어떠하며 어떤 특징들을 지니고 있는지 그 현주소를 점검해 보는 것이 선결 과제가 된다.

본 연구에 사용된 관련 자료는 각 대학교의 홈페이지, 중국한국(조선)어교육연구학회 창립 10주년 특집 『중국대학 한국어교육 실태 조사 보고서』, 2017중국한국어교육발전포럼 『일대일로 배경 하에서의 중국의 한국어교육 발전 전망』자료집(중국한국(조선)어교육연구학회, 복단대학 외문학원 편)과 관련대학 한국학과 교수님들과의 통화 등을 통해 조사 통계된 것이다. 주로 통번역 관련 교과목명칭과 개설 학기, 학점 그리고 교재 등 내용이 포함된다. 통계 대상이 111개 대학으로 그 수가 많은 점, 통계 내용 이해와 현황 분석 편의상 985⁴및 211공정 대학교⁵, 4년제 대학교, 전문 대학으로 분류 통계했다.

---

1 채미화, 「중국의 조선-한국학의 현황과 발전과제」, 중국조선-한국문학연구회 학술회의 논문집 『東北亞視域下的朝鮮-韓國文學研究』, 2017年9月, 1쪽.
2 실제로 조사한 대학교는 170여 개이며 한중(중한) 통번역 관련 교과목이 없는 대학은 연구 대상에서 제외시키고 관련 교과목이 있는 111개 대학만 조사 연구 대상으로 삼았다.
3 북경대학교, 연변대학교, 남경대학교, 호남사범대학교, 북경외국어대학교, 상해외국어대학교.
4 985공정(工程): 1998년 5월4일, 북경대학교 건학 100주년 기념 대회에서 당시 국가주석이며 당 총서기인 쟝저민이 "현대화실현을 위해 우리 나라에도 일부 세계 선진 수준의 일류 대학이 있어야 한다"고 선포한 이후 "당 중앙의 과학 기술을 통한 국가 부흥전략과 쟝저민 동지의 호소"에 따라 교육부는 "21세기를 향한 교육 진흥 행동 계획"에서 북경대학교, 청화대학교 등 39개 대학을 세계 일류 대학과 높은 수준의 대학으로 건설하는 데 중점적으로 지원할 것을 결정하였는데, 이를 약칭 "985공정"이라 한다.
5 211공정(工程): 21세기를 맞이해 100개 좌우의 대학교와 일부 중점 학과를 중점적으로 건설하는 것을 말한다. 이는 중국에서 과학 기술을 통한 국가 부흥 전략에서의 2세기를 걸치는 전략적 공정으로 신중국 창립 이후 중국고등교육 영역에서 진행한 최대 규모의 중점 건설 프로젝트이기도 하다. 실제로 이 공정에 선정된 대학은 116개이다.

먼저 번역 교과목 명칭과 학점, 개설 학기, 사용 교재 등에 대한 조사 통계 내용이다. 3분법에 의해 먼저 985와 211공정 대학교들을 검토한다.

표1 중국 내 985공정(※) 및 211공정(★) 대학 통번역 교과목 통계표

대학명	교과목명	교재명
1. 延邊大學 ★	翻譯理論與技巧(選)春-4, 朝漢互譯 6-2[1] 漢譯韓 8-2, 朝漢雙向口譯(選)秋-4, 影視翻譯(選)秋-3	
2. 吉林大學 ※ ★	中韓-韓中同聲翻譯 7-2, 韓國語翻譯實踐 6-2, 7-2	『韓國語翻譯實踐』(北大出版社)
3. 北京大學 ※ ★	韓中翻譯 6-4, 中韓翻譯 7-4, 韓國語口譯(選)7-2	『韓中翻譯敎程』(北大出版社),『中韓翻譯敎程』(北大出版社)
4. 中央民族大學 ※ ★	翻譯理論與實踐(選)8-2, 朝漢翻譯 5-2, 漢朝翻譯 6-2, 韓國語口譯 7-1, 案例翻譯韓國語(選)7-2	
5. 北京對外經濟貿易大學 ★	翻譯理論與實踐: 朝譯漢 6-2, 漢譯朝 7-2, 口譯(朝·韓)(選)6-2	
6. 北京外國語大學 ★	筆譯 6-2、7-2、8-2, 口譯 5-2、6-2	
7. 山東大學 ※ ★	中韓翻譯理論與實踐(選)[2]4-2, 中韓筆譯 5-2, 韓中-中韓口譯 6-2, 中韓同聲傳譯(選)7-2, 中韓傳媒翻譯 5-2, 中韓經貿翻譯(選)5-2, 中韓外事翻譯(選)6-2, 中韓科技翻譯(選)7-2, 翻譯鑑賞與批評(選)7-2	『中韓互譯敎程』(北大出版社),『韓中·中韓口譯敎程』(北大出版社),『中韓韓中翻譯』(黑龍江朝鮮民族出版社)
8. 山東大學(威海) ※ ★	中韓-韓中翻譯 7-4, 韓國語口譯(選)7-2	『中韓翻譯敎程』(北大出版社)
9. 哈爾濱工業大學(威海) ※ ★	韓中翻譯理論與實踐 6-4, 中韓翻譯理論與實踐 7-4, 中韓口譯 1-5	『韓中翻譯敎程』(北大出版社),『中韓翻譯敎程』(北大出版社)
10. 中國海洋大學 ※ ★	韓國語翻譯理論與實踐(1、2)、6-2、7-2	
11. 中國傳媒大學 ★	韓國語翻譯(1、2、3)5-4、6-4、7-4	

---

1 교과목 뒤에 있는 두 수자는 앞의 것은 해당 교과목 개설 학기, 뒤의 것은 학점이다.
2 산동대학교 조선어학과 양성 방안에서 전공 필수에 들어간 번역 교과목이 4개, 中韓筆譯(1、2), 中韓傳媒翻譯, 中韓口譯 4개 교과목으로 모두 8학점 128 교육 시간이다. 그리고 언어 문학 방향, 국정(國情)방향, 번역 방향, 한영 방향 등 4개 방향의 선택 교과목에서 번역 방향의 선택 교과목은 모두 7개 교과목(中韓翻譯理論與實踐、中韓貿易翻譯、中韓外事翻譯、中韓語言對比、中韓科技翻譯、翻譯鑑賞與批評、中韓同聲傳譯) 14학점 중 5개 교과목 10학점을 이수해야 한다.

续表

대 학 명	교 과 목 명	교 재 명
12. 南京大學 ※ ★	中韓(朝)翻譯理論與實踐 7-2, 中朝(韓)交接/同聲口譯 8-2	
13. 南京師範大學★	韓漢對譯 6-2、7-2	
14. 复旦大學 ※ ★	翻譯理論與技巧(上、下)6-2、7-2, 口譯(選)8-2	
15. 上海外國語大學★	翻譯理論與技巧 7-2, 韓譯漢 6-2, 漢譯韓(選)7-2, 韓語口譯(選)7-2	
16. 華中師範大學★	韓中翻譯理論 5-2, 中韓翻譯理論 6-2, 韓中同聲傳譯(選)7-2	
17. 湖南師範大學★	韓漢互譯 6-3, 漢韓口譯(選)5-2	『中韓翻譯教程』(北大出版社)
18. 蘇州大學★	韓漢筆譯 5-3, 韓漢口譯 6-2, 韓國典籍與名著翻譯(選)7-2	
19. 中山大學★	朝鮮語翻譯理論與實踐 7, 朝鮮語口譯(選)1、2, 6-2、7-2	
20. 華南師範大學★	朝鮮語翻譯理論 3-2、4-2, 朝鮮語口譯 7-4	

위의 조사 통계표에서 볼 수 있듯이 20개 985공정 및 211공정 대학의 통번역 교과목들에서 다음과 같은 특징이 발견된다.

첫째, 교과목의 명칭이 아주 다양하다. "翻譯理論與實踐"이라는 교과목에서 파생되어 나간 교과목 명칭만도 翻譯理論與技巧, 中朝(韓)翻譯理論與實踐, 韓國語翻譯理論與實踐, 韓中(中韓)翻譯理論與實踐, 朝鮮語翻譯理論 등 아주 다양하며 거기에 한중-중한 번역, 한중-중한 통역, 동시통역 등 여러 가지 교과목 명칭을 합하면 무려 32가지[1]에 달한다.

둘째, 번역 관련 교과목을 대부분 제5학기로부터 제8학기에 이르는 고급 학년 교과 과정에 배정하고 있다. 전반적으로 학생들의 한국어 수준이 중급 이상 수준에 달했을 때 개설하고 있음을 알 수 있다.

셋째, 20개 대학 중 16개 대학에서 번역 교과목을 전공 필수로 2개 이상 개설하고 있으며 필수 학점이 6학점 이상 되는 대학 또한 8개에 이른다. 특히 산동대학교 16학점, 연변대

---

1 中韓-韓中翻譯、韓譯漢-漢譯韓、朝漢-漢朝翻譯、韓漢對譯、韓漢互譯、韓國語翻譯、韓國語翻譯實踐, 韓漢-漢韓筆譯、中韓筆譯、筆譯、韓漢筆譯、韓漢-漢韓口譯、朝漢雙向口譯、中韓韓中同聲翻譯、中韓口譯、中韓口譯、韓國語口譯、口譯(朝漢)、口譯、中朝(韓)交接/同聲口譯、韓語口譯、韓漢口譯、韓中同聲傳譯、漢韓口譯、韓國語翻譯實踐;影視翻譯;中韓傳媒翻譯, 中韓經貿翻譯, 中韓外事翻譯, 中韓科技翻譯, 翻譯鑒賞與批評, 案例翻譯韓國語

학교 15학점, 북경대학교 10학점, 할빈공대 9.5학점 등 종합 대학교나 대학 성격이 특별한 북경외국어대학이나 북경전매대학 같은 경우 필수와 선택 교과목 학점 합계 10학점 이상의 분포를 보이며 번역 관련 교과목 또한 다양하게 개설하고 있음을 확인할 수 있다.

넷째, 번역 교과목의 체계성과 세분화 추세이다. 기본적인 번역 교과목을 개설하고 있는 대학교들이 대부분이지만 체계성과 세분화를 보이고 있는 대학들도 보인다. 가령 연변대학, 중앙민족대, 산동대학, 할빈공대가 좋은 예이다.

4년제 대학은 그 수가 너무 많아 대표적인 대학과 번역 수업이 상대적으로 많은 대학을 일부 선별해 정리해 보았다.

표2 중국 내 4년제 대학의 번역 교과목 통계표

대학명	교과목명	교재명
1. 牡丹江師範大學	韓語翻譯理論與實踐 5-2、6-2, 新聞聽力與翻譯 (選)7-2	
2. 佳木斯大學	朝鮮語翻譯理論與技巧 5-2, 口譯 5、6、7-5.5, 韓國語翻譯 (選)4	『漢韓翻譯理論與技巧』(中央民大出版社), 『韓國語口譯教程』(大連理工大學出版社)
3. 長春理工大學	韓國語翻譯實踐 6-2、7-2, 中韓-韓中同聲傳譯 7-2, 科技韓國語閱讀與翻譯 5-2	『韓中互譯教程』(北大出版社)
4. 吉林師範大學	朝鮮語翻譯理論與實踐 (選)4-2, 韓國語高級口譯 (選)5-2、6-2, 朝漢比較翻譯 (選)5-2	『朝鮮語翻譯理論與實踐』(延邊大學出版社), 『韓國語高級口譯』(世界圖書出版公司), 『朝鮮語同聲傳譯』(大連理工大學出版社)
5. 吉林財經大學	漢韓互譯 6-4, 韓語口譯 6-4, 中韓-韓中同聲傳譯 (選)6-2	『韓漢互譯』(黑龍江朝鮮民族出版社), 『韓語口譯』(人民教育出版社)
6. 大連外國語大學	漢韓互譯、韓漢/漢韓交替傳譯 (選)5-2, 韓漢/漢韓交替傳譯 7-2, 基礎口譯 (選)6-2, 文學翻譯賞析 (選)6-2, 政治時事翻譯 (選)6-2, 經貿翻譯 (選)6-2	
7. 大連民族大學	韓中翻譯 5-2, 中韓翻譯 6-2, 口譯 7-2	『韓中翻譯教程』, 『中韓翻譯教程』(北大出版社), 『韓語口譯教程』(大連理工大學出版社)
8. 北京第二外國語大學	朝漢互譯理論與實踐 5-2、6-2, 韓國語口語口譯 6-2	
9. 北京語言大學	同聲傳譯 7-2, 經貿翻譯 5-4、6-2, 時事翻譯 8-1	
10. 天津師範大學	韓中翻譯 6-2, 中韓翻譯 7-4	『韓中翻譯教程』, 『中韓翻譯教程』(北大出版社)

续表

대학명	교과목명	교재명
11. 天津外國語大學	翻譯理論與實踐（1、2）5-3、6-3、7-3，高級口譯（1、2）6，7-4.5	
12. 河北大學	韓語翻譯技能與訓練 1，3-2，韓語翻譯技能與訓練（2）4-2，韓語翻譯理論與實踐（選）5-2，6-2	
13. 山東師範大學	韓中翻譯 7-4，中韓翻譯 8-4	『韓中翻譯教程』,『中韓翻譯教程』(北大出版社)
14. 濟南大學	韓中翻譯 5-1.5，中韓翻譯 6-1.5	『韓中翻譯教程』,『中韓翻譯教程』(北大出版社)
15. 青島大學	韓漢翻譯 6-4，漢韓翻譯 8-2	『韓中翻譯教程』,『中韓翻譯教程』(北大出版社),『中韓翻譯教程』(中國海洋大學出版社)
16. 烟台大學	翻譯 1，5-2，翻譯 2，6-2	『翻譯教程』(延邊大學出版社),『中韓翻譯教程』(中國海洋大學出版社)
17. 四川外國語大學	朝（韓）譯漢 6-4，漢譯朝（韓）7-4	『漢朝-朝漢翻譯基礎』(延邊大學出版社)
18. 西安外國語大學	翻譯 6-2，口譯 6-2	『中韓翻譯教程』(北京大學出版社)
19. 西南民族大學	筆譯 5-2、6-2、口譯 5-2、6-2	『韓中翻譯教程』(北大出版社),『韓語口譯教程』(大連理工大學出版社)
20. 广東外語外貿大學	朝鮮語翻譯 5-3，朝鮮語口譯（1、2）7-2、8-2	
21. 广西師範大學	朝鮮語翻譯 5-2、6-2，朝鮮語口譯 6-2，朝鮮語翻譯 5-2/朝鮮語口譯 7-2（選），韓國語口譯（2）(選)7-2	

통계된 60개 4년제 대학 중 도표에 소개된 21개 대학교의 통번역 교과목 특징들을 귀납하면 다음과 같다.

첫째, 교과목 명칭의 다양화이다. 중한-한중번역 관련 교과목 명칭 14가지, 번역 이론과 실천[1] 8가지, 筆譯에는 "筆譯"과 "韓國語基礎翻譯", 口譯(통역)[2] 교과목에 8가지 명칭,

---

[1] "번역 이론과 실천" 관련 교과목을 보면 翻譯理論與實踐（7个大學），漢語翻譯理論與實踐，朝鮮語翻譯理論與實踐（2个大學），韓國語翻譯實踐（2个大學），朝漢互譯理論與實踐，韓語翻譯技巧與訓練，韓國語翻譯技巧，中朝（韓）雙譯翻譯實踐 등 8가지 명칭이 있다.
[2] 口譯（통역）은 口譯（7个大學），韓語口譯（4个大學），朝鮮語口譯，韓國語口譯（7个大學），韓國語高級口譯（2个大學），中韓-韓中口譯，口譯與聽力，交接/同聲口譯實踐 등 8가지 명칭이 있다.

동시통역 교과목에 5가지[1], 기타 교과목으로 "韓漢科技翻譯", "新聞聽力與翻譯", "科技韓國語閱讀與翻譯", "經貿翻譯", "時事翻譯" 등이 있다. 이렇듯 번역 관련 교과목 명칭이 무릇 45가지에 달한다.

둘째, 통번역 수업 내용의 세분화 경향이다. 보통 대학교들에서 개설하는 번역 이론과 실천, 한중-중한 번역 외에도 통역, 동시통역, 실용 한중-중한 번역, 한중 과학기술 번역, 뉴스 듣기와 번역, 경제 무역 번역, 정치 시사 번역, 문학 번역과 감상 등으로 세분화되어 있는데 그 명칭들로부터 교육 내용이 구체화, 세분화 되어 가는 경향을 볼 수 있다.

셋째, 번역 교육에서 한국어 교육 기초 교과목인 듣기(新聞聽力與翻譯), 독해(科技韓國閱讀與翻譯, 정치 시사 번역)와 결합된 번역 교육을 볼 수 있다. 번역 교육을 전공 수업들과 결합시켜 전공 지식의 확대와 번역 기교 및 능력의 향상을 기한 일석이조의 효과를 기대한 교과목 설정이다.

넷째, 통번역 관련 교과목은 보통 1~3개, 4~8학점, 5~7학기에 개설된다. 물론 좀 더 이른 4학기 때 개설하는 대학도 있고 학점 분포에서 최소 2학점에서 최다 13.5점의 차이를 보이기도 한다. 보통 외국어대학, 경제무역류 대학들의 번역 관련 교과목의 학점이 많은데 이는 기능성을 중요시하는 학교의 성격과 관련이 있는 것으로 추측한다.

다섯째, 교재 선택과 사용에서 보이는 다양성이다. 기존에 나와 있는 20여 종의 교재들을 폭넓게 선택 사용하고 있다. 이는 물론 4년제 대학들이 수적으로 제일 많은 것과도 직결되지만 각 대학들의 성격과 인재 양성 목표, 교육 내용, 학생들의 수준 등에서 그 원인을 찾을 수 있다.

그러면 중국 내 전문 대학들의 통번역 교육은 어떠할까? 총 31개 전문대에서 대표적인 대학 16개로 선별해 통계를 해 보았다.

표3 중국 내 전문대 번역 교과목 통계표

대 학 명	교 과 목 명	교 재 명
1. 大連藝術職業學院	中韓翻譯 4-2	『韓漢互譯教程』(大連理工大學出版社)
2. 天津濱海外事學院	翻譯理論與實踐 5-4、6-4	『朝漢 - 漢朝翻譯教程』(延邊大學出版社)
3. 上海外大賢達經濟學院	韓國語翻譯理論與實踐 8	『中韓翻譯教程』(北大出版社)
4. 哈爾濱外語學院	韓漢翻譯 5	『韓國語口譯教程』(大連理工大學出版社)
5. 青島港灣職業學院	商貿翻譯 5	『韓中翻譯教程』(北大出版社)

---

[1] 동시통역 과목에는 中韓韓中同聲翻譯, 朝鮮語同聲傳譯, 中韓韓中同聲傳譯, 韓國語同聲傳譯（2个大學）, 同聲傳譯 등 5가지 교과목 명칭을 사용하고 있다.

续表

대 학 명	교 과 목 명	교 재 명
6. 青島職業技術學院	翻譯技巧 4、5	『韓漢互譯教程』(大連理工大學出版社)
7. 山東經貿職業學院	韓語翻譯 4-3、5-3	『韓漢互譯教程』(大連理工大學出版社)
8. 山東科技職業學院	韓語翻譯 5-4	『韓中翻譯教程』(北大出版社)
9. 山東青年干部管理學院	中韓翻譯 5-4, 韓語口譯 2(選)	
10. 山東女子學院	韓語翻譯 5-2	『韓漢互譯教程』(大連理工大學出版社)
11. 山東旅游職業技術學院	韓語翻譯 3-5、4-5	
12. 山東外事翻譯學院	韓漢互譯 5-4	
13. 大連商務職業學院	翻譯 5-2	
14. 广州涉外職業技術學院	中韓翻譯 4、5-3	『韓漢互譯教程』(大連理工大學出版社)
15. 广外南國學院	朝鮮語翻譯理論與實踐(選)?-2, 朝鮮語口譯(選)1、2,? -2	
16. 浙江樹人大學	韓語韓翻中 4-2, 韓語中譯韓 6-2	

전문대 같은 경우는 학제가 3년제이기 때문에 4년제 대학들과 비교했을 때 다른 특징을 보인다.

첫째, 중·고급 단계에서 통번역 교육을 겨우 한 교과목이 개설되거나 아예 개설하지 않는 대학들도 있었다. 이는 학생들이 학교에서 공부하는 시간이 짧고 실습에 대한 요구 등에 그 원인이 있지 않을까 싶다.

둘째, 가장 기본적인 번역 교과목을 개설하여 교수하고 있다. 중한-한중 번역을 개설한 대학이 23개로 가장 많고 번역 이론과 실천, 통역이나 서류 번역, 무역 번역 등은 많지 않다. 학생들의 한국어 수준 문제로 번역 관련 수업을 진행할 수 없는 언어적 제약, 학점과 교육 시간의 제한을 받기 때문인 것으로 추정된다.

셋째, 통번역 교과목 개설 시간은 대체적으로 3~6학기에 배정되어 있다. 교육 시간이 상대적으로 짧다는 점을 고려하더라도 중급 이상의 한국어 수준을 요구하는 통번역 수업이 너무 이른 시기에 개설되고 있음을 지적하지 않을 수 없다.

넷째, 2학점에서 16학점까지 보이는 현격한 차이다. 이는 해당 대학의 성격과 관련되는 것으로 이해된다. 가령 산동과기직업학원, 산동관광직업기술학원의 경우 번역 관련 수업의 학점이 많은데 이는 학생들이 졸업 후 자료 번역이나 관광 안내와 관련된 직업을 갖게 되기 때문에 대학 교육 과정에서 많은 시간을 할애하는 것으로 판단된다.

다섯째, 교재 사용에서 대부분 난도 있고 양도 많은 교재를 사용하고 있다. 이는 교재의 구성과 난이도 및 시대성 등을 감안한 선택으로 보이지만 그 교재들을 어느 정도 공부하고 이해할 수 있는지는 의문으로 남는다.

그러면 현재 중국 내 교육 현장에 나와 있는 통번역 교재 상황은 어떠할까? 지금까지 나와 있는 교재들을 출판 시간 순서로 제시해 보면 다음과 같다.

표4 중국 내 한국(조선)어 통번역 관련 교재 통계표

교재명	저자	출판사	출판 시간
1.『朝漢翻譯教程』	韓東吾	延邊大學出版社	1994年7月
2.『漢朝翻譯理論與技巧』	太平武	中央民族大學出版社	1999年第一版, 2016年5月修訂版
3.『韓中翻譯教程』	張敏, 樸光海, 金宣希	北京大學出版社	2005年1月第一版, 2006年3月第二版, 2012年7月第三版
4.『韓漢翻譯技巧』	全香蘭	北京語言大學出版社	2005年
5.『漢朝朝漢翻譯基礎』	金永壽, 全化民	延邊大學出版社	2005年4月
6.『中韓翻譯教程』	張敏, 金宣希	北京大學出版社	2005年8月第一版, 2013年7月第二版
7.『韓漢翻譯實踐』	金海月	北京語言大學出版社	2005年7月
8.『中韓翻譯教程』	朱錫鋒	遼寧民族出版社	2006年
9.『韓國語口譯教程』	尹敬愛, 權赫哲, 吳昭妌	大連理工大學出版社	2007年7月
10.『韓漢翻譯基礎』	柳英綠	延邊大學出版社	2008年
11.『中韓翻譯教程』	張義源, 金日	延邊大學出版社	2009年
12.『中韓口譯入門』	孫誌鳳	人民教育出版社	2009年5月
13.『韓漢翻譯教程』	李龍海, 李承梅	上海外語教育出版社	2009年8月
14.『中韓・中韓翻譯』	蔡鐵軍, 黃蕾, 金晶	黑龍江朝鮮民族出版社	2010年11月
15.『中韓互譯教程』	張敏, 張娜	北京大學出版社	2013年3月
16.『韓中翻譯教程』	張強, 朱會敏	大連理工大學出版社	2014年2月
17.『中韓韓中口譯教程』	金宣希	北京大學出版社	2014年8月
18.『中韓口譯教程: 基礎・交傳・同傳』	盧雪花	北京大學出版社	2015年1月

续表

교재명	저자	출판사	출판 시간
19.『韓中翻譯教程』	金香蘭, 周曉波	世界圖書出版社	2015年9月
20.『漢韓翻譯教程』	吳玉梅	上海外語教育出版社	2016年6月
21.『中韓口譯實訓教程』	魯錦松, 崔英蘭	北京語言大學出版社	2016年8月

중국에서 20세기 90년대로부터 대학교 교육용 통번역 교재들이 편찬되기 시작하면서 지금까지 21종 25권에 달하는 교재 편찬 성과들을 보이고 있다. 그 특징은 다음과 같다.

1) 교재들의 전체적인 내용과 형식의 다양성이다. 기존 교재들을 보면 金永壽, 全化民의『漢朝朝漢翻譯基础』, 張敏, 張娜의『中韓互譯教程』등의 서면 번역(筆譯) 교재와 尹敬愛, 權赫哲, 吳昭妊의『韓國語口譯教程』, 孫誌鳳의『中韓口譯入門』, 盧雪花의『中韓口譯教程: 基础・交傳・同傳』통역 교재가 있다. 그런가 하면 張敏, 張娜의『中韓互譯教程』, 金宣希의『韓中・中韓口譯教程』등의 한중-중한 쌍방향 번역 교재와 李龍海, 李承梅의『韓漢翻譯教程』, 魯錦松, 崔英蘭의『中韓口譯實訓教程』등 한중 번역 또는 중한 번역이라는 이름의 일방향적인 번역 교재가 있다. 교재 사용 언어를 보면 太平武의『漢朝翻譯理論與技巧』, 金宣希의『韓中・中韓口譯教程』처럼 한국어로 설명을 가한 교재가 있고 중국어로 설명한 교재들도 많다. 이런 특징은 번역 교육 현장의 수요와 저자들의 교재 편찬 원칙과 목적 등에 따른 것이라 생각된다.

2) 교재 내용을 보면 편찬 시기, 편찬자의 자료 선택에 따른 내용의 시대성, 편중성, 난이도 등 면에서 특징이 다르게 나타난다. 가령 지난 세기 일찍 편찬된 韓東吾의『朝漢翻譯教程』, 태평무의『漢朝翻譯理論與技巧』(제1판)교재들은 전통적인 내용으로 서면 번역의 전통적 특징을 보여주었다면, 반면 요즘 새로 만든 교재들은 편찬자의 번역 현장에서 접했던 자료(孫誌鳳의『中韓口譯入門』, 盧雪花의『中韓口譯教程: 基础・交傳・同傳』등)나 현재 국내외 매체들의 자료(尹敬愛, 權赫哲, 吳昭妊의『韓國語口譯教程』, 吳玉梅의『漢韓翻譯教程』등)들을 많이 활용해 새로운 내용, 어떤 영역에 편중된 내용 등 다양성을 보이기도 한다. 그리고 교재의 난이도도 다르다. 학생들이 사용하기에 상대적으로 쉬운 孫誌鳳의『中韓口譯入門』, 魯錦松, 崔英蘭의『中韓口譯實訓教程』이 있는가 하면 학부생들이 사용하기에 좀 어려운 張敏, 張娜의『中韓互譯教程』, 尹敬愛, 權赫哲, 吳昭妊의『韓國語口譯教程』도 있다.

3) 교재들의 구성을 보았을 때 吳玉梅의『漢韓翻譯教程』처럼 이론과 실천을 결부시킨 교재가 있는가 하면 盧雪花의『中韓口譯教程: 基础・交傳・同傳』의 교재처럼 이론적인 면에 편중한 교재, 李龍海, 李承梅의『韓漢翻譯教程』의 경우 번역 지식과 번역 기

교를 결합시킨 교재, 張敏, 張娜의 『中韓互譯敎程』, 金宣希 『韓中·中韓口譯敎程』 의 경우처럼 번역 실천 지도와 사례 분석을 중요시한 교재들도 있다. 실전 내용 부분에서 尹敬愛, 權赫哲, 吳昭妊의 『韓國語口譯敎程』처럼 단어, 본문, 연습, 참고번역문 등으로 구성된 교재로부터 盧雪花의 『中韓口譯敎程：基礎、交傳、同傳』, 金宣希의 『韓中·中韓口譯敎程』 등 연습 문제나 참고 번역 문장이 없거나 李龍海, 李承梅의 『韓漢翻譯敎程』의 경우처럼 간단하게 나와 있는 교재들로 다양하다.

4) 교재에서 번역 교육의 방식이나 지도적 교육 방안을 제시하기도 한다. 물론 대부분의 교재들이 서론에서 교재의 편찬 원칙, 구성, 사용 요령 등에 대해 소개를 하고 있지만 이런 점에서 특히 張敏·張娜의 『中韓互譯敎程』, 金宣希의 『韓中·中韓口譯敎程』, 吳玉梅의 『漢韓翻譯敎程』 등이 뛰어나다.

상술한 바와 같이 현재 교육 현장에서 사용되고 있는 교재들은 이러한 장점들과 성과를 보이며 번역 인재 양성에 적극 기여하고 있다. 그러나 이상의 교재들을 사용하는 과정에 아쉬운 점들도 발견된다. 가령 번역 지식이나 이론을 너무 간략하게 설명하고 예문을 적게 들어 해당 지식 터득과 연습을 할 수 없거나 번역 예문 인용에서 문장이 지나치게 길어 학생들이 부담을 느끼게 하는 교재, 참고 번역문이 없어 연습과 번역문 확인에 어려움이 있는 점, 학습 내용이 과다하거나 어려운 점 등을 교재 사용 현장에서 발견할 수 있었다. 향후 번역 교재 편찬 시 이런 문제점에 대해 많은 검토와 고민을 요한다고 하겠다.

3. 중국 내 한국어 통번역 교육의 특징

위에서 살펴본 바와 같이 중국 내 한국어 교육에서 통번역 교육은 교과목 설정에서부터 교재 편찬에 이르기까지 여러 가지 특징을 보여 주고 있다. 먼저 그간의 성과들을 귀납해 보면 다음과 같다.

1) 한국어 전공 교과목 설정에서 통번역의 학점과 교육 시간은 제법 많다. 대부분의 대학들에서 모두 번역 교과목을 전공 필수로 하고 있을 뿐만 아니라 고급 과정에 이르러 학점이 아주 긴장함에도 불구하고 많은 대학들에서 4학점, 144시간 이상의 교육 시간을 배정하고 있음을 볼 수 있다. 물론 교육 과정에서 번역이라는 수업 방식을 통해 한국 문화 교육이나 독해 능력, 듣기 능력 향상을 함께 기하고 있음도 볼 수 있다.

2) 번역 교과목 개설 및 교육 내용에서 점차 체계성을 갖추어 가고 있다. 이는 중국 교육부에서 외국어 인재 양성 목표에 새로운 요구를 제기한 것과 관계가 있지만 이는 중한 양국 관계의 발전 변화에 부응하는 것이기도 하다. 그 전의 단편적인 "번역 이론과 실천", "중한-한중번역" 등 비교적 단조롭고 획일적인 교과목이 설정되던 데로부터 오늘날의 "서면 번역", "통역(순차, 동시)", "번역 감상과 비평" 등 보다 체계적인 방향으로 발전하고 있다.

3) 번역 교육이 세분화・구체화되는 추세를 보인다. 이는 중한 양국 관계의 발전 변화와 중국 한국어 번역 교육의 질적 향상을 설명해 주는 부분이기도 하다. 가령 "중한 미디어 번역", "문학 번역", "한국 경전과 명저 번역", "정치시사번역", "외사번역", "경제무역번역", "과학기술번역" 등이 있다.

4) 내용과 형식이 다양하고 여러 층위에 적용하는 교재가 활발하게 개발되고 있다. 위의 도표5에서 볼 수 있는 바와 같이 현재까지 중국 내에서 대개 21종 24권의 교재가 개발되어 있는데 이는 국내 한국어과 번역 교육에 필요한 교재를 어느 정도 만족시키고 있다. 이론적인 지식 습득과 번역 실천에 지도적 역할을 할 수 있는 교재로부터 비교적 난도가 있는 교재, 학습자들이 접하기 쉬운 교재 등 성격이 다양하다.

5) 번역 교육에 활용할 수 있는 자원이 날로 증가하는 추세이다. 중한 각 분야에 관한 중・한문의 잡지, 중・한문으로 번역된 문학 작품과 도서들, 중국과 한국의 대표적인 미디어들의 한중 언어로 된 사이트, 텔레비전 각종 프로나 드라마의 번역된 자막들 등 활용할 수 있는 자원이 다양하고 풍부하다.

6) 전국적 범위와 수준의 번역 경기대회, 번역 관련 프로젝트가 늘어나고 있다. 현재 중국에서 진행되고 있는 전국적 범위의 중한-한중 통번역 경기대회, 번역 석사 (MTI)생의 모집 확대는 한국어과 학부생들의 번역에 대한 관심을 환기시켜 번역 교육에 대한 촉매제 역할을 하고 있다. 중국사회 과학 연구 프로젝트에 중화 학술 번역의 영향력이 날로 확대되면서 고차원・고수준의 시각에서 한국어번역 교육을 지도하고 있다.

중한번역 교육에서 이렇게 많은 성과와 자원을 이룩하고 축적하였지만 한편으로는 문제점 또한 산견된다.

1) 번역 전공 교수의 부족이 가장 시급한 문제이다. 번역 수업을 담당하는 대부분 교수들은 통번역의 경험을 갖고 있거나 역서들을 가지고 있을 뿐 번역을 전공한 분들은 아니다.

2) 학습자들이 언어 수준이나 지식 체계 등의 제한으로 말미암아 번역 수업을 진행하는 데 있어 많은 어려움이 따른다. 학습자들의 지식 부족, 한국어 수준의 미달, 설상가상으로 중국어 표현마저 수준 미달인 경우가 종종 있어 번역 교육의 어려움을 더한다.

3) 한중-중한 통번역 교육 내용이 부실하다. 물론 교육 내용에는 중한-한중 통번역 관련 기초이론과 지식, 번역 사례와 분석 등이 포함되지만 번역 교육 내용에 대한 명확한 제시나 요구가 없어 대부분은 담당 교수가 재량껏 강의하는 경우가 대부분이다.

4) 번역 교육과 번역 수준 평가 기준의 부재이다. 이는 번역 교육 내용에 대한 명확한 요구가 없는 것과 마찬가지로 번역 교육에 있어 현실적인 문제로 지적된다. 앞으로의 번역 교육 과정과 연구에서의 시급한 과제로 제기되고 선결해야 하는 문제이다.

5) 다양한 학습자들의 요구와 수준에 적합한 중한-한중 통번역 교재가 개발되어야 한다.

비록 현재 사용되고 있는 번역 교재들이 있지만 아직 현 시점의 번역 교육 수요를 만족시키지 못하고 있다. "한중미디어번역", "한중문학번역", "외사번역", "번역 감상과 비평" 등 세분화된 번역 교과목은 모두 교재가 없어 타어종의 관련 교재를 참고하는 수준이다.

6) 학습자들이 번역 실천 및 실습을 할 수 있는 시간과 기회가 적다. 이는 중한 경제 무역이나 관광 관련 회의나 활동이 감소됨에 따라 번역 훈련과 실천 기회의 부족을 초래해 학습자들의 번역 능력 향상에 영향을 미친다.

이상과 같이 중국 내 대학교 한국어과 한중-중한 통번역 교육에 있어서의 특징을 대략적으로 살펴보았다. 이 중에는 그간에 거둔 성과도 주목되지만 문제점들도 발견된다. 중요한 것은 앞으로의 번역 교육에서 어떻게 기존의 성과를 최대화시켜 보다 좋은 교육 효과를 거두어 훌륭한 번역 인재를 배출하느냐 하는 것이다. 물론 현존하는 문제점 역시 교육 과정에서 극복 해결함으로써 번역 교육의 향상을 기하는 데 적극적인 요소로 작용하게 해야 할 것이다.

4. 결론을 대신하여

중국 내 대학교 한국어과 번역 교육 현황에 대한 조사 분석과 통계를 통해 상술한 바와 같은 특징들을 추출해 내었는데 이로부터 다음과 같은 결론과 제안들을 도출해 본다.

1) 한국어 번역 교육을 통해 한국 사회와 문화 이해 등 폭넓은 지식을 갖춘 번역 인재 양성을 기해야 한다. 지금 양국 관계의 변화와 발전은 과거의 단순히 언어 능력만 중요시하던 데로부터 오늘날 한국 사회와 역사, 문화와 사상 등을 아는 인재 양성을 요하고 있다.

2) 번역 교수 양성에 있어 중국 내 자체 양성과 중한 합작 양성 등 다양한 방법을 동원해야 한다. 중국 내에는 현재 중한-한중 통번역 박사 과정 학생을 모집할 수 있는 대학이 적은 반면 한국은 이런 면에서 적잖은 자원과 경험을 쌓고 있어 양자의 자원을 충분히 동원해 활용한다면 보다 좋은 효과를 거둘 것으로 기대된다.

3) 번역 교육 연구와 교재 개발을 적극 권장하고 추동해야 한다. 교수 내용과 교육 방법, 교재 개발, 현존 문제 분석과 해결 방안 제시 등을 폭넓고 깊이 있게 연구함으로써 교육 현장에 실질적으로 지도와 도움을 줘야 한다.

4) 번역 인재의 질적 향상을 위해 번역 교육 내용과 평가 기준을 마련해야 한다. 현재 많은 대학들에서 번역 인재들을 양성하고 있지만 현실적으로 많은 문제들을 안고 있다. 그 해결 방안으로 프로젝트를 통한 번역 실천과 번역 이론 및 지식의 결부를 들 수 있다. 즉 연구 성과를 교육 현장에 접목시키고 교육 현장의 문제를 연구 주제로 상정하는 양성 순환의 관계를 구축해야 한다.

5) 번역 교육 과정에서 오류 분석 데이터뿐만 아니라 모범 번역문 데이터도 구축해야 한

다. 이는 번역 교육에서 번역 실천 사례로 효과적으로 쓰일 뿐만 아니라 번역 연구와 교재 편찬에도 중요한 자료로 쓰일 수 있다.

중국 내 한국어 번역 교육과 관련하여 연구할 주제나 과제는 허다하다. 그럼에도 불구하고 번역 교육 관련 연구는 아주 많이 미흡한데 이는 아직 시작 단계에 머물고 있기 때문이다. 이 글에서도 편폭의 제한 등 원인으로 중국 내 번역 교육 관련 연구는 언급하지 못했는데 향후의 연구 과제로 남긴다. 이 글은 중국 내 한국어 번역 교육 현황과 특징을 알아보는 기초적인 조사와 통계 분석으로 번역 교육 이해와 관련 연구에 참고 자료를 제공하며 단서를 제공하는 것에 의미를 둔다.

참고문헌

[1] 韩东吾. 朝汉翻译教程 [M]. 延吉：延边大学出版社，1994.

[2] 太平武. 汉朝翻译理论与技巧（修订版）[M]. 北京：民族出版社，2016.

[3] 张敏，朴光海，金宣希. 韩中翻译教程 [M]. 北京：北京大学出版社，2005（第一版）/2006（第二版）/2012（第三版）.

[4] 张敏，金宣希. 中韩翻译教程（第二版）[M]. 北京：北京大学出版社，2013.

[5] 尹敬爱，权赫哲，吴昭妍. 韩国语口译教程 [M]. 大连：大连理工大学出版社，2007.

[6] 柳英绿. 韩汉翻译基础 [M]. 延吉：延边大学出版社，2008.

[7] 孙志凤. 中韩口译入门 [M]. 北京：人民教育出版社，2009.

[8] 李龙海，李承梅. 韩汉翻译教程 [M]. 上海：上海外语教育出版社，2009.

[9] 蔡铁军，黄蕾，金晶. 中韩・韩中翻译 [M]. 牡丹江：黑龙江朝鲜民族出版社，2010.

[10] 张敏，张娜. 中韩互译教程[M]. 北京：北京大学出版社，2013.

[11] 张强，朱会敏. 韩中翻译教程[M]. 大连：大连理工大学出版社，2014.

[12] 金宣希. 韩中・中韩口译教程[M]. 北京：北京大学出版社，2014.

[13] 卢雪花. 中韩口译教程：基础・交传・同传[M]. 北京：北京大学出版社，2015.

[14] 金香兰，周晓波. 韩中翻译教程[M]. 北京：世界图书出版公司，2015.

[15] 吴玉梅. 汉韩翻译教程[M]. 上海：上海外语教育出版社，2016.

[16] 鲁锦松，崔英兰. 中韩口译实训教程[M]. 北京：北京语言大学出版社，2016.

[17] 중국한국(조선)어교육연구학회 엮음, 안병호, 「지난간 세월을 돌이켜 보며」, 『한국어교육 연구에 대한 회고와 과제』, 한국문화사, 2012년

[18] 김병운 엮음, 중국한국(조선)어교육연구학회 창립 10주년 특집『중국대학 한국어교육 실태 조사 보고서』(내부 자료).

[19] 중국한국(조선)어교육연구학회·복단대학 외문학원 편, 2017중국한국어교육발전포럼"일대일로 배경 하에서의 중국의 한국어교육 발전 전망"자료집, 2017.

[20] 채미화,「중국의 조선-한국학의 현황과 발전과제」, 중국조선-한국문학연구회 학술회의 논문집『东北亚视域下的朝鲜-韩国文学研究』, 2017.

『駱駝祥子』 한역(韓譯)본에 나타난 문화적 요소 번역 연구——관련성 이론을 바탕으로

高红姬[1], 杨淇淇[2]

1. 머리말

라오서(老舍)의 대표작 중의 하나인 『駱駝祥子』는 10여 종의 외국어로 번역될 만큼 국제적으로도 영향력이 큰 작품이다. 소설 『駱駝祥子』는 1920년대 말 베이징 하층 시민들의 생활을 배경으로 인력거를 끄는 샹즈(祥子)의 비참한 생활을 그림으로써 그때 당시 중국 사회의 잔혹한 수탈과 참상을 절실히 보여 주고 있다. 따라서 소설 속에는 중국 특유의 사회 상을 보여 주는 어휘・표현들이 많이 나타나고 있다. 이러한 문화적 요소는 중국 본토의 사회, 역사, 문화, 언어 등을 보여 주는 특유의 요소로 외국어 번역에 있어 가장 어려운 부분이라고 할 수 있다. 커뮤니케이션을 목적으로 한 번역에 있어 문화적 요소의 번역은 번역본의 질 향상과 번역본 독자의 원천 텍스트의 문화적 요소에 대한 정확한 이해에 결정적인 역할을 한다.

관련성 이론(Relevance Theory)[3]은 프랑스 학자 Dan Sperber와 영국 학자 Deirdre Wilson이 1986년에 처음으로 제기하였다. Sperber, D. and D. Wilson(1986/1996)에서는 인간의 의사소통 과정에서 화자는 청자에게 최소 처리 노력을 들여 최대의 효과를 얻을 수 있도록 가능한 청자에게 가장 관련성이 있는 정보를 제공한다고 하였다. 1991년에 Gutt가 처음으로 관련성 이론을 번역 영역에 도입하게 되면서 인지적 모형 번역 연구가 시작되었다. Gutt(1991)에서는 번역의 목적을 저자와 독자 사이의 의사소통으로 여겼으며 번역 과정에서 번역자는 '관련성'에 근거하여 원천 텍스트의 내용과 저자의 의도를 정확하게 이해하고 관련성 원리에 따라 원천 텍스트를 외국어로 옮김으로써 독자들이 불필요한 처리 노력이 없이 적은 노력으로 원천 텍스트 저자의 의도를 전달받을 수 있어야 한다고 주장하였다. 동일한 언어 문화 집단에 소속된 언어 사용자들은 동일한 공유 인지 환경을 갖고 있기

---

[1] 山东大学外国语学院朝鲜语系副教授
[2] 山东大学外国语学院朝鲜语系研究生
[3] 'Relevance Theory'는 '적합성 이론', '적절성 이론', '연관성 이론', '관계성 이론' 등으로 번역되어 쓰이기도 한다. 본 연구에서는 '관련성 이론'이라 칭하고자 한다.

때문에 커뮤니케이션의 대상인 메시지 이해 가능성이 매우 높아진다. 그러나 서로 다른 언어 문화 집단에 속한 메시지 생산자와 수신자는 공유 인지 환경을 보유하고 있지 않고 또한 문화 특수성 때문에 이해 용이성에 문제가 발생하게 된다. 문화 특수성을 띤 메시지는 이문화간 커뮤니케이션에서 문제가 되기 마련이다. 그러므로 번역자는 문화 특수성을 띤 문화적 요소 번역에 있어 원천 언어의 인지 맥락과 번역 언어의 인지 맥락의 최대한의 관련성을 모색하여 수신자가 원 메시지 생산자가 의도한 의미를 최소의 노력으로 추론해 낼 수 있도록 함으로써 원천 텍스트와 번역 텍스트의 기능적 등가를 실현시켜야 한다. 본고에서는 번역본 『낙타샹즈』에서 문화적 요소 번역에 있어 관련성 원리를 어떻게 적용하고 있는지를 분석함으로써 문화적 요소 번역에 있어 관련성 이론이 적절함을 논의하고자 한다.

소설 『駱駝祥子』의 번역 관련 연구를 살펴보면, 중국 내 연구는 주로 『駱駝祥子』의 영어 번역본을 연구 대상으로 한 연구들이다. 王貴齡(2010), 王海燕(2011), 謝菲(2016)은 관련성 이론의 관점에서 『駱駝祥子』의 영어 번역본에서 나타난 문화소에 대해서 연구했다. 王貴齡(2010)은 번역자가 원천 텍스트의 의미를 번역 텍스트 독자에게 더욱 원활하게 전달하기 위해 높은 관련성을 실현하고자 의역의 번역 방법을 많이 이용했다고 주장하면서 이러한 원인으로 원천 텍스트 문화적 요소의 중국 문화 특색이 소실되었다고 지적했다. 이에 반해 王海燕(2011)과 謝菲(2016)에서는 번역자의 번역 처리를 더욱 긍정적으로 평가하면서 문화적 요소를 번역할 때 독자들의 인지적 배경을 충분히 고려하여 독자들이 보다 쉽게 이해할 수 있는 번역 방법을 택했다고 주장했다. 『駱駝祥子』의 한국어 번역본에 대한 연구로 滿秀娥(2018)가 있는데 정필과 류성준의 번역본을 연구 대상으로 문화 유실을 초래한 오역에 대해 지적하면서 오역의 원인을 밝혔다. 한국에서의 연구로는 劉靜(2014)과 김혜림(2017)이 있다. 劉靜(2014)은 『駱駝祥子』의 한국어 번역본에 나오는 범위 부사를 중심으로 중한 범위부사의 통사 구조와 의미 측면에서의 차이점과 공통점을 제시했다.

김혜림(2017)에서는 한국어 번역본 2종을 비교하여 인물 변화에 따른 서술어 번역 변환 양상에 대해 분석하였다. 『駱駝祥子』에 중국 특유의 문화적 요소가 많이 나타나고 있음에도 불구하고 문화적 요소에 대한 한국어 번역에 대한 연구는 찾아볼 수 없었다.

본고에서는 중국 저서 십여 권의 번역 경험이 있고 공동으로 중국 소설 여러 권을 번역·출판한 심규호, 유소영[1]의 한국어 번역본 『낙타샹즈』에 나오는 문화적 요소의 한국어 번역을 연구 대상으로 하여 관련성 이론 관점에서 중국어 원문과 번역문의 관련성 및 인지

---

[1] 역자 심규호는 제주국제대학교 중국언어통상학과 교수로, 역서로는 『덩샤오핑 평전』(공역), 『한무제 평전』, 『개구리』, 『마교사전』 등 십여 권이 있고, 역자 유소영은 제주대학교 통역대학원에서 중국어 교육을 담당하고 있으며 역서로는 『이중톈, 정치를 말하다』, 『마교사전』, 『개구리』 등 십여 권이 있으며, 공동으로 수준 높은 중국 문학 작품 번역서를 여러 권 출간하였다.

적 효과를 대조함으로써 번역 양상을 살펴보고 효과적인 문화적 요소 번역 방법을 고찰하고자 한다.

2. 문화적 요소의 번역 양상

번역본 『駱駝祥子』에는 언어 문화와 관련한 문화적 요소 표현들이 특히 많이 나온다. 본고에서는 언어 문화와 관련한 어휘들을 연구 대상으로 하여 인명·호칭과 지명, 관용구, 성어, 헐후어, 방언, 비속어 등으로 분류하여 논의를 진행하고자 한다.

2.1 인명·호칭과 지명

번역본은 일러두기에서 인명은 중국어 발음을, 지명은 한문의 독음을 따랐다고 제시하였다. 구체적인 예를 들어 살펴보도록 한다.

(1) 원문   번역문   원문   번역문
    祥子   샹즈祥子   虎妞   후니우虎妞
    小文   샤우원小文   王六   왕류王六

(2) 원문   번역문   원문   번역문
    刘四爷 류쓰예劉四爺   张妈   장마張媽(장씨 아줌마)
    高妈   까오마高媽   秦妈   친마秦媽

(1)은 인명의 경우이고 (2)는 성씨에 신분을 나타내는 명사가 붙은 호칭의 경우이다. 번역본에서는 이 두 가지 부류를 모두 로마자 표기법으로 중국어 발음대로 표기하는 이국화 전략을 따랐고 처음 나타날 경우, 뒤에 작은 글자로 한자를 같이 제시하였다. (1)에 제시된 인명의 예는 고유 명사에 속하는 것으로, 중국어 발음을 제시하는 번역 방법이 적절하다. (2)에 제시된 예들을 보면 성씨는 한국어 독자의 인지 세계에 똑같이 저장되어 있는 것이고, 신분을 나타내는 어휘도 한국어에서 똑같이 쓰이거나 또는 비슷하게 쓰이는 호칭이 있다. 그러나 번역가는 관련성을 고려하지 않고 중국어 발음대로 번역하여 제시하였다. '張妈'의 경우, 처음 나타날 때 '장마張媽(장씨 아줌마)'처럼 뒤에 '장씨 아줌마'라고 의미 해석을 덧붙였지만 그 이후에 나타날 때에는 '장마'라고만 제시하였고, '高妈', '秦妈'의 경우에는 처음 나타날 때에도 '아줌마'라는 해석을 붙이지 않고 발음대로 제시함으로 번역에 일관성이 부족하다. 그리고 '妈'는 구시대 중국에서 '중년, 노년의 여종'을 가리키는 말로 한국어의 '행랑어멈'을 뜻한다. 관련성을 전혀 고려하지 않은 이러한 번역은 중국어 발음에 익숙하지 않고 중국어를 모르는 한국어 화자들의 이해에 장애가 되는 번역이므로 다음과 같이

번역하는 것이 더욱 바람직하다.

(3) 刘四爷 - 류씨 어른　　　张妈 - 장씨 어멈

　　高妈 - 고씨 어멈　　　　秦妈 - 진씨 어멈

중국과 한국은 한자 문화권에 속하고 오래 전부터 교류를 해 왔기 때문에 문화의 유사성을 갖고 있다. 성씨는 중국어, 한국어 화자들에게 모두 익숙한 부분이고 신분을 나타내는 어휘도 관련성을 갖는 것이 많다. (3)에서처럼 관련성 원리에 따라 번역문을 제시하면 최적의 관련성을 실현할 수 있으므로 최대한의 인지적 효과를 얻을 수 있다. 즉 한국어 독자들은 익숙하지 않은 '장마', '까오마', '친마'등 발음으로 인해 이를 인명으로 착각하거나 또는 그 신분에 대한 이해가 부족하여 앞부분 내용을 다시 재확인하는 번거로움 없이 가리키는 대상을 효율적으로 이해할 수 있다. 지명 번역의 경우를 계속해서 살펴보도록 한다.

(4) 玉泉山 - 옥천산玉泉山　　万寿山 - 만수산萬壽山　　颐和园 - 이화원頤和園

(5) 东交民巷 - 동교민항東交民巷(당시 중국 주재 대사관이 밀집한 지역)

　　银号 - 은호銀號(당시 개인이 운영하던 금융업 점포)

　　八大胡同 - 팔대골목八大胡同(정양문正陽門 밖 서주시구西珠市口 서북 일대의 홍등가 골목을 말한다)[1]

(6) 孔庙 - 공자 사당

(7) 瑞蚨祥 - 루이푸샹瑞蚨祥(당시 북경에서 가장 유명한 비단 포목점 이름)

　　鸿记 - 홍지鴻記(당시 북평에서 가장 큰 차를 파는 가게 이름)

지명 번역은 (4)에 제시한 예들처럼 한문의 독음을 따른 번역이 대부분이다. 정원, 왕족의 저택, 산(山)의 명칭이 대부분으로 한문 독음만 제시하여도 구체적으로 어떤 장소인지 쉽게 이해할 수 있기 때문에 관련성 원리에 맞는 번역이다. (5)의 예는 한문 독음만으로는 문화 특수성 때문에 관련성이 부족하여 이해 불가능한 경우 TT 독자의 이해를 돕기 위해 한문 독음 뒤에 장소에 대한 구체적인 설명을 보충함으로 성공적인 의사소통이 이루어지도록 하였다. (6)은 한국어에도 존재하는 대응 어휘로 의미역을 한 예이다. 이로부터 지명 번역에서는 자국화 번역 전략을 택했으며, 한자 제시, 보충 설명, 의미역 등 방식으로 최적의 관련성을 모색함으로 기능적 등가를 실현했음을 알 수 있다. 그러나 (7)의 예들은 중국어

---

1 '八大胡同'의 경우 '八大'는 한문 독음을 따라 '팔대'로 번역하였고 '胡同'은 의미에 따라 대응하는 한국어 어휘 '골목'으로 의미역하였다.

발음대로 표기하고 뒤에 설명을 보충한 경우이다. 중국어 발음 뒤에 보충 설명을 함으로 관련성을 모색하였지만 몇 개 지명에만 한해서 중국어 발음으로 표기한 것은 기타 지명 번역과의 일관성이 떨어지고 굳이 이국화 전략으로 번역할 필요성이 없으므로 (5)에 제시한 예들처럼 한문 독음으로 제시하고 뒤에 설명을 추가하는 번역이 바람직하다.

2.2 관용구

관용구는 일반 대중에게 널리 통용되며 두 개 이상의 단어가 결합하여 특별한 의미로 사용된다. 구체적인 예를 통해 관용구의 번역 양상을 살펴보도록 한다.

(8) 가. 可是事情是事情，我不图点什么，难道我一家子喝西北风？

하지만 일은 일, 내가 그냥 돌아가면 우리 가족은 손가락만 빨 것 아냐?

나. 你是了味啦，叫我一个人背黑锅。

당신만 재미보고 나는 혼자서 남의 죄를 뒤집어쓰란 말이야?

(9) 那么，清官难断家务事，有机会便溜了吧。

제아무리 명관이라고 해도 집안일은 판가름하기 힘들다고 했으니, 기회 있을때 얼른 사라져 버리자.

(8)가의 '喝西北风'의 축자적 의미는 '북서풍을 마시다'이지만 '먹을 것이 없어 굶다'의 의미를 나타낸다. 번역본에서는 '굶음'을 나타내는 한국어의 대응 관용구 '손가락만 빨다'로 번역함으로써 ST와 TT 독자 사이의 인지 맥락의 관련성을 실현하여ST독자들과 동일한 기능적 등가를 실현하였다. (8)나의 '背黑锅'의 축자적 의미는 '검은 솥을 등에 지다'이지만 '남의 죄를 대신 뒤집어쓰다'의 내포의를 갖는다. 번역본에서는 '背黑锅'의 내포의를 한국어로 정확하게 풀이함으로써ST와 TT 독자 사이의 인지 맥락의 관련성을 실현하였다.

(9)의 '清官难断家务事'의 축자적 의미는 '명관도 집안일은 판가름하기 어렵다'이지만 '집안일은 남이 상관하기 어렵다'는 내포의를 갖는다. 번역본에서는 축자적 의미로 풀이하였는데 맥락으로 볼 때, 대판 싸우고 있는 후니우와 후니우 아버지 옆에 있던 인력거꾼들과 마작을 하던 사람들이 말참견하기 곤란한 상황을 서술할 때 쓰인 말이다. 그러므로 '남의 집안일은 상관하기 힘들다 했으니'라고 내포의로 풀이하여 최적의 관련성을 확보하는 것이 TT 독자들이ST 문맥적 의미를 더욱 쉽고 정확하게 파악하는 데 도움이 된다.

위의 분석을 통해 관용구의 번역에 대해 번역본에서는 자국화 전략을 중심으로 번역하였음을 알 수 있고 대응하는 관용구 또는 관용구의 내포의를 풀이하는 방식으로 관련성을 실현하고자 노력하였음을 알 수 있다.

2.3 성어(成語)

『駱駝祥子』에 나오는 성어는 사자성어와 고사성어로 나눌 수 있다. 사자성어는 한자 네 자로 이루어지고 교훈이나 유래를 담고 있는 말이고, 고사성어는 옛 이야기에서 유래되어 생긴 말로 유구한 중화 문화 요소를 포함하고 있다. 성어는 중국의 역사와 고전, 시가 등에서 나온 말이 대부분이므로 그 의미를 정확하게 이해하려면 역사적, 문학적 배경 지식이 필요하다. 구체적인 예를 들어 성어의 번역 양상을 살펴보도록 한다.

(10) 가. 他没话可说，只能立在那里，等个<u>水落石出</u>。
　　　　아무 말도 없이 그냥 그 자리에 서서 <u>결말이 날 때까지</u> 기다릴 뿐.
　　　나. 他不肯<u>将计就计</u>的为自己造成虚假的名誉。
　　　　<u>상대의 전략을 역이용해서</u> 자신의 명예를 날조하고 싶진 않았던 것이다.
　　　다. 既不能和她<u>一刀两断</u>，吵架是没意思的。
　　　　그녀와 <u>칼같이 담판을 지을</u> 수 없으니 싸움도 의미가 없었다.

(10)의 예문에 나오는 '수락석출', '장계취계', '일도양단'은 한국어에서도 사용되는 사자성어이지만 자주 쓰이는 성어가 아니므로 번역본에서는 사자성어를 그대로 사용하지 않고 사자성어의 의미를 풀이하는 방법으로 번역함으로써 TT 독자들이 문맥적 정보를 파악하기 위해 사전을 찾거나 하는 노력을 들이지 않고 쉽게 이해할 수 있도록 하였다. (10)다의 경우, 비록 의미역을 하였으나 '일도양단'은 중국어에서 '사람 사이에 단호하게 관계를 끊다'의 의미이므로 '담판을 짓다'로 번역하게 되면 ST 저자의 의도된 의미를 정확하게 전달할 수 없게 된다. 그러므로 '그녀와의 관계를 단칼에 자를 수 없으니'로 번역하여 TT 독자들이 문맥적 정보를 제대로 파악할 수 있도록 해야 하는 것이 바람직하다.

(11) 가. 关于战争的，正是因为根本没有正确消息，谣言反倒能<u>立竿见影</u>。
　　　　전쟁에 관한 것은 근본적으로 정확한 소식이 없기 때문에 <u>대나무를 세우면 그 즉시 그림자가 지듯</u> 효과가 나타났다.
　　　나. 老头子没有主意，咱们再慢慢的吹风儿，顶好把我给了你，本来是干儿子，再作女婿，反正差不很多; <u>顺水推舟</u>，省得大家出丑。
　　　　노인네가 어쩔 수 없게 되면, 그때 가서 우리가 천천히 귀띔을 해 주면 돼. 나를 당신에게 주는 게 가장 좋을 거라구. 본래 양아들인 걸 사위로 삼는 셈이니, 별 차이도 없지 뭘. <u>물결 따라 배를 저어 가듯</u> 한다면 체면 잃는 것도 덜하겠지.

다. 好，你豪横！都得随着你了！我这一宝押错了地方。嫁鸡随鸡，什么也甭说了。给你一百块钱，你买车拉吧！

그래, 좋아. 당신은 의지가 강하니까! 모두 당신 마음대로 해! 이번 내기는 완전히 잘못 걸었어! 그러나 어떻게 하겠어. <u>시집을 갔으면 남편을 따라야지 뭐</u>. 딴 말할 필요도 없어. 당신한테 100원을 줄 테니, 인력거를 사다가 끌라구!

(12) 可是我们不能就这么"空城计"，全走了哇。

그런데 <u>집을 다 비우고 모조리 떠나 버릴</u> 수가 없었어.

(11)에 제시한 성어는 한국어에 쓰이지 않는 사자성어이다. (11)가의 '立竿见影'은 중국어에서 햇빛 아래 대나무를 세우면 그림자가 바로 생기듯이 어떠한 일이 바로 효과를 보거나 이루어짐을 나타낸다. (11)가는 문맥상으로 볼 때, 전쟁에 관하여서는 정확한 소식이 없었기 때문에 다른 소문은 몰라도 전쟁에 관한 뜬소문만은 즉시 현실에서 이루어졌음을 나타낸다. 번역본에서 '谣言反倒能立竿见影'을 '대나무를 세우면 그 즉시 그림자가 지듯 효과가 나타났다'로 번역하였는데 '소문이 효과가 나타났다'는 표현도 어색할 뿐더러 뜬소문이 현실에서 바로 이루어졌다는 문맥적 의미를 효과적으로 표현하지 못한다. 그리고 '대나무를 세우면 그 즉시 그림자가 지듯'이란 표현은 한국어 독자들에게 익숙하지 않은 표현이므로 축자적 의미를 생략하고 사자성어의 의미를 풀이하여 번역함으로 TT 독자들이 불필요한 노력이 없이 ST저자가 전달하고자 하는 의미를 최대한 효율적으로 이해할 수 있도록 해야 한다. 그러므로 (11)가는 '전쟁에 관하여 정확한 소식은 없었고 뜬소문이 오히려 바로바로 실제로 이루어졌다.'로 번역하는 것이 바람직하다. (11)나에 나오는 '顺水推舟'의 축어적 의미는 '물결 따라 배를 말다'의 의미로 '어떤 추세나 방식을 따라 말을 하거나 일을 처리함'을 비유하여 이르는 말이다. 번역문에서는 축자적 의미에 '하다' 동사를 추가하여 번역하였다. 이러한 번역은 TT독자들이 스스로 축자적 의미를 보고 내포의를 유추하도록 만드는 번역이라 할 수 있다. 물론, 축자적 의미를 통해 내포적 의미를 어느 정도 유추해 낼 수 있겠으나 TT독자들이 문맥적 의미를 파악하기 위해 노력을 해야 하므로 관련성 원리에 맞는 번역이 아니다. '일을 벌인 김에 그렇게 되도록 만들어야 돼. 그래야 사람들 앞에서도 덜 창피하지.'라고 내포의를 번역하는 것이 TT독자들이 문맥적 의미를 파악하는 데 더 나은 번역이 되겠다. (11)다에 나오는 '嫁鸡随鸡'의 축어적 의미는 '닭에게 시집가면 닭을 따라야 한다'로 내포의는 '여자가 어떠한 남편을 만나든 시집을 갔으면 끝까지 남편을 따라야 함'을 나타낸다. 번역본에서는 TT독자들이 쉽게 이해할 수 있도록 관련성 원리에 따라 내포의로 번역하였다. 그러나 '嫁鸡随鸡'에 담겨진 '남편의 형편이 나빠도 시집을 갔으면 남편을 따라야 한다'는 의미가 결여되어 있어 원문의 문맥적 효과를 제대로 전달하지 못했으

므로 '시집을 갔으면 좋든 나쁘든 끝까지 남편을 따라야 하는 법이니.'로 번역하는 것이 TT 독자들이 문맥적 의미를 충분히 이해하는 데 더욱 적합한 번역이 되겠다.

(12)는 고씨 어멈이 형사가 잡으러 올까 봐 두려워 사모님과 도련님을 보내고 나서 집을 비울 수 없으니까 자신이 남아서 책임지겠다고 말한 내용이다. 번역문에서는 『삼국지』에 나오는 고사성어 '空城計'의 출처나 배경을 제시하지 않고 고사성어가 나타내는 비유적 의미를 한국어로 번역하였다. 이러한 번역은 TT 독자들이 불필요한 정보 처리 과정이 없이 문맥 의미를 쉽게 이해할 수 있도록 최적의 관련성을 실현한 것이다.

사자성어와 고사성어는 한 민족의 문화적 특수성을 보여 주는 표현으로 TT 독자들이 쉽게 이해할 수 있도록 최적의 관련성을 도모하려면 축어적 의미를 제시하기보다는 성어가 나타내는 비유적 의미를 직접 제시하는 것이 좋다.

2.4 헐후어(歇後語)

헐후어는 중국 대중들이 예전부터 사용해 온 중국 특유의 언어 형식으로 해학적이고 형상적인 특징을 갖는다. 헐후어는 앞뒤 두 부분으로 나뉘는데, 앞부분은 수수께끼 문제처럼 뒷부분의 내용을 이끌어 내는 역할을 하고 뒷부분은 수수께끼의 답안처럼 앞부분에 대해 설명하는 역할을 한다. 일반적으로 앞부분만 제시하여 나타내고자 하는 의미를 나타내는 경우가 대부분이다. 대화 속에 나타나는 헐후어의 구체적인 예를 살펴보도록 한다.

(13) 가. 有急等用钱的，有愿意借出去的，周瑜打黄盖，愿打愿挨！
급히 돈을 쓰려는 사람에게 자원해서 돈을 빌려주는 사람. 이거야말로 주유周瑜가 황개黃蓋를 때리는 것처럼 때리는 사람이나 맞는 사람 모두 서로 원하는 일 아니겠는가!

나. 你可倒好，肉包子打狗，一去不回头啊。
좋으신가 봐! 고기만두로 개를 때리면 줄행랑을 놓고 돌아오지 않는다더니 한 번 나가서는 아예 소식을 끊으셨구만!

(13)가는 '쌍방이 모두 원하여 함'을 나타내는 헐후어의 내포적 의미를 정확하게 파악하여 앞부분은 직역을 하고 뒷부분 '愿打愿挨'는 나타내고자 하는 의미를 구체적으로 풀이하여 번역함으로써 중국어 헐후어의 특징을 살리는 한편 헐후어의 비유적 의미도 정확하게 전달함으로써 최적의 관련성을 유지하였다. 이러한 번역은 헐후어의 내포의를 정확하게 전달하여 최적의 관련성을 유지하였으며 기능적 등가를 실현하였다. (13)나도 마찬가지로 앞부

분은 직역, 뒷부분은 구체적인 상황을 의역을 한 예[1]이다.

(14) "你真行！<u>小胡同赶猪——直来直去</u>"，也好！

정말 가상하구려! <u>골목길에서 돼지 몰듯 똑바로 왔다가 똑바로 가니</u>, 참, 그것도 좋긴 좋네!

(14)는 '말이나 일을 빙빙 돌려 하지 않고 정면으로 함'을 나타내는 헐후어를 앞부분은 직역을 하고 뒷부분도 직역을 한 예로, 뒷부분 '直来直去'가 나타내는 문맥적 의미를 정확하게 번역하지 못하였다. 문맥으로 보면 고씨 어멈이 샹즈에게 이자 놀이를 권했는데 샹즈가 아무런 반응이 없자 인력거를 장만하고 싶으면 사람을 모아 계를 만들라고 제안한다. 샹즈가 또 아무런 반응을 보이지 않자 고씨 어멈은 샹즈의 솔직하고 고지식함에 이 말을 하게 된다. '똑바로 왔다가 똑바로 가니'로 직역을 하게 되면 앞뒤 문맥의 의미와 맞지 않으므로 TT독자들이 문맥적 의미를 파악하는데 장애가 된다. 그러므로 헐후어의 뒷부분을 직역으로 할 것이 아니라 '모든 일을 솔직하게만 하니'라고 의역을 하는 것이 바람직하다.

2.5 방언

『駱駝祥子』의 작가 라오서는 북경 소설의 기반을 닦은 대표 작가이다. 소설 『駱駝祥子』는 북경을 배경으로 한 작품으로 작품 속에 북경 방언이 꽤 많이 나온다. 북경 방언은 강한 문화적 특징을 갖고 있으며 말하는 이의 사회적 지위와 문화적 배경을 보여준다. 방언 번역은 소설 번역의 하나의 난점이기도 하다. 방언을 관련성 원리에 따라 정확하게 번역하려면 방언에 대한 번역가의 정확한 이해를 전제로 해야 한다. 구체적인 예를 통해 방언의 번역 양상을 살펴보도록 한다.

(15) 가. 有的时候他看别人喝酒吃烟跑<u>土窑子</u>，几乎感到一点羡慕。

때로 다른 인력거꾼들이 술을 마시고 담배를 피우며 <u>후진 창녀촌</u>을 드나드는 것을 보면서 조금 부럽다는 생각이 들기도 했다.

나. 像他那个岁数的小伙子们，即使有人管着，哪个不偷偷地跑"<u>白房子</u>"？（白房子：最下等妓院。）- 원문 각주

그 또래 나이의 젊은이들 치고 잔소리를 들어가며 몰래 '<u>바이팡즈白房子(싸구려 매음굴)</u>'를 드나들지 않는 이가 있던가?

---

[1] '강아지에게 고기만두를 던지면 강아지가 고기만두를 물고 줄행랑을 놓고……'로 번역하면 중국어 헐후어의 의미를 더욱 명확하게 전달할 수 있다.

(15)의 '土窑子'와 '白房子'는 모두 '최하등 창녀촌'을 가리키는 방언 어휘이다. (15)가는 방언 어휘의 의미를 한국어로 풀이하여 번역한 예로 TT독자들이 쉽게 이해할 수 있는 번역이다. 그러나 (15)나는 중국어 발음을 제시하고 뒤에 방언 어휘의 의미를 괄호로 보충 제시하였다. 같은 의미를 갖는 두 어휘에 대한 번역 양상을 달리하여 일관성이 떨어지는 것은 물론, (15)나의 번역은 중국어를 모르는 한국어 독자들이 효율적으로 의미를 전달 받는데 오히려 장애가 되므로 (15)가에서처럼 '후진 창녀촌'으로 번역하는 것이 바람직하다.

(16) 가. 在巡警眼中, 祥子是头等的 "刺儿头" ……
  순경의 눈에 샹즈는 가장 다루기 힘든 <u>골칫덩어리</u>였다.
  나. 好, 我跟太太<u>横打了鼻梁</u>, 我说太太走吧, 我看着。
  그래서 사모님께 <u>내가 책임지겠다고</u>, 내가 지킬 테니 어서 가시라고 했어.

(16)가의 '刺儿头'는 '선인장과 비슷한 가시 돋힌 존재'를 말하는데 북경 방언에서는 '남을 자주 괴롭히거나 또는 상대하기 어려운 사람'을 가리킨다. 번역본에서는 한국어 어휘에서 '刺儿头'의 의미에 가장 접근하는 어휘 '골칫덩어리'에 '다루기 힘든'이란 관형어를 보충하여 번역함으로써 ST저자가 전달하고자 하는 문맥적 의미를 TT독자들이 효율적으로 이해할 수 있도록 하였다. (16)나의 '横打了鼻梁'의 축자적 의미는 '콧대를 가로 때리다'로 '보증하다'의 의미를 나타낸다. 번역본에서는 방언의 의미를 TT화자들이 쉽게 이해할 수 있도록 '책임지겠다'로 번역함으로써 관련성 원리에 알맞게 번역하였다.

기타 방언 어휘도 마찬가지로 방언이 나타내는 의미를 TT독자들의 인지 맥락에 알맞은 의미로 번역함으로써 문화적 간극을 없애고 관련성 원리를 만족시켰다.

2.6 비속어

비속어는 상대를 경멸하거나 얕잡아 말하는, 상스럽고 거친 말을 가리킨다. 소설 『駱駝祥子』는 사회적 지위가 낮은 하층민의 삶을 묘사한 작품으로 비속어가 자주 나온다. 비속어는 암시적인 의미가 풍부하므로 번역에 특별한 주의를 기울여야 한다. 구체적인 예를 통해 비속어의 번역 양상을 살펴보도록 한다.

(17) 等把本钱都吃进去, 再去拉车, 还不是<u>脱了裤子放屁</u>, 白白赔上五块钱?
  본전 다 까먹고 다시 인력거를 끌면 그야말로 <u>쓸데없이 바지 벗고 방귀뀐 꼴이 아닌가</u>. 멀쩡하게 그냥 5위안을 버리는 일이다.

(17)의 비속어 '脱了裤子放屁'는 '쓸데없는 말을 하거나 쓸데없는 짓을 했을 때 풍자적으로 이르는 말'이다. 번역가는 축자적 의미 앞에 '쓸데없이'라는 부사어를 추가함으로써 비속어의 풍자적 의미를 정확하게 전달하였다. TT독자들은 이러한 번역을 통해 비속어의 의미를 쉽게 유추해 낼 수 있으므로 최적의 관련성을 유지한 번역이라 할 수 있다. 비속어의 번역은 대체로 의미역 또는 축자역에 의미역을 추가하는 방식으로 번역하였다. 그러나 (18)에서처럼 비속어의 암시적 의미를 제대로 파악하지 못해 관련성 원리에 부합되지 않은 번역도 존재한다.

(18) "当王八的吃俩炒肉！" 他不能忍受, 可到了时候还许非此不可。
'철면피 개자식이어야 볶은 고기를 먹는다!' 그는 이런 욕을 먹으리라는 사실을 도저히 참을 수. 없었다. 그러나 때가 되면 그렇게 되어 버릴지도 모른다.

(18)의 '当王八的吃俩炒肉'은 자신의 욕심을 만족시키기 위해 자존심을 버리고 여자에게 의지하여 경제 지원을 받는 철면피하고 탐욕스러운 남성을 가리킨다. 한국어 번역에서 '王八蛋'을 TT독자의 인지 세계에 저장되어 있는 '철면피 개자식'으로 번역함으로써 최적의 관련성을 도모하였다. 그러나 비속어 전체 의미를 제대로 파악하지 못하여 '철면피 개자식이어야 볶은 고기를 먹는다!'라고 뒷부분을 직역한 것 TT 독자들의 문맥적 이해에 장애가 된다. 그러므로 직역 대신 비속어가 나타내는 의미를 TT 독자들이 쉽게 이해할 수 있도록 관련성을 도모한 번역이어야 한다. '여자 등 쳐먹고 사는 철면피한 개자식!'이라고 번역하는 것이 샹즈의 처지와 모순된 내면세계를 더욱 형상적으로 보여 주는 번역이 되겠다.

3. 맺음말

본고는 『駱駝祥子』의 번역본 『낙타샹즈』에 나오는 언어 문화적 요소인 인명·호칭과 지명, 관용구, 성어, 헐후어, 방언, 비속어 등을 대상으로 관련성 이론을 바탕으로 번역 양상을 살피고 소설에 나타나는 문화 요소 번역에 관련성 이론을 어떻게 적용시킬 것인가를 분석하였다.

고유 명사인 인명은 이국화 전략에 따라 중국어 발음대로 표기하는 번역이 적합하나, 성씨에 신분을 나타내는 어휘가 결합된 호칭의 경우는 자국화 전략에 따라 성씨는 한자음, 신분을 나타내는 어휘는 한국어에서 관련성을 찾아 대응하는 어휘로 제시해야 한다. 지명의 경우, 100년 전 중국 북경의 사회 배경을 보여 주는 것이므로 중국어 발음대로 표기하기보다는 자국화 전략에 따라 한문 독음을 제시하는 것이 좋으며, 한문 독음만으로 TT 독자들이 이해하기 어려운 경우에는 뒤에 해석을 추가해야 한다. 중한 문화의 유사성으로 인해 한국어에 대응 어휘가 있을 경우에는 대응 어휘를 제시해야 한다.

관용구 번역은 우선 중국어 관용구의 의미와 최대한의 등가를 이룰 수 있는 한국어 관용구가 존재할 경우, 자국적 전략에 따라 한국어 관용구로 제시하는 것이 관련성을 도모하여 ST 독자가 얻을 수 있는 동일한 문맥적 효과를 TT 독자가 얻을 수 있도록 하는 번역이 되겠다. 한국어에 대응하는 관용구가 없을 시, 관용구의 비유적 의미를 한국어로 의미역을 해야 한다.

성어 번역에 있어 만일 한국어에서도 동형동의로 자주 쓰이는 사자성어인 경우에는 한문 독음에 따른 번역이 최적의 관련성을 도모한 번역이 되겠다. 그러나 한국어에도 동형동의로 쓰이는 사자성어일지라도 만일 평상시에 자주 쓰이는 성어가 아닌 경우에는 TT독자들이 불필요한 노력이 없이 문맥적 의미를 파악할 수 있도록 사자성어의 의미를 풀이하여 제시해야 한다. 한국어에 쓰이지 않는 사자성어와 고사성어는 이들이 나타내는 내포적 의미를 한국어로 의미역하여 제시하는 것이 바람직하며 그 축자적 의미를 굳이 제시하지 않아도 된다. 축자적 의미를 제시하게 되면 이국적 느낌은 있으나 문화 특수성 때문에 TT독자들의 이해에 장애가 될 수 있다.

헐후어 번역은 앞뒤 두 부분으로 나뉘는 헐후어의 특징을 살려 앞부분은 직역을 하고 뒷부분은 TT 독자가 불필요한 노력을 들이지 않고 이해할 수 있도록 문맥에 따른 의미를 한국어로 의미역을 하는 것이 좋다.

방언 번역에 있어 제일 중요한 것은 방언 어휘의 의미를 정확하게 이해하는 것이다. 그다음 방언 어휘의 의미를 문맥에 맞게 의미역을 해야 한다. 물론, 방언 표현의 의미에 대응하는 한국어 방언, 관용 표현이 있으면 의미를 해석하는 방법보다 한국어 방언 또는 관용 표현을 번역하여 방언이 갖는 언어적 특성을 살리는 것이 좋다.

비속어 번역에 있어 중요한 것은 방언의 경우와 마찬가지로 비속어가 갖는 의미를 정확하게 이해하는 것이다. 그다음 만일 비속어의 축자적 의미가 한국어에서 관련성을 찾을 수 있으면 축자적 의미에 맥락적 의미를 보충하는 방식으로 번역할 수 있다. 그러나 축자적 의미가 한국어에서 관련성을 찾기 힘든 경우에는 비속어가 나타내는 정확한 의미를 한국어로 풀이하여 의미역을 하는 것이 좋다.

번역자는 문화적 요소 번역에 있어 번역가는 TT 독자의 인지 세계를 파악하고 번역함으로써 TT 독자가 번역문과 자신의 인지 세계 사이에서 최적의 관련성을 찾을 수 있도록 해야 한다. 그러므로 번역할 때 어떠한 번역 방법을 채택할 것인가를 고민하기 전에 우선 TT 독자의 인지 세계와의 관련성을 우선 고려하고 나서 번역 방법을 채택해야 한다. 『駱駝祥子』의 번역본으로 오수경 역『낙타 상자』(2019.3)와 최영애 역『루어투어 시앙쯔』(1986)도 있지만 본고에서 이 두 번역서를 다루지 못한 점이 아쉬움으로 남는다. 앞으로 세 번역서의 비교 연구가 이루어지길 기대하며 본고의 논의를 마친다.

참고문헌

1. 저서

[1] 老舍. 骆驼祥子 [M]. 北京：人民文学出版社，2006.

[2] 심규호, 유소영 역, 『낙타샹즈』, 황소자리, 2008.

[3] Sperber, D. and D. Wilson.Relevance: Communication and Cognition[M]. Oxford: Blackwell, 1986/1996.

2. 중국 논문

[1] 陈晓莉，徐秋菊. 文学翻译中的文化过滤机制分析：以金译《骆驼祥子》为例 [J]. 湖南科技大学学报，2012(6).

[2] 郭华. 建构主义翻译观下《骆驼祥子》英译本中文化专有项的英译对比研究 [J]. 考试周刊，2012(02).

[3] 孔庆东. 北京文学的贵族气 [J]. 当代文坛，2004(06).

[4] 李先进. 关联理论视角下的文化缺省及翻译策略 [J]. 外国语文，2013(03).

[5] 满秀娥. 浅析《骆驼祥子》韩文译本中的文化流失 [J]. 韩国语教学与研究，2018(01).

[6] 王贵龄. 关联理论下对《骆驼祥子》文化词翻译的探讨 [J]. 兰州教育学院学报，2010(04).

[7] 王海燕. 从关联理论角度试析《骆驼祥子》英译本 [J]. 黑河学刊，2011(01).

[8] 王建国. 关联翻译理论研究的回顾与展望 [J]. 中国翻译，2005(04).

[9] 王庆梅. 韦努蒂异化翻译理论观照下的汉语习语翻译策略研究：以《骆驼祥子》葛浩文译本为例 [J]. 鲁东大学学报，2016(06).

[10] 韦忠生. 关联理论翻译观在文化翻译中的应用[J].齐齐哈尔大学学报，2007(07).

[11] 吴增欣，李芝，黄娟. 《骆驼祥子》四译本'京味'翻译对比研究[J]. 现代语文，2017(10).

[12] 谢菲. 《骆驼祥子》施译本中语言文化负载词的翻译策略：从关联理论视角分析[J]. 郑州航空工业管理学院学报，2016(02).

[13] 熊兵. 翻译研究中的概念混淆：以"翻译策略"、"翻译方法"和"翻译技巧"为例[J]. 中国翻译，2014(03).

[14] 赵彦春. 关联理论与翻译的本质：对翻译缺省问题的关联论解释[J]. 四川外语学院学报，2003(05).

3.한국 논문

[1] 김혜림,「중한 소설 번역의 인물형상화와 서술어 변환 양상 고찰: 라오서(老舍)의 <낙타샹즈(駱駝祥子)>를 중심으로」,『통번역학연구』21, 통번역학회, 2017:27-53.

[2] 劉靜,「韓國語와 中國語 範圍副詞 比較硏究-소설<駱駝祥子>에 나오는 範圍副詞를 中心으로」, 강원대학교대학원 석사학위논문,2014.

[3] Stephen W. Pattemore, 이두희 역(2017),「관련성 이론에 관하여」,『성경원문연구』40, 대한성서공회 성경원문연구소, 2011:248-264.

[4] 신상법,「한영 문화 번역의 역동적 등가와 가독성 연구: <부랑일기>를 중심으로」,『통번역 교육연구』14, 한국통번역 교육학회, 2016:95-117.

[5] 양창헌,「적합성 이론에서 본 문화 특정어의 번역특성: <순이 삼촌>의 고유명사 한영 번역을 중심으로」,『영어권문화연구』7, 영어권문화연구소, 2014:101-125.

[6] 양창헌,「Gutt의 적합성 번역 이론에 기반한 문화 특정어 번역 연구―<순이 삼촌>을 중심으로」, 동국대학교 대학원 박사학위논문, 2015.

[7] 이현미,「적합성 이론의 관점에서 본 문화 특정적 요소의 번역양상 고찰: 신경림의 시를 중심으로」, 동국대학교 대학원 석사학위논문, 2015.

[8] 장군,「老舍<茶館>의 중한 번역 비교 연구: 관련성 이론을 중심으로」, 영남대학교 대학원 석사학위논문, 2017.

[9] 정혜영,「역동적 등가 실현을 위한 아동문학 번역―아동 언어로의 재창조」, 부산외국어대학교 대학원 석사학위논문, 2008.

한국어 '있다'의 중국어 대응 양상 연구

高子迪[1]

1. 머리말

'있다'는 사용 빈도가 매우 높은 단어이다. 국립국어원(2019)[2]에서 제시한 현대 국어 사용 빈도 조사에 따르면 총 82,501개 단어 중 보조 동사 '있다'의 사용 빈도 순위는 4위, 형용사 '있다'는 5위, 동사 '있다'는 547위로 나타났다. 그리고 '있다'는 본용언과 보조 용언으로 나뉘어 쓰이기 때문에 다양한 의미를 지니고 있다. 『표준국어대사전』에서는 '있다'의 의미를 총 23가지로 나열하고 있다.

이처럼 한국어 언어생활에서 많이 쓰이고 또 의미가 복잡한 '있다'에 해당하는 중국어 대응 표현으로는 '在', '有', '待着', '工作、上班', '着'[3] 등이 있다. '있다'와 그에 대응하는 중국어 표현은 일대일(一對一) 대응 관계로 나타나는 것이 아니라 일대다(一對多), 다대일(多對一) 등으로 다양하게 나타나고 있다. 그러므로 중국인 한국어 학습자들이 '있다'를 배울 때 의미의 이해뿐만 아니라 중국어와의 대응 관계를 구분하는 데에도 어려움을 느끼는 경우가 많다. 따라서 중국인 학습자를 위한 한국어 단어 '있다'의 중국어 대응 양상 연구가 아주 필요하다.

위에 제시한 바와 같이 '있다'는 사용 빈도가 높으며 의미가 복잡한 단어이다. 기존의 연구를 살펴보면 주로 본용언 '있다'의 기본 의미 연구에 집중되어 있었다. 김상대(1991), 정자훈(2004)에서는 '있다'가 지닌 기본 의미를 밝히고 문맥에서 나타나는 파생 의미들을 전체적으로 살펴보았다. 또한, '있다'의 중국어 대응 양상 연구를 보면, 유효홍(2009)은 한국어 '있다'의 본용언과 보조 용언의 의미와 통사 특징을 분석하고 구체적인 예를 통해 '있다'에 대응하는 중국어 표현 및 의미 기능을 살펴보았다. 王偉(2012)에서는 본용언 '있다'를 중심으로 의미적 특징과 통사적 특징을 분석하고 사전과 소설 작품에 나온 구체적인 예를 통해 '있다'의 중국어 대응 형식을 고찰하여 귀납했다. 吳晶晶(2012)에서는 본용언과 보조 용언 '있다'의 중국어 대응 양상을 구체적인 용례들을 중심으로 살펴보았다. 또한, 이 연구

---

[1] 山东大学外国语学院朝鲜语系研究生
[2] 현대 국어 사용 빈도 조사2 https://www.korean.go.kr/front/reportData/reportDataView.do?mn_id=207&report_seq=1
[3] 네이버 중국어사전 참조.

는 어휘적인 의미 연구에 국한하지 않고 한국인 일상 대화에서 자주 쓰이는 합성어 '재미있다', '멋있다', '관계있다', '맛있다' 등과 '가만있자', '있잖아(요)', '있지(요)' 등 담화 표지로서의 관용 표현에 대응하는 중국어 어휘 및 표현에 대한 연구도 했다.

지금까지 살펴본 선행 연구들 중 본용언 '있다'를 중심으로 그 의미와 사용법을 논의하는 연구가 대부분이고 보조 용언의 의미와 사용법 특히 중국어와의 대응 표현에 대한 연구는 미흡하다. '있다'와 대응하는 중국어 표현에 관한 연구들은 거의 대부분 사전 등에 나오는 구체적인 예문의 대응 방식을 분석한 것이고 말뭉치를 통해 정확하게 분석한 것이 없었다. 따라서 본 연구는 '있다'의 의미 기능을 살펴보고 이를 기준으로 인민망 한국어판 (人民網韓文版) 2020년 1월에서 4월까지 총 52편의 한·중 대조 뉴스 말뭉치에 나오는 '있다'에 대응하는 중국어 표현을 분석하고 정리하고자 한다.

2. 한국어 '있다'의 품사 문제 및 의미 분석

학자에 따라 '있다'의 품사 소속에 대한 의견이 다르다. 황화상(2013)에서는 '있다'를 동사, 형용사, 보조 용언으로 나누고 그리고 보조 용언을 다시 보조 동사와 보조 형용사로 구분하였다. 이와 달리,『표준국어대사전』,『고려대한국어대사전』,『우리말샘』 등 현대 한국어 사전을 살펴보면 '있다'를 모두 본용언과 보조 용언 두 가지로 나눴는데 본용언 '있다'의 품사를 또다시 동사와 형용사로 구분하여 제시하고 보조 용언 '있다'의 품사를 보조 동사만 제시하고 있다. 본 논문에서는 주로 황화상(2013)에서 제시한 품사 표기를 참고하여 '있다'를 동사, 형용사, 보조 용언으로 구분하고 보조 용언을 다시 세분하지 않기로 한다.

2.1 본용언 '있다'의 의미 분석

2.1.1 형용사

『표준국어대사전』에서 형용사 '있다'가 단독적으로 쓰일 경우에 그 의미는 13가지[1]로 분류되어 있다. 선행 연구를 살펴보면 형용사 '있다'에 대한 의미 분석은 학자에 따라 다르다. 신선경(2002)에서는 형용사 '있다'를 '존재론적 존재', '사건적 존재', '유형론적 존재', '처소적 존재' 등 4가지로 나누었다. 정자훈(2004)은 형용사 '있다'의 의미를 '존재', '발생', '개최', '소재'로 구분하고 그리고 다시 '소재'를 '소유'(생존, 부유, 여유로움), '처함', '포

---

[1] 1)사람, 동물, 물체 따위가 실제로 존재하는 상태이다. 2)어떤 사실이나 현상이 현실로 존재하는 상태이다. 3)어떤 일이 이루어지거나 벌어질 계획이다. 4)사람이나 사물 또는 어떤 사실이나 현상 따위가 어떤 곳에 자리나 공간을 차지하고 존재하는 상태이다. 5)사람이나 동물이 어느 곳에 머무르거나 사는 상태이다. 6)사람이 어떤 직장에 다니는 상태이다. 7)어떤 처지나 상황, 수준, 단계에 놓이거나 처한 상태이다. 8)개인이나 물체의 일부분이 일정한 범위나 전체에 포함된 상태이다. 9)어떤 물체를 소유하거나 자격이나 능력 따위를 가진 상태이다. 10)일정한 관계를 가진 사람이 존재하는 상태이다. 11)어떤 사람에게 무슨 일이 생긴 상태이다. 12)사람이 어떤 지위나 역할로 존재하는 상태이다. 13)이유나 가능성 따위로 성립된 상태이다.

함', '들어 있음', '재직'으로 자세하고 복잡하게 분류하여 정리하였다.

본 연구에서는 주로 『표준국어대사전』의 분류 기준을 참고하고 형용사 '있다'의 의미를 다시 '존재', '소재', '소유', '재직' 등 4가지 유형으로 귀납하겠다. '존재'는 사람, 동물, 물체, 사태 따위가 실제로 존재한다는 의미를 나타낸다. '소재'는 어떤 곳에 있다는 의미, '소유'는 어떤 사람에게 무엇을 소유한다는 의미이다. 그리고 '재직'은 사람이 어떤 직장에 다니는 상태를 나타낸다.

2.1.2 동사

『표준국어대사전』에서 동사 '있다'의 의미 기능이 4가지[1]로 제시되어 있는데, 본고에서는 이것을 재정리하여 크게 3가지 기능을 가진다고 본다. 즉, 머묾, 상태 유지, 시간 경과가 그것이다. '머묾'은 사람이나 동물이 어느 곳에서 떠나거나 벗어나지 아니하고 머문다는 의미이고 '상태 유지'는 사람이나 동물이 어떤 상태를 계속 유지한다는 의미이며 '시간 경과'는 얼마의 시간이 경과한다는 것이다.

2.2 보조 용언 '있다'의 의미 분석

'있다'는 보조 용언으로서 주로 '-아/어 있다', '-고 있다', '-에/에게 있어서', '-ㄹ/을 수 있다'의 구성으로 쓰인다. 다음으로 보조 동사 '있다'의 구체적인 의미를 짚어 보도록 하겠다.

2.2.1 -아/어 있다

보조 용언 '-아/어 있다'는 어떤 행위가 끝난 후 그 상태나 결과가 지속됨을 나타내는 표현이다. 즉 상태 지속의 의미를 가진다는 것이다. 본고에서는 '-아/어 있다'가 '상태 지속'을 의미한다고 본다.

'-아/어 있다'는 보통 피동사, 완성 동사, 결과성 순간 동사 등 자동사 뒤에 붙여 그 동작 상태의 지속을 나타낸다.

2.2.2 -고 있다

'-고 있다'는 기본적인 의미 '진행' 외에 '반복', '결과 상태의 지속'의 의미로 해석되기도 한다. '진행 중인 동작'은 행위 동작의 진행이라고 한다. '반복'은 문맥에 따라 개별 동사와 함께 쓰여 일정한 기간 동안 내 자주 반복적인 행동을 표현할 수 있다. '결과 상태 지속'은 보통 완성 동사, 심리 동사와 결합하여 '결과 상태 지속'의 의미로 해석될 수 있다.

---

1 1)사람이나 동물이 어느 곳에서 떠나거나 벗어나지 아니하고 머물다. 2) 사람이 어떤 직장에 계속 다니다. 3) 사람이나 동물이 어떤 상태를 계속 유지하다. 4)얼마의 시간이 경과하다.

2.2.3 -에/에게 있어서

'-에/에게 있어서'는 명사와 결합하여 화제나 논의의 대상으로 삼은 상태를 나타낸다.

2.2.4 -ㄹ/을 수 있다

'-ㄹ/을 수 있다'의 의미에 대해서 주로 吳晶晶(2012)의 분류 기준을 참고하여 '-ㄹ/을 수 있다'를 '능력', '가능성', '허가', '우려', '수준·효율·효능' 등 5가지로 구분하도록 하겠다.

'능력'은 어떤 능력을 갖고 있다는 의미를 나타내고 '가능성'은 어떤 일을 이루거나 어떤 일이 발생하는 것이 가능함을 나타내며 '허가'는 무엇을 허가한다는 의미이다. 그리고 '우려'는 어떤 것이 발생한 우려가 있음을 나타내며 '수준·효율·효능'은 어떤 수준, 효율,효능을 의미하는 것이다.

이상으로 '있다'의 의미 기능을 살펴보았다. 다음에 한국어 '있다'의 중국어 대응 양상을 살펴보도록 하겠다.

3. 한국어 '있다'의 중국어 대응 양상

본 연구는 한국어 '있다'의 중국어 대응 양상을 살펴보기 위하여 인민망 한국어판 (人民網韓文版) 2020년 1월에서 4월까지 나온 총 52편의 한·중 대조 뉴스 말뭉치에 나오는 '있다'의 의미를 고찰하여 이에 대응하는 중국어 표현을 형태별로 살펴보고 대조 분석하고자 한다. 그러나 '재미있다', '멋있다', '맛있다', '상관있다', '관계있다' 등 합성어와 담화 기능을 가진 '가만있자', '있잖아(요)', '있지(요)' 등 표현은 본 연구에서 다루지 않겠다.

3.1 형용사 '있다'의 중국어 대응 양상

존재

말뭉치에서 '존재'의 의미에 대응하는 중국어 표현은 '具有', '有', '还有', '是', '出现', '明显', '存在' 그리고 '무표지' 표현 등 8가지가 있다.

(1) 가. 중난산 원사는 (바이러스에) 감염되는 것과 전염성이 있다는 것은 별개의 문제라면서 "무증상 감염자 중 상당수가 며칠이 지난 뒤에 증상이 나타나는데 이런 사람들은 전염성이 있다.
钟南山说，被感染和具有传染性是两个概念。相当多的无症状感染者，经过几天发展出症状，这些人都具有传染性。

나. 밀접 접촉자가 있는 가정이라면 염소 소독제로 화장실을 청소하고, 소독액으로 변기물 내리는 버튼, 변기 커버, 변기 내부 및 화장실 문 손잡이 등을 닦는다.

如果家里有密切接触者，可用含氯的消毒剂清洁厕所，并用消毒液擦拭马桶的按钮、圈垫、马桶内部及厕所门把手等。

다. 사실 이번 경기가 열리기 전에는 사건이 하나 있었다.

其实在这场比赛开打之前，还有这样一个插曲。

라. 현재 방역의 핵심은 두 가지가 있는데 하나는 사회적 거리두기, 다른 하나는 마스크 착용이다.

现在防控的核心也是两个，第一是保持距离，第二是戴口罩。

마. 현재 신종 코로나 감염의 첫 증상으로 위장 장애가 발생하기 때문에 설사 증상이 있는 경우는 자가 격리와 고른 영양 섭취에 신경쓰고, 설탕물과 소금물을 자주 적당히 섭취한다.

目前新型冠状病毒感染的首发症状包括胃肠道不适，出现腹泻时要注意居家隔离，注重保证营养，适量多饮糖盐水。

바. 열을 내리고, 기침을 줄이며, 인후통, 식욕부진, 피로감을 개선하는 효과가 있다.

对病人退烧、减少咳嗽、咽喉痛、极度食欲不振、乏力改善比较明显。

사. 전반적으로 보면 지역사회 전파 위험성이 있긴 하지만 중국에 세컨드 웨이브가 나타날 확률은 극히 낮다.

总体看，社区的传播危险性肯定存在，但中国出现疫情第二波大暴发的概率很小。

아. 중국이 공정하고, 투명하고, 책임감이 있었는지, 국제 사회에 즉시 통보를 했는지 여부는 이미 여러 번 상세하게 소개했다.

中方是否公开、透明、负责任，及时地向国际社会做出通报，我和同事已经多次不厌其烦、详细地介绍了。

위 (1)가에서의 '具有'는 전염성이 존재한다는 표현이고 (1)나의 '有'는 중국어에서 '具有'와 비슷한 의미인데 집에 신종 코로나 밀접 접촉자가 존재한다는 의미를 나타낸다. (1)다에서 경기가 시작되기 전에 어떤 사건이 존재한다는 표현이고 중국어에서 이 존재한다는 의미를 나타낸 '有'에 '또, 다른 것'과 같은 뜻을 덧붙여 '还有'로 번역한다. (1)라에서 보듯이 '존재'의 뜻을 나타내는 '있다'에 해당하는 중국어 표현은 '是'이다. 여기서 '是'는 서술어로 쓰인데 '防控的核心'에 대해서 해석하는 역할을 한다. 이 경우에는 존재한다는 뜻을 '是'로 표현하여 더 확실한 느낌이 들 수 있다. (1)마의 한국어에서 사람들은 설사 증상이 존재한다는 뜻인데 중국어에서 '出现' 즉 '일어나다, 나타나다'의 표현으로 대응된다. 위 (1)바 에서 보듯이 '있다'는 피로감을 개선하는 효과가 존재한다는 의미를 나타내는데 중국어에서는 '有效果'는 '效果明显'으로 표현하는 경우가 많다. 위 (1)사에서 형용사 '있다'의 전파 위험성이 존재한다는 의미는 중국어에서는 동사인 '存在'로 표현한다. 여기서 '있다'와 '存在'는 의미가 같으므로 서로 대응할 수 있다. (1)아에서 중국은 책임감이 있다는 의미이고 중국어에서 '有责任'이라는 표현은 '负责任'으로 바꿔 쓸 수도 있다.

소재

말뭉치에서 '소재'의 의미에 대응하는 중국어 표현은 '有', '在', '处于', '处在', '包括' 및 '무표지' 표현 등 6가지가 있다.

(2) 가. 마음속에 빛이 있다면 어떤 병균도 살 수 없고 우리를 무너뜨릴 수도 없다.

只要心有阳光，没有任何病毒能打败我们。

나. 방역전 승리의 핵심은 '예방'에 있다.

打赢疫情防控阻击战，重点在"防"。

다. '신종 코로나바이러스 무증상 감염자 관리 규범' 제2조에 따르면 무증상 감염자는 두 가지 경우가 있는데 하나는 14일간 격리를 한 뒤에도 자각 증상이나 임상적으로 식별 가능한 증상이 없는 경우이고, 다른 하나는 '무증상 잠복기 감염' 상태에 있는 것이다.

《新冠病毒无症状感染者管理规范》第二条指出，无症状感染者有两种情形：一是经14天的隔离医学观察，均无任何可自我感知或可临床识别的症状与体征；二是处于潜伏期的"无症状感染"状态。

라. 하지만 여타 일부 주요국은 아직 대유행 1단계에 있고, 계속 상승하고 있다.

而其他一些主要国家还处在大暴发的第一阶段，且（感染人数）仍在向上攀升。

마. 현재 개발 중인 코로나19 백신에는 어떤 유형이 있는지 살펴보자.

这些正在研发的新冠病毒疫苗包括哪些类型？

바. 일부 동물은 몸에 원래 바이러스를 지니고 있지만 증상이 꼭 있는 것도 아니고, 꼭 전염되는 것도 아니다. 이런 동물의 몸에 있는 신종 코로나바이러스가 사람과 동물에게 전염돼 병을 유발한다는 결론을 내리기엔 너무 이르다고 생각하며, 나는 그렇게 보지 않는다.

有些动物身上原本就带有一些病毒，不一定有症状，也不一定会传染。现在就认为这些动物身上的新冠病毒既能传染人，又能传染动物，而且都能致病，结论下得太早了，一般来说我不会那么看。

위 (2)가 예문에서 '有'는 '빛'이 마음속에 소재하는 것을 의미한다. 즉, '有'는 '소재'의 의미를 나타내며 한국어 형용사 '있다'에 대응된다. (2)나에서 '在'를 쓰고 방역전 승리의 핵심은 예방이라는 추상적인 공간에 위치함 즉 '소재'의 의미가 나타나서 한국어 형용사 '있다'에 해당된다. (2)다에서 '处于'로 무증상 감염자가 '무증상 잠복기 감염' 상태라는 추상적인 공간에 위치하는 것을 의미한다. '处于'는 중국어에서 어떤 지위나 상태에 위치한다고 정의된다. 따라서 '处于'는 '소재'의 의미를 나타내며 한국어 형용사 '있다'에 대응된다. (2)라에서의 '处在'는 중국어에서의 '处于'와 같은 뜻으로 보인다. 위 (2)마에서 '包括'은 '일정한 범위나 전체'가 그 속에 '개인이나 물체의 일부분'을 가지고 있다는 뜻이다. 즉 현재 개발 중인 코로나19 백신이라는 추상적인 범위에 어떤 유형이 존재하냐고 물었다는 것이다. 여기서 전체와 부분의 관계를 표현하는 단어 '包括'로 소재의 의미를 대신하여 의미적으로 충분히 이해할 수 있다. 위 (2)바의 한국어에서 '있다'는 신종 코로나바이러스가 동물의 몸에 소재한다는 의미이고 대응된 중국어에서는 '在'를 생략함으로써 '무표지'로 표현한다.

말뭉치에는 형용사 '있다'의 '소유', '재직' 의미가 나타나지 않으므로 선행 연구의 예문으로 설명하면 다음과 같다.

소유

(3) 그녀는 안델센 동화책이 한 권이 있다.

她有一本安徒生童话书。

위 (3)예문에서 동화책을 소유한다는 '있다'는 중국어에서 '有'와 서로 대응된다.

재직

(4) 그는 그 대학의 교수로 있다.

他是那个大学的教授。

위 (4)예문에서 보듯이 '재직'의 뜻을 나타내는 '있다'에 해당하는 중국어 표현은 '是'이다.

3.2 동사 '있다'의 중국어 대응 양상

머묾

(5) 슝칸(熊侃) 장샤 중의 '야전병원' 부원장은 "장 원사는 총고문이었다. 그는 방호복을 입고 격리 지역에 들어가 병실을 살펴보고 환자의 맥을 짚고, 설태를 체크하면서 병의 증상을 파악했다. 오전 내내 있다 나오면 방호복이 땀으로 흠뻑 젖어 있었다.

江夏中医方舱医院副院长熊侃介绍，张院士作为总顾问，他穿上防护服，走进隔离区查房，为患者拿脉、查看舌苔，了解病情。一个上午出来，防护服早已汗得透湿。

위 (5)에서 보듯이, '머묾'을 나타내는 한국어 '있다'에 대응하는 중국어 표현은 '무표지'

이다. 장 원사는 격리 지역에 오랫동안 머무른다는 의미는 중국어에서 '무표지' 형태로 나타난다.

동사 '있다'의 '상태 유지', '시간 경과' 의미는 말뭉치에 나타나지 않으므로 선행 연구의 예문으로 설명하도록 하겠다.

상태 유지

(6) 모두 손을 든 상태로 있어라.

全部把手举起来待着。

예문 (6)에서 '待着'가 손을 든 상태를 유지라는 뜻을 나타낸다. 그러므로 중국어 '待着'가 '있다'에 해당된다.

시간 경과

(7) 이틀만 있으면 추석이다.

过两天就是中秋。

위 (7)에서는 한국어 동사 '있다'가 가지는 '시간 경과'의 의미는 중국어 동사인 '过'와 대응되고 있음을 볼 수 있다.

3.3 보조 용언 '있다'의 중국어 대응 양상

3.3.1 -아/어 있다

상태 지속

앞에 제시한 바와 같이 한국어 '있다'는 '상태 지속'이라는 의미를 표현할 때 주로 '-아/어 있다'의 형태로 실현된다. 말뭉치에서 한국어 '있다'의 '상태 지속' 의미에 대응하는 중국어 표현은 '着', '有', '了' 그리고 '무표지' 표현 등 4가지가 있다.

(8) 가. 만화 속 병실에는 앞서 그린 '러간멘 파이팅' 포스터도 붙어 있다.

在画面中，病房里还挂着之前的"热干面加油"海报。

나. 구룡벽(九龍壁)에는 왜 목복용(木腹龍) 한 마리가 숨겨져 있을까?

九龙壁为何"藏"有一条"木腹龙"？

다. 코로나19(SARS-CoV-2)의 출처와 전파 등에 대한 보도와 논의에는 사실과 다른 이야기가 많이 섞여 있다.

有关新冠病毒（SARS-CoV-2）的来源、传播等问题的报道和讨论中掺杂了许多不符合事实的说法。

라. 두 가지 시험대에 서 있다.

接下来仍然面临两个考验。

위의 (8)예문에서의 '-아/어 있다'는 행동이나 변화가 끝난 상태가 지속됨을 나타낸다. 이 경우에 중국어에서 '着', '了', '有'는 모두 동작의 상태를 표현할 수 있는데 '-아/어 있다'와 대응되면 적당하다. (8)라의 중국어에서 원래 '面临着'로 번역하면 더욱 정확한데 '着'를 생략해도 된다.

3.3.2 -고 있다

진행 중인 동작

말뭉치에서 '진행 중인 동작' 의미에 대응하는 중국어 표현은 '在', '正', '正在', '着' 및 '무표지' 표현 등 5가지가 있다.

(9) 가. 이 순간에도 많은 이들이 일터를 지키며 안전을 위해 수고하고 있다.

此时此刻，还有许多人在坚守岗位，许多人在守护平安，许多人在辛勤劳作。

나. 과학 기술 혁신의 길에서 중국은 갈수록 개방된 자세로 세계와 동행하고 있다.

在科技创新的道路上，中国正以越来越开放的姿态与世界同行。

다. 한 배달원이 음식을 배송하고 있다.

一名外卖员正在送餐路上。

라. 창문에서 걱정과 관심을 가지고 그를 보고 있었지만 지금은 '러간멘'을 향해 손을 흔들며 빨리 '퇴원'하기를 기다리고 있다.

相比之前在窗边担忧又关心地看着它，现在是朝"热干面"挥手，纷纷期待它能尽快"出院"。

마. '러간멘'의 도시가 점차 회복되고 있으며 다들 함께 벚꽃 구경 가기를 기다리고 있다.

"热干面"城市正在逐步恢复，大家等它一起出来看樱花。

위 (9)예문들을 볼 때, 중국어에서 동작이 진행되고 있는 상황은 동사 앞에 부사 '正在', '正', '在' 중 하나를 붙여서 나타내되 동사 뒤에 '着'을 붙이기도 한다. 그리고 '무표지'로 진행 동작을 표현할 수 있다. 따라서 행위의 진행을 표현하는 '-고 있다'에 대응하는 중국어 표현은 '正在', '正', '在', '着' 등으로 다양하게 나타남을 알 수 있다.

반복

말뭉치 '반복' 의미의 중국어 대응 양상은 '不断'과 '무표지'이다.

(10) 가. 최근 몇 년간 미국 정부는 미국에 주재하는 중국 관영 매체와 직원의 정상적인 뉴스 보도 활동을 함부로 제한하고 억지 트집을 잡고 까다롭게 하면서 중국 매체에 대한 차별과 정치 압박 수위를 높이고 있다.

　　近年来，美国政府对中国媒体驻美机构和人员的正常新闻报道活动无端设限，无理刁难，不断升级对中国媒体的歧视和政治打压。

나. 그들의 정책은 매일 변하고 있으며 점점 가까워지고 있다.

　　他们的政策天天都在变，而且越来越接近。

위 (10)가 예문에서 '-고 있다'는 최근 몇 년간 미국 정부가 자주 중국 매체에 대한 차별과 정치 압박이라는 반복적인 행위를 나타내며 중국어 부사 '不断'도 '동작의 반복적인 진행'의 의미를 나타내기 때문에 '不断'은 동작의 반복적인 진행을 표현하는 '-고 있다'에 대응하는 것을 볼 수 있다. 그리고 (10)나에서 부사어 '매일'은 '-고 있다'와 결합하여 '반복'의 의미도 나타내는데 중국어에서 '무표지'로 나왔지만 전체적인 의미로 볼 때 그들의 정책이 반복적으로 변화하는 것을 알 수 있다.

결과 상태의 지속

(11) 가. 중국은 이미 WHO 전문가들을 초청해 우한을 시찰했으며, WHO 각국의 전문가들과도 긴밀한 소통을 유지하고 있다.

　　中方已经邀请了世卫组织专家去武汉考察，与世卫组织各国的专家也保持着非常密切的沟通。

나. 중국이 채택한 5개 기술 로드맵은 전 세계에서 연구 중인 코로나19 백신의 주요 유형을 포함하고 있음을 알 수 있다.

　　可以看出，中国采取的5条技术路线覆盖了全球在研新冠病毒疫苗的主要类型。

다. 일부 동물은 몸에 원래 바이러스를 지니고 있지만 증상이 꼭 있는 것도 아니고, 꼭 전염되는 것도 아니다.

　　有些动物身上原本就带有一些病毒，不一定有症状，也不一定会传染。

라. 중국 광저우는 현재 사태가 안정을 찾아가고 있으며, 계속해서 마스크를 쓰고 있을 필요는 없다.

我认为在中国广州，现在的情况已经逐渐稳定下来，我认为我们不需要每时每刻都戴口罩。

(11)예문을 볼 때 (11)가는 소통을 유지한 뒤에 유지한 상태를 지속하고 (11)나는 유형을 포함한 뒤 그 포함한 상태가 지속됨을 의미한다. (11)다와 (11)라는 마찬가지이다. 이런 '결과 상태의 지속'에 대응시킬 수 있는 중국어 표현은 '着', '了', '有' 및 '무표지'이다.

3.3.3 -에/에게 있어서

화제

말뭉치에서 '화제'의 의미에 대응하는 중국어 표현은 '就……'와 '무표지' 표현 등 2가지가 있다.

(12) 가. 한국도 중국과 함께 올해 정상 및 고위급 교류를 통해 경제 무역, 공업, 환경, 위생, 인문 등의 분야의 협력 사업을 함께 발굴하고 한·중 전략적 협력 동반자 관계를 한 단계 도약시키는 계기가 되기를 희망하며 반도 정세에 있어 중국과 소통하기를 바란다고 덧붙였다.

韩方也愿同中方共同筹备好今年的一系列高层往来，深化在经贸、工业、环境、卫生、人文等领域合作，推动韩中战略合作伙伴关系迈上新台阶。韩方希望就半岛局势与中方保持沟通。

나. 코로나19의 진정한 종식에 있어서 백신은 정말 중요하다.

真正终结疫情，疫苗挺重要的。

위 (12)가에서 '반도 정세'라는 화제를 두고 한국과 중국의 소통을 바라는 의미를 나타낸다. 중국어에서 개사(介詞)인 '就'는 화제의 범위를 가리킬 수 있기 때문에 '-에 있어'와 '就'는 대응할 수 있다. 위 (12)나에서 '코로나19의 진정한 종식'이라는 화제에 대해 논의하는 '-에 있어서'는 중국어에서 '무표지'로 전환되지만 그 의미를 이해하는 데 어려움이 없다.

3.3.4 -ㄹ/을 수 있다

능력

말뭉치에서 '능력' 의미에 대응하는 중국어 표현은 '能够', '能', '可', '可以', '会' 및 '무표지' 표현이 있다.

(13) 가. 리커창 총리는 바이러스는 인류 공동의 적이며, 중국 인민은 흔들림없이 동아시아인, 세계인과 한편에 서서 동고동락하며, 이번 감염 사태를 반드시 <u>이겨 낼 수 있다</u>고 믿는다고 강조했다.

李克强强调，病毒是人类共同的敌人。中国人民将坚定不移同东亚人民、同世界人民站在一起，共担风雨、共克时艰。相信我们一定<u>能够</u>共同战胜疫情。

나. 중국이 감염자 수를 <u>통제할 수 있었던</u> 건 강력하게 개입한 결과다.

中国<u>能</u>把感染人数控制住，是强力干预的结果。

다. 중국과학원 우한바이러스연구소 국가생물안전실험실은 인증받은 P4 방호 등급을 갖추고 있으며 세계에서 가장 치명적인 병원체를 <u>처리할 수 있다</u>.

中科院武汉病毒研究所的国家生物安全实验室具有经认证的P4防护等级，<u>可</u>处理世界上最致命的病原体。

라. 당초 가장 먼저 감염병을 발견한 나라가 중국이 아닌 미국이었다면 미국이 중국 정부보다 더 잘 처리할 수 있었겠는가? 그들이 나와서 세계에 말해 줄 수 있는가. 그들이 할 수 있다면 다음 질문에 대해 설명해 주길 바란다.

至于美方那几个"负责任"的人，我想通过媒体记者去问他们一下，可不可以让他们站出来告诉世界，如果当初最先发现疫情的国家是美国而不是中国，美方会处理得比中国政府更好吗？如果他们<u>可以</u>，那么请解释一下。

마. 당초 가장 먼저 감염병을 발견한 나라가 중국이 아닌 미국이었다면 미국이 중국 정부보다 더 잘 <u>처리할 수 있었겠는가</u>?

如果当初最先发现疫情的国家是美国而不是中国，美方<u>会</u>处理得比中国政府更好吗？

바. 모두 함께 노력해 <u>이겨 낼 수 있었으면</u> 좋겠다.

希望大家共同努力，战胜疫情。

위의 (13)가에서 보듯이, 능력을 나타내는 한국어 '-ㄹ/을 수 있다'에 대응하는 중국어 표현은 '能够'이다. '能够'는 중국어에서 어떤 능력을 가진다는 의미이다. 여기서 '-ㄹ/을 수 있다'와 '能够'는 모두 신종 코로나를 이겨 내는 능력을 의미한다. (13)나에서의 '能'은 위의 '能够'와 똑같은 의미인데 의미적으로 '-ㄹ/을 수 있다'와 서로 대응할 수 있다. 위의 (13)다에서 보듯이, 능력을 나타내는 한국어 '-ㄹ/을 수 있다'에 대응하는 중국어 표현은 또 '可'가 있다. 중국어에서 '可'도 어떤 능력을 가진다는 의미가 있다. (13)라에서 당초 가장 먼저 감염병을 발견한 나라가 중국이 아닌 미국이었다면 미국이 중국 정부보다 더 잘 처리할 수 있을지에 대해 설명해 달라는 뜻이다. 중국어 '可以'는 앞에 제시한 '可', '能够', '能'과 같은 의미이기 때문에 '-ㄹ/을 수 있다'와 대응할 수 있다. (13)마에서 중국 외교부

대변인이 미국에 중국 정부보다 감염병을 처리하는 능력이 뛰어나느냐고 묻는다는 것이다. 능력을 나타내는 한국어 '-ㄹ/을 수 있다'에 대응하는 중국어 표현은 '会'이다. '会'는 중국어에서 어떤 일을 할 능력이 있고 무엇을 잘한다는 의미가 있어서 의미적으로 '-ㄹ/을 수 있다'와 차이가 없다. (13)바의 '-ㄹ/을 수 있다'는 전염병을 이겨내는 능력을 의미한다. 대응되는 중국어에서 '능력'의 의미가 '무표지'로 나타났다.

가능성

말뭉치에서 '가능성' 의미에 대응하는 중국어 표현은 '会', '可', '能', '才能', '可能', '可能会', '能够', '可以', '应该', '恐怕', '동사 + 得上', 그리고 '무표지' 표현 등 12가지가 있다.

(14) 가. 특히 핵산 검사 양성 혹은 이미 감염 증상이 나타난 환자들은 전염성이 강한 편이라 바이러스 전파를 <u>유발할 수 있다</u>.

　　　特别是核酸检测阳性或已出现感染症状的病例，传染性比较强，<u>会</u>造成病毒传播。

나. 그들은, 우리를 위해 고전하며 그들은, 우리를 위해 바이러스와 싸우고 있다. 그들은, 누군가의 아버지이자 어머니이며 그들은, 누군가의 아들이고 딸이다. 그들은, 깨끗하고 깔끔한 것을 좋아하지만 지금의 특수한 상황에 이러한 모습으로 잠든 그들을 어디에서나 <u>볼 수 있다</u>. 그들은 의사와 간호사들이다.

　　　他们，为我们苦战；他们，在与病毒厮杀；他们，是谁的父亲母亲，又是谁的儿子女儿；他们，爱整洁爱干净，但是在这个特殊时期，这样的睡姿却随处<u>可</u>见。他们是医生和护士。

다. 사스 퇴치 경험에 비추어 보면 중간 숙주를 없애는 것도 전염병 전파를 <u>차단할 수 있다</u>.

　　　此外，根据抗击"非典"的经验，去掉中间宿主，也<u>能</u>阻断疫情的传播。

라. 겅솽 대변인은 미국은 그들의 적은 바이러스이지 중국이 아니라는 것을 똑바로 알아야 한다며, 국제 사회가 공동의 적에 함께 분개하며 단결하고 협력할 때 바이러스를 <u>이겨 낼 수 있다</u>고 말했다.

　　　发言人耿爽表示，美国必须清楚，他们的敌人是病毒，不是中国。国际社会只有同仇敌忾、团结合作<u>才能</u>战胜病毒。

마. 현재 아주 심각한 감염 지역이라면 버들개지가 환자의 기침 비말을 통해 대량으로 오염됐을 가능성이 <u>있을 수도 있지만</u> 현재 감염 지역이 없는 상황에서 이것이 중요한 전염원이라고는 생각하지 않는다.

　　　现在除非在非常严重的疫区，柳絮才<u>有可能</u>通过病人的咳嗽飞沫，造成大面积污染。但在现在不存在疫区的情况下，我不认为它是一个重要的传染源。

바. 마스크 본체에 장착된 배기밸브를 통해 공기를 배출하는 배기밸브형 마스크는 필터가 없으므로 환자가 숨을 내쉴 때 바이러스가 배출<u>될 수 있다</u>.

呼吸阀式口罩是单向阀门，呼气时可将阀片吹开排出气体，排气过程中没有过滤层，病人佩戴这种口罩<u>可能会</u>将病毒排出。

사. 우리는 장기적인 관찰이 필요하다. 충분한 데이터와 사례를 확보해야만 이런 유사한 견해를 <u>도출할 수 있다</u>.

我们现在需要进行长期的观察，掌握充分的数据、案例，<u>才能够</u>得出类似这样的看法。

아. 가지 않겠다고 <u>할 수도 있었을</u> 텐데요?

您<u>可以</u>说不来吗?

자. 중국 정부 유관 부처가 매일 발표하는 정보에서도 분명하게 확인<u>할 수 있다</u>.

大家从中国政府有关部门每天发布的信息中也都<u>应该</u>看得很清楚。

차. 다른 나라에는 예측 불가능한 요소들이 많다. 그래서 지금 세계 변곡점을 예측하는 것은 중국에 대해 예측하는 것보다 더 어렵다. 현재 이 추세로 확산한다면 2주가 <u>걸릴 수도 있다</u>.

其他国家有很多不可测的因素，所以现在让我预测全球拐点，就比预测中国的难得多。

照目前这个形势发展下去，<u>恐怕</u>还需要两周。

카. 감염병 방역 사상 첫 쾌거라고 <u>할 수 있다</u>.

在疫情防控史上，这也<u>称得上</u>是一个壮举。

타. 지난 20일 제17차 국민 독서 실태 조사 결과를 발표했다. 조사 결과 2019년 중국 국민 독서 실태는 크게 두 가지로 나눠 <u>볼 수 있었다</u>.

4月20日，第十七次全国国民阅读调查成果发布。经分析，2019年我国国民阅读情况主要有以下两种趋势。

위 예문들을 보듯이, '会', '可', '能', '才能', '可能', '可能会', '能够', '可以', '应该', '恐怕', '동사 + 得上' 등 표현들이 중국어에서 모두 가능성을 가진 의미이다. (14)가에서 '会'는 핵산 검사 양성 혹은 이미 감염 증상이 나타난 환자들은 전염성이 강한 편이라 바이러스 전파를 유발할 가능성이 있다고 의미하고, (14)나에서 '可'는 바이러스와 싸우고 있는 의사와 간호사들이 피로로 잠든 모습을 어디에서나 볼 가능성이 많다는 의미가 있으며 (14)다에서 '能'은 중간 숙주를 없애면 전염병 전파를 차단하는 것이 가능하다고 의미한다. 마찬가지로 (14)라, (14)마, (14)바, (14)사, (14)아, (14)자, (14)차, '才能', '可能', '可能会', '能够', '可以', '应该', '恐怕'도 어떤 일이 발생할 가능성이 높다는 의미가 나타나고 '-ㄹ/을 수 있다'와 대응할 수 있다. (14)카에서 '-ㄹ/을 수 있다'에 대응하는 중국어 표현은 '동사 + 得上'이다. 중국어에서 '~得上'은 보어로서 해당 동사에 가능성의 의미를 보충할 기능이 있으므로 '-ㄹ/을 수 있다'와 대응해도 된다. 그리고 (14)타에서 '중국 국민 독서 실태는 크게 두 가지로 나눠 보는 것이 가능하다'라는 의미가 중국어에서 '可以'처럼 가능성을 표현하는 조동사(助動詞)와 함께 쓰여야 하는데 여기서 이러한 조동사를 생략해도 그 의미를 보여줄 수 있다.

허가

말뭉치에서 한국어 '있다'의 '허가' 의미에 대응하는 중국어 표현은 '能', '可', '可以' 그리고 '무표지' 표현 등 4가지가 있다.

(15) 가. 업무 복귀와 생산 재개에 참여하는 후베이 지역 근로자는 건강코드의 '녹색코드'를 가지고 있어야만 나올 수 있다.

   湖北地区参与复工复产的人员，要持有健康码的"绿码"才能出来。

   나. 특수한 상황에서는 다른 사람이 대신 보고할 수 있다.

   特殊情况可由他人代为填报。

   다. 기자 비자 발급 정책 및 비용과 관련해 주중 미국 기자들의 경우는 비자 유효 기간 내 여러 번 중국을 오갈 수 있지만 미국은 주미 중국 기자들에게만 차별 조치를 취해 단 수입국 비자만 발급한다.

   关于记者签证政策和签证费，美国驻华记者在签证有效期内可以多次往返中国，而美方特别针对中国驻美记者采取歧视性措施，只颁发一次入境签证。

   라. 알리바바기금회와 마윈공익기금회는 저장(浙江)대학교 의학원 부속 제1병원과 함께 다국어 버전 'Handbook of COVID-19 Prevention and Treatment'을 발표하고, 의료 종사자들이 무료로 다운로드해 사용할 수 있도록 했다.

   此外，阿里巴巴基金会和马云公益基金会，联合浙江大学医学院附属第一医院发布多语种《新冠肺炎防治手册》，供全球医护工作者免费下载使用。

위 (15)에서 보듯이, '能', '可', '可以' 등은 중국어에서 '허가'라는 의미가 있는데 허가를 나타내는 한국어 '-ㄹ/을 수 있다'가 충분히 대응할 수 있다. (15)라에서 '무표지'로 나오지만 전 세계 의료 종사자들이 사용하는 것을 허가한다는 의미를 느낄 수 있다.

'-ㄹ/을 수 있다'의 '우려', '수준·효율·효능' 의미는 말뭉치에 없으므로 다음 예문으로 살펴보겠다.

우려

(16) 빨리 갑시다. 그렇지 않으면 버스를 놓칠 수 있습니다.
　　 咱们快点走吧，不然的话<u>会/可能</u>错过大巴的。

위 (16)에서 우려를 나타내는 '-ㄹ/을 수 있다'에 대응하는 중국어 표현은 '会'와 '可能'이 있다.

수준·효율·효능

(17) 가. 지금 보라 씨는 북경 사투리까지 모두 <u>알아들을 수 있다</u>. (수준)
　　　　　宝拉现在连北京方言都<u>能/能够/可以</u>听懂。
　　 나. 그는 1분에 100타를 <u>칠 수 있다</u>. (효율)
　　　　　他一分钟<u>能/能够/可以</u>打100字。
　　 다. 이 차는 사람만 <u>탈 수 있지</u>, 화물을 운반할 수 없습니다. (효능)
　　　　　这车<u>只能/能够/可以</u>坐人，不能运送货物。

위 (17)에서 보듯이, '수준·효율·효능'을 나타내는 '-ㄹ/을 수 있다'에 대응하는 중국어 표현은 '能', '能够', '可以' 등이 있다.

이상으로 말뭉치에서 한국어 '있다'의 의미에 대응하는 중국어 표현을 살펴보았다. 나머지 의미인 '소유', '재직', '우려', '수준·효율·효능', '상태 유지', '시간 경과'는 사용 빈도가 낮은 의미여서 말뭉치에서 나타나지 않았다. 위에서 살펴본 한국어 '있다'의 의미에 대응하는 중국어 표현을 다시 표로 정리해보면 다음과 같다.

표1 '있다'의 중국어 대응 양상별 분포

문법 범주		형태	의미	중국어 대응 양상	빈도	비율
본용언	형용사	있다	존재	무표지	25	7.6%
				具有	4	1.2%
				有	43	13.1%
				是	3	0.9%
				出现	1	0.3%
				明显	1	0.3%

续表

문법 범주		형태	의미	중국어 대응 양상	빈도	비율
본용언	형용사	있다	소재	还有	1	0.3%
				存在	1	0.3%
				무표지	5	1.5%
				有	6	1.8%
				在	3	0.9%
				处于	1	0.3%
				处在	2	0.6%
				包括	1	0.3%
			소유	-	0	0
			재직	-	0	0
	동사		머묾	무표지	1	0.3%
			상태 유지	-	0	0
			시간 경과	-	0	0
보조 용언		-아/어 있다	상태 지속	着	4	1.2%
				有	1	0.3%
				了	1	0.3%
				무표지	18	5.5%
		-고 있다	진행 중인 동작	在	5	1.5%
				正	9	2.7%
				正在	8	2.4%
				着	1	0.3%
				무표지	51	15.5%
			반복	무표지	10	3%
				不断	1	0.3%
			결과 상태의 지속	了	2	0.6%
				着	3	0.9%
				有	2	0.6%
				무표지	29	8.8%

续表

문법 범주	형태	의미	중국어 대응 양상	빈도	비율
보조 용언	-에/에게 있어서	화제	就	1	0.3%
			무표지	2	0.6%
	-ㄹ/을 수 있다	능력	能	8	2.4%
			能够	1	0.3%
			会	1	0.3%
			可以	2	0.6%
			可	1	0.3%
			무표지	8	2.4%
		가능성	才能	1	0.3%
			会	3	0.9%
			可	2	0.6%
			可能	5	1.5%
			应该	1	0.3%
			可以	7	2.1%
			可能会	1	0.3%
			能	5	1.5%
			恐怕	1	0.3%
			能够	4	1.2%
			동사+得上	1	0.3%
			무표지	23	7%
		허가	可以	1	0.3%
			可	3	0.9%
			能	2	0.6%
			무표지	1	0.3%
		우려	-	0	0
		수준·효율·효능	-	0	0
합계			-	328	100%

'있다'의 중국어 대응 양상의 계량적 분포를 분석한 결과, '있다'의 중국어 의미 항목은

매우 다양한데 총 54가지나 출현하였다. 그중에서 본용언 '있다'는 '有', '能', '可以'처럼 실질적인 의미를 갖는 중국어 표현에 대응한다는 경향이 있는데 보조 용언 '있다'는 '무표지' 대응 양상이나 '了', '着'와 같은 실질적인 의미가 없고 시간 및 상태를 나타내는 조사에 대응한다는 경향이 있다. 왜냐하면 본용언 '있다'는 동사나 형용사로서 실질적인 동작, 상태를 나타낼 수 있어서 문장에서 독립적인 의미가 있는 반면에 보조 용언 '있다'는 독자적으로 문장의 서술어가 되지도 못하고 실질적 의미도 없으며 본용언 뒤에 붙어서 본용언의 뜻을 도와주기 때문이다.

각 대응 의미의 구체적인 실현 양상을 살펴보면 다음과 같다.

본용언의 경우, 형용사 '있다'의 '존재' 의미에 대응한 중국어 표현인 '有'는 13.1%로, '존재' 의미뿐만 아니라 모든 의미에서 제일 높은 것으로 나타났다. 이는 '존재' 의미가 '있다'의 중심 의미인 것과 '있다'가 중국어 '有'에 대응하는 경우가 제일 많다는 사실을 확인할 수 있다. 그리고 '존재' 의미에서 '무표지' 대응 양상이 7.6%의 높은 비율을 차지하였다. 이를 통해 '존재' 의미의 '있다'는 중국어에 옮겼을 때 항상 일대일(一對一) 대응 관계로 나타나는 것이 아니라 중국어에서 중국인만의 표현 방식으로 해석되고 '무표지'로 대응하는 경우도 많았음을 알 수 있다. 그 다음으로 '소재' 의미에 대응한 중국어 표현 중에도 '有'가 1.8%로 제일 높은 것으로 나타났고 이어서 '무표지'가 1.5%로 그 뒤를 이었다. 세 번째 '소유' 의미와 네 번째 '재직' 의미에 대응한 중국어 표현이 나타났지 않아서 이 두 의미는 자주 쓰이지 않았다는 것을 파악할 수 있다. 다음으로 동사 '있다'의 '머묾' 의미는 중국어에서 '무표지''로 용례는 전체의 0.3%로 아주 낮은 비율을 보였다. 그리고 '상태 유지', '시간 경과'는 말뭉치에 나타나지 않았다. 이는 동사 '있다'는 형용사와 보조 용언보다 일상 언어생활에서 그다지 쓰이지 않는 것으로 보인다.

보조 용언의 경우, '-아/어 있다'의 '상태 지속' 의미에서 제일 많은 대응 양상은 '무표지'이었고 이어서 '着'는 1.2%, '有'와 '了'는 0.3%로 나타났다. 그 다음 '-고 있다' 형태의 중국어 대응형도 다양하게 나타나서 주목할 만하다. 우선 '진행 중인 동작' 의미의 대응형은 15.5%로 '무표지'이었고 남은 '正', '正在', '在', 등 대응 항목들은 0.3%~2.7% 내외로 나타난 것으로 보였다. 두 번째 '반복' 의미의 대응형에서도 '무표지'가 가장 높은 비율로 실현되었고 '不斷'은 0.3%에만 그쳤다. 마지막 '결과 상태의 지속' 경우, '무표지', '着', '有'와 '了' 각각 8.8%, 0.9%, 0.6% 순으로 나타난다는 것을 밝혀냈다. 그리고 '-에/에게 있어서' 형태의 '화제' 의미에 대응하는 중국어 표현은 '就……', '무표지'이었다. 마지막으로, '-ㄹ/을 수 있다' 형태 중 '있다'의 의미가 제일 다양하기 때문에 중국어 대응 양상도 총 22가지로 많이 나타났다. 그 의미들 중에 '능력'은 중국어 '能'과 '무표지'에 대응한 비중이 2.4%로 가장 큰 비율을 차지했다. '가능성'의 경우에는 '있다'의 중국어 대응형은 12가지나 나타났는데 '무표지' 7%, '可以' 2.1%, '可能'과 '能' 1.5% 등 순으로 보여 주었다. '허가' 의미의 중국어 대응 항목인 '可', '能' 등은 모두 0.3~0.9% 내외로 비교적 낮은 분포율을 갖고 있었다. '우려', '수준・효율・효능' 등 기타 의미는 말뭉치에서 나타나지 않았다.

위에 서술한 '있다'의 중국어 대응형 분포율이 상대적으로 낮은 것이 있으나 다양하게 나타나는 대응 양상은 결코 간과할 수 없다. 왜냐하면 본 연구는 선행 연구와 사전에서 많이 기술했던 '있다'의 중국어 대응형에 비해 '出现', '明显', '处于', '处在', '应该', '恐怕', '동사+得上', '不断' 등 다양한 대응형을 새롭게 발견하였기 때문이었다.

4. 맺음말

한국어 '있다'는 품사 소속이 모호하고 의미가 다양하기 때문에 학계에서 오래된 논쟁의 초점으로 되고 있다. 또한 '있다'가 한국어에서 사용 빈도가 매우 높은 단어인데 중국인 한국어 학습자들은 '있다'에 대응하는 중국어를 단순한 일대일 관계로 인식하여 '있다'를 사용할 때 어려움을 겪고 있다. 그러므로 본 연구는 한국어 '있다'의 중국어 대응 표현을 분석하기 위해서 인민망 한국어판(人民網韓文版) 2020년 1월에서 4월까지 총52편의 한・중 대조 뉴스를 대상으로 말뭉치를 작성하여 분석하고 비교하였다. 본고의 연구 내용을 크게 다음 두 가지로 요약할 수 있다.

첫째, 사전과 선행 연구에 기초하여 그동안 '있다'의 품사 소속 문제에 대한 견해를 살펴봄으로써 본 연구에서 '있다'의 품사를 형용사, 동사, 보조 용언 등 세 가지 기능으로 나누어 보았고 기술하였다. 이어서 그 동안 학자들이 '있다'의 의미 기능에 관한 인식을 밝히고 이를 토대로 다시 본고에 맞는 '있다'의 의미를 정리했다. 형용사로서의 '있다'를 '존재', '소유', '소재', '근무' 등 4가지 의미 기능을 가지고 있다. 동사로서의 '있다'는 '머묾', '상태 유지', '시간 경과' 등 3가지 의미를 가진다고 보았다. 보조 용언 '있다'에 대한 연구는 '-고 있다', '-아/어 있다', '-ㄹ/을 수 있다', '-에/에게 있어서' 등 형태로 나누어 살펴보았다. '-고 있다'는 '진행 중인 동작', '반복', '결과 상태의 지속'의 의미를 나타낼 수 있다. '-아/어 있다'는 어떤 행위가 끝난 후 그 상태나 결과가 지속함을 나타내는 표현으로 본고에서는 '상태의 지속'으로 보았다. '-ㄹ/을 수 있다'는 '능력', '가능성', '허가', '우려', '수준・효율・효능' 등 5가지 의미 기능을, '-에/에게 있어서'는 '화제'라는 의미 기능을 가지고 있다.

둘째, 말뭉치에서 한국어 '있다'의 중국어 대응 양상을 밝혔다. 연구한 결과에 따르면 '존재'의 중국어 대응형은 '具有', '有', '是', '出现', '무표지' 등 8가지 형태가 있고 '소재'의 중국어 대응형은 '有', '在', '处于', '包括' 등 6가지가 있다. '머묾'과 '상태 유지'는 '무표지', '상태 지속'은 '着', '了' 등 4가지, '진행 중인 동작'은 '在', '正', '正在', '着' 등 5가지, '반복'은 '무표지'와 '不断' 2가지, '결과 상태의 지속'은 '무표지', '了', '着', '有' 4가지의 중국어 대응형이 나타나게 된다. 그리고 '화제'는 '무표지'와 '就……' 2가지, '능력'은 '能', '能够', '会', '可以' 등 6가지, 가능성은 '才能', '会', '可能', '恐怕' 등 12가지, '허가'는 '让', '可以', '能' 등 4가지가 있다. 기타 의미들은 말뭉치에서 나타나지 않았다.

이상으로 본고에서 살펴본 내용을 간략하게 정리하였다. 이 논문은 앞으로 중국어권 한국어 학습자에게 '있다'에 대하여 깊이 이해하고 번역하는 데에 일정한 도움을 주면서 한국어 교수·학습에서 중요한 기초 자료가 될 것으로 기대된다.

참고문헌

1. 사례 연구 텍스트

인민망 한국어판 人民网韩文版 2020년 1월에서 4월까지의 한·중 대조 뉴스.

2. 사전

[1] 고려대한국어대사전, 고려대학교 민족문화연구원 https://ko.dict.naver.com/#/entry/koko/7be7a557934e4e9e9426fb407f94de27

[2] 네이버 중국어사전 https://zh.dict.naver.com/#/main

[3] 우리말샘, 한국국립국어원 https://opendict.korean.go.kr/main

[4] 표준국어대사전, 한국국립국어원 https://stdict.korean.go.kr/main/main.do

3. 논문

[1] 김상대, 「'있다'의 의미에 대하여」, 『인문논총』제2집, 1991:5-31.

[2] 김영미, 「'있다'의 의미에 대한 고찰」, 전남대학교 석사학위논문, 1995.

[3] 신선경, 「'있다'의 어휘 의미와 통사 구조 연구」, 서울대학교 박사학위논문, 1998.

[4] 吳晶晶, 「한국어 '있다'에 대응하는 중국어 표현 연구」, 경희대학교 석사학위논문, 2012.

[5] 우디, 「한국어 '-ㄹ/을 수 있다'의 중국어 대응 양상 연구」, 동국대학교 석사학위논문, 2019.

[6] 劉煊, 「한국어 '-고 있다', '-어 있다'의 교육 방안 연구 -중국어 대응표현의 고찰을 중심으로」, 중앙대학교 석사학위논문, 2017.

[7] 이림용, 「한국어 '있다'와 중국어 '在'의 대조 연구」, 동국대학교 석사학위논문, 2016.

[8] 王偉, 「한국어 '있다'와 중국어에서의 대응 연구」, 연변대학 석사학위논문, 2012.

[9] 정자훈, 「'있다'와 '없다'의 의미 연구」, 경북대학교 석사학위논문, 2004.

[10] 조유진, 「'-ㄹ/을 수 있다' 구문의 텍스트 장르별 사용 양상」, 연세대학교 석사학위논문, 2017.

[11] 황화상,「'있다'의 의미 특성과 품사, 그리고 활용」,『한말연구』제33호, 2013: 380-40.

4. 인터넷 자료

현대 국어 사용 빈도 조사2 https://www.korean.go.kr/front/reportData/reportDataView.do?mn_id=207&report_seq=1

『트렌드 코리아2020』 한중 번역 실천 보고서

꼬晋瑤[1]

1. 번역 소개

1.1 번역 대상 소개

번역 텍스트는 2019년 10월에 발행된 『트렌드 코리아 2020』이라는 책이다. 『트렌드 코리아』는 이듬해의 경제 동향을 예측하기 위해 연 1회 발행하는 경제 분야의 트렌드 캐치 전문 총서인바, 『트렌드 코리아 2020』은 이 시리즈의 최신판이다. 본책은 두 부분으로 구성되어 있으며 총 448페이지이다. 첫 번째 부분에서는 2019년 소비 트렌드를 검토하고 그 해를 대표할 수 있는 '10가지 트렌드 제품'을 선정하고, 두 번째 부분에서는 2020년 소비자 트렌드를 예측하고 전망한다. 자세한 빅데이터 조사와 구체적인 분석을 통해 저자는 자기가 생각하는 2020년 10대 트렌드 키워드를 제시했다. 해당 시리즈 총서는 한국의 미래 트렌드가 어떻게 흘러갈 것인지에 대해 자세히 분석하였다는 점에서 '가장 밝은 트렌드 교과서', '트렌드 기본서'로 널리 알려져 있다.

필자는 책 전반부인 '2019 한국 소비자 트렌드 리뷰'의 첫 5장을 번역했다. 저자는 2019년 한국 소비 시장에 대한 충분한 분석을 통해 2019년 한국 소비 시장에 나온 새로운 소비 트렌드를 체계적으로 검토하고 요약하였다. 그리고 2019년 한국 기업들이 진행한 마케팅 전략 사례 분석을 바탕으로 이듬해 한국 소비 시장의 발전 추세에 대한 전망을 제시하고 이듬해 소비자 시장의 심층 발전에 대한 경험과 참고 자료를 제공하였다.

『트렌드 코리아 2020』의 주요 저자는 서울대학교 김난도 교수이다. 김난도 교수는 1963년 서울특별시에서 태어나 서울대학교 법학대학과 행정대학을 졸업하고 미국 서던캘리포니아대학교에서 공공관리론에 관한 연구로 박사 학위를 받았다[2]. 이후 귀국하여 서울대학교 환경대학원에서 시간 강사로 강의를 하다가 1997년에 동 대학교 생활과학대학 소비자학과 교수로 임용되었다. 2010년 말에 출간한 수필집 『아프니까 청춘이다』는 37주 연속으로 도서 판매량 1위에 오르면서 '독자들이 선정하는 2011 최고의 책'으로 선정되었다.

매년 연말에 '서울대학교 소비 트렌드 분석 센터'의 연구팀은 트렌드 코리아 시리즈를

---
[1] 山东大学外国语学院朝鲜语系研究生
[2] 위키백과 https://namu.wiki/w/%EA%B9%80%EB%82%9C%EB%8F%84

발간하고 있는데, 이 시리즈물은 출판되는 족족 베스트셀러로 등극하였다. 김난도 교수는 2007년 조선일보 기획 기사를 통해 소비 트렌드 분석 사업을 시작하게 되었는데, 이 시리즈물 역시 『아프니까 청춘이다』를 이어 성황리에 판매되었으며, 지금까지도 선풍적인 인기를 끌고 있다.

1.2 번역의 의미

한중 경제 무역 협력이 지속적으로 심화됨에 따라 양국 경제 및 무역 협력의 수요에 부응하여 다양한 경제 관련 문서 한중 번역본도 연이어 등장하고 있다. 현재 소비가 화두에 놓인 상황에서 중국과 한국은 모두 소비 확대와 내수 부양을 국가 경제 전략의 출발점으로 여기고 있으며, 사회의 미래 소비 트렌드를 파악하고 판단하는 것을 보다 중요하게 여기고 있다.

소비 분야에서의 양국의 원활한 소통에 도움을 줄 수 있는 텍스트를 번역하는 것은 아주 중요한 의미를 갖는다. 이러한 정보 텍스트 번역을 잘하려면 번역자는 번역 능력과 전문 지식을 동시에 갖추어야 한다. 필자는 본 번역 실천을 통해 중한 양국 소비 분야의 핫이슈와 흐름을 이해하고 관련 분야의 번역 능력을 향상시키는 것을 목표로 한다.

『트렌드 코리아 2020』은 한국 업체들이 자국 소비 트렌드를 파악하는 데 중요한 정보를 제공할 뿐만 아니라 중국 관련 수출입 업체들로 하여금 한국 소비 시장의 발전 추세를 깊이 이해하고, 이를 바탕으로 제품의 성공적인 수출을 실현하는 데 중요한 정보를 제공한다. 『트렌드 코리아 2020』 번역문을 통해 중국 업체들은 한국 시장에서 어떤 방식으로 제품을 홍보해야 하는지, 어떻게 해야 한국 소비자들의 마음을 사로잡을 수 있는지, 이듬해 한국 소비 시장 핫이슈를 어떻게 파악할 것인지에 대해 깊이 이해할 수 있다. 그러므로 이 책의 번역문은 중국 수출입 업체에 참고적 가치가 있는 정보를 제공할 수 있다.

또한 중국의 소비자들도 『트렌드 코리아 2020』 번역문을 통해 한국에서 새로운 소비 트렌드가 탄생하고 발전하는 과정을 파악할 수 있을 뿐만 아니라 이러한 인식을 바탕으로 중국 소비 시장의 향후 추세에 대해서도 어느 정도 예측할 수 있게 된다. 따라서 본 번역 실천은 중국 소비자들이 이성적으로 소비 생활을 이어 나가는 데 적극적인 의미를 지닌다.

현재 『트렌드 코리아』 시리즈 총서는 엄청난 인기를 얻으면서 한국의 사회적 소비 추세를 보여 주는 일종의 창구가 되었다. 그럼에도 불구하고 『트렌드 코리아 2020』은 아직까지 중국어로 번역되지 않았다. 그러므로 필자는 본 번역 작업이 한국 소비 시장의 최신 트렌드를 이해하고자 하는 중국 수출입 업체와 중국 소비자들에게 적극적인 작용을 발휘할 수 있다고 믿는 바이다.

2. 번역 과정

2.1 번역 텍스트 분석

원문 『트렌드 코리아 2020』에서는 2019년 한국 사회의 10대 트렌드를 요약하고 2020년의 사회 동향에 대해 분석 및 전망하였다. 또한 구체적인 사례와 빅데이터를 바탕으로 '소비'라는 주제를 둘러싸고 사회 생활의 다양한 측면을 보여 주고 있다. 필자는 원문 텍스트에 대한 분석을 통해 다음과 같은 몇 가지 특징을 요약하였다.

첫째, 어휘 측면에서 볼 때 전문성과 창조성이 뚜렷하다. 원문에는 소비를 중심으로 한 경제학 어휘, 비즈니스 어휘, 과학 기술 어휘, 심리학과 사회학 어휘 등 전문성이 강한 내용이 많이 언급되었다. 특히 '2020년 소비 트렌드 예측' 부분에서 저자는 수많은 독창적인 개념을 제기하면서 상응한 신조어를 대량 사용하는 동시에 신조어를 새로 만들어 내기도 하였다. 그러므로 어휘의 창조성도 뚜렷하다는 것을 알 수 있다.

둘째, 문장 측면에서 볼 때 논리성이 강하다. 경제적 텍스트의 가장 중요한 기능은 정보를 전달하는 것이다. '2019년 소비 트렌드 회고' 부분에서 저자는 소비 분야의 현황과 추세를 설명할 때 앞뒤 문맥에서 해당 현상의 원인, 발전 과정, 결과와 영향 등을 함께 서술함으로써 독립적인 문장이 아닌 문장과 문장 간의 명확한 논리 관계를 잘 보여 주었다.

셋째, 언어적 풍격이 간결하고 세련되었다. 원문은 정보 중심 텍스트인 만큼 언어가 유창하고 간결하다. 정확하고 간결한 언어는 출발어 독자들이 읽기에 부담이 없고 이해하기 쉽다. 이 점이 곧 본 텍스트의 큰 장점이라 하겠다. 그러나 번역문에서 원문과 마찬가지로 일관되게 간결한 언어로 번역하는 데에는 일정한 어려움이 있다. 왜냐하면 도착어 독자들은 원문 독자들이 갖고 있는 사회 문화 배경 지식을 갖고 있지 않으므로 어떤 정보는 배경 지식에 대한 설명이 없으면 이해할 수 없기 때문이다. 그러므로 번역 과정에 원문의 간결성을 보유하는 동시에 배경 지식이 부족한 도착어 독자들에게 출발어 국가의 경제 및 소비 분야에 관한 내용을 알맞게 보완해 줄 필요가 있다.

2.2 기능주의 텍스트 유형 이론 소개

'기능주의(Functionalism)' 번역 이론은 1980년대 초 독일에서 등장하여 오늘날까지 번역학 연구의 한 주류를 이루어 오고 있다. 기능주의를 주창한 라이스는 목적 또는 기능을 뜻하는 'skopos'를 번역학에 처음 도입하면서 기능성을 보다 중시하였다[1]. 즉 번역 대상 텍스트의 유형에 따라 기대되는 구체적인 기능이 다르므로 번역자는 번역 과정에 텍스트 자체

---

[1] 정호정, 『통역·번역의 이해』, 한국문학사, 2008: 137.

기능이 제대로 수행될 수 있는 방식을 선택하여 번역 작업을 진행해야 하며, 이를 번역 결과물 평가의 중요한 기준으로 삼아야 한다는 것이다.

라이스는 텍스트 유형을 정보 중심 텍스트(informative text), 표현 중심 텍스트(expressive text), 효과 중심 텍스트(operative text)로 세분하였다. '정보 중심 텍스트'란 텍스트가 담고 있는 내용, 곧 정보의 전달이 가장 중심 기능인 텍스트 유형을 말한다[1]. 라이스는 텍스트 유형에 따라 번역 방법도 달라져야 한다고 주장한다. 즉 텍스트 유형별로 언어 기능, 언어 차원, 텍스트의 초점 등이 상이하기 때문에 그에 따른 부동한 번역의 방법을 채택해야 한다는 것이다.

기능주의의 텍스트 유형에 관한 연구에서 정보 중심 텍스트의 번역 기준에 관한 논의가 많이 진행되었다. 라이스(2004)는 번역문의 언어 형식이 도착어의 표현 습관과 완전히 일치해야 한다고 주장한다[2]. 즉 번역 시 출발어의 언어 형식에 국한될 것이 아니라 도착어 독자에게 익숙한 언어 형식을 사용하고 유창성 기준을 준수해야 한다는 것이다. 중국의 대표적인 학자들도 번역 대상 텍스트에 따른 번역 기준에 주목하고 있다. 朱志瑜(2004)는 정보 기반 텍스트 번역의 일차적 목적은 정보의 정확성을 보장하는 것이고 정보 중심 텍스트의 번역 요구 사항은 직접적이고 온전하게 출발어 텍스트의 내용을 전달하는 것이라고[3] 주장하면서 정보 중심 텍스트 번역의 정확성, 온전성 기준을 제시하였다. 张美芳(2009)은 정보 중심 텍스트의 언어적 특징은 논리성이 강한 것이고 정보 중심 텍스트를 번역할 때 번역자는 원문의 개념과 정보를 번역문에서 충실하게 재현해야 한다[4]고 주장하면서 정보 중심 텍스트 번역문의 논리성 기준을 제시하였다.

본고에서는 라이스의 정보 중심 텍스트의 번역 기준에 대한 이론을 기반으로, 정보 중심 텍스트의 특징과 번역 기준에 관한 중국 학자들의 견해를 참고하여 정보 중심 텍스트 번역의 기준을 정확성, 온전성, 논리성 및 유창성으로 정하였다.

(1) 정확성: 정보 중심 텍스트는 일반적으로 특정 전문 분야의 다양한 내용을 포함한다. 번역 시 각 분야의 고유어, 전문 용어, 신조어 등을 정확하게 사용해야만 텍스트 정보를 정확하고도 효과적으로 전달할 수 있다.

(2) 온전성: 원문의 모든 정보를 번역문에서 온전히 복원하는 것이 정보 중심 텍스트의 중요한 원칙이다. 정보 중심 텍스트의 온전성을 확보하기 위해 출발어 원문에 내포된 정보를 도착어 독자에게 온전하게 전달해야 한다.

(3) 논리성: 출발어와 도착어가 논리적 관계를 표현하는 방식이 다른 경우가 많다. 출발

---

1 정호정, 『통역·번역의 이해』, 한국문학사, 2008:138.
2 赖斯, 罗德斯. 翻译批评: 潜力与制约[M]. 上海: 上海外语教育出版社, 2004:30.
3 朱志瑜. 类型与策略: 功能主义的翻译类型学[J]. 中国翻译, 2004,25(03):8.
4 张美芳. 文本类型理论及其对翻译研究的启示[J]. 中国翻译, 2009,30(05):57.

어의 논리 관계를 도착어에서도 명확히 재현하려면 생략된 지칭, 접속사 등 내용을 보완해야 한다.

(4) 유창성: 정보 중심 텍스트는 형식이 아닌 내용에 중점을 두고 있으므로 도착어의 언어 형식은 출발어의 언어 형식과 완전히 대응하지 않아도 된다. 즉 텍스트의 유창성을 확보하기 위해 번역할 때 도착어 독자의 표현 습관에 맞는 유창한 언어 표현으로 내용을 전달해야 한다.

2.3 번역 실천 과정

필자는 2020년 3월부터 2020년 11월까지 8개월에 걸쳐 번역 실천을 완성하였는데, 주로 번역 전 준비, 번역 과정과 수정 과정 3단계로 나누어 진행하였다.

본격적으로 번역하기에 앞서 번역 준비 작업을 하였다. 필자는 비즈니스와 소비 시장에 관심이 많아 원문을 선정하게 되었다. 본 텍스트는 전문성이 강한 내용이기 때문에 원문에 나오는 여러 가지 새로운 사회 현상, 과학 기술 성과, 소비 시장의 동향 등 배경 지식을 전면적으로 알아보고 『소비의 사회』, 『소비의 역사』 등 다양한 자료들도 읽었다. 그리고 김난도 교수가 전에 출판한 『트렌드 코리아』 시리즈 총서 중의 다른 내용에 대해서도 간단히 알아보았다.

2020년 6월까지 총 5만여 자의 번역문 초고를 완성하였다. 1차 번역 시, 먼저 원문의 기본 뜻을 한 문장씩 번역하고 모르는 어휘, 구절과 배경 지식이 결핍하여 이해가 안 되는 부분에 대해 표기하였다. 2차 번역 시, 네이버 사전, 표준국어대사전, 구글, Baidu 등 검색 도구를 잘 이용하여 중국어로 직역이 어려운 용어들을 영어 및 라틴어로 번역하였다. 또한 난이도가 높은 배경 지식을 이해하기 위해 경제학을 전공하는 친구와 한국 사회 트렌드에 익숙한 한국인 친구들에게 문의하였다. 이러한 과정을 통해 어려운 부분을 다시 수정 번역하여 번역문을 완성하였다.

제 3단계는 번역문 마무리 단계이다. 번역문의 품질을 보장하기 위해 4개월에 걸쳐 3번 수정하면서 마무리 작업을 하였다. 먼저 자체 수정을 통해 번역문 중의 오타, 오역, 문법 오류, 구두점 오류, 누락 내용 등을 수정하였다. 동시에 2차 수정을 위해 자체 수정 후에도 여전히 존재하는 어려운 부분과 문제점들을 표기하였다. 다음으로 한국어를 모르는 중국어 언어·문학을 전공하는 친구에게 수정 의견을 구하였다. 번역문을 읽으면서 이해가 어려운 내용, 어색한 표현, 정확하지 않은 표현 등 문제점들을 표기하도록 하였다. 필자는 친구가 제기한 문제점에 따라 번역문을 다시 수정하였다. 마지막으로 번역문을 지도 교수님께 보여드리고 지도 교수님의 도움을 받아 출발어와 도착어 내용이 상이한 부분, 오역 부분을 다시 수정함으로써 최종 번역문을 완성하였다.

3. 번역 사례 분석

3.1 정보 중심 텍스트의 정확성

정보 기반 텍스트 번역의 일차적 목적은 정보의 정확성을 보장하는 것이다[1]. 정확하게 정보를 전달해야만 정보 중심 텍스트의 기능이 제대로 수행될 수 있다. 원문은 2020년 소비 트렌드에 관한 내용이므로 해마다 나타나는 새로운 변화를 지칭하는 새로운 어휘들이 많이 등장한다. 이와 같이 새로 등장한 어휘들의 의미를 정확하게 번역하여 전달해야만 전체 텍스트 의미의 정확성을 확보할 수 있다. 그러므로 정확성 기준에 따라 새로운 어휘들에 초점을 맞춰 사례 분석을 진행하였다. 원문 텍스트에 새로 등장한 어휘들은 대부분이 외래어와 혼종어이다. 이러한 어휘들은 사회 문화 배경 지식과 경제 관련 배경 지식이 없으면 이해하기 힘든 표현들이므로 번역 시 우선 어휘에 대해 충분히 이해해야 한다. 그 다음 중국인 독자들에게 정확하게 전달할 수 있도록 적절한 번역 방법과 번역 기법을 활용해야 한다. 아래 외래어와 혼종어 두 부분으로 나누어 사례 분석을 진행하고자 한다.

3.1.1 외래어의 번역

외래어는 외국에서 들어온 말로 한국어에서 널리 쓰이는 단어를 말한다[2]. 한국어에서 널리 쓰이는 외래어라면 그 의미를 사전에서 쉽게 확인할 수 있다. 그러나 원문의 외래어들은 외국어에서 유입된 것이 아니라 외래어 형태소를 조합하여 새로 만든 한국에서만 사용되는 어휘이므로 사전에서 그 정확한 의미를 찾을 수 없다. 원문 텍스트에 나오는 외래어들은 다음과 같은 특징을 갖고 있다. 첫째, 두 개 또는 두 개 이상의 영어나 라틴어 형태소들의 조합으로 형성된 어휘들이고 원문 텍스트에 처음으로 쓰인 어휘들이다. 그러므로 한국인 독자들에게도 생소한 어휘라 할 수 있다. 둘째, 원문 텍스트에 새로 등장한 외래어들을 정확하게 이해하려면 관련 자료를 찾아보고 외래어가 쓰인 앞뒤 문맥을 자세히 읽어 봐야 그 의미를 정확하게 이해할 수 있다. 셋째, 일부 외래어는 이전에 발생한 사건이나 현상, 사회 풍조를 반영한다. 그러므로 사회적 배경 지식을 갖고 있지 않은 중국인 독자들에게 외래어가 갖고 있는 의미를 정확하게 전달하려면 적절한 번역 기법을 활용하여 언어 정보를 보완해야 한다. 아래에 구체적인 번역 사례 분석을 통하여 외래어 번역의 어려움과 해결 방안에 대해 논의하고자 한다.

---

1 朱志瑜. 类型与策略:功能主义的翻译类型学[J]. 中国翻译, 2004,25(03):8.
2 표준국어대사전 https://stdict.korean.go.kr/search/searchResult.do?pageSize=10&searchKeyword=%EC%99%B8%EB%9E%98%EC%96%B4

예시1:
【원문】
　　여행에도 '컨셉팅'은 유효했다. 요리에 사용할 재료를 구매하기 위해 로컬 마켓을 방문하고, 향신료에 대한 설명을 듣고, 다 함께 요리한 후 음식을 나누는 단계까지 철저히 현지인 컨셉으로 진행된다. 해당 지역민과 어울리며 소통하는 여행이라고 해서 '로컬리안' 여행이라고 불리기도 한다.
【번역문】
　　在旅行中，"概念"也很有效。他们会去当地的超市购买烹饪所需食材，听听当地人对香料的说明介绍，一直到大家共同做完饭，分享食物的步骤，都完全在当地人的概念中完成。和该地区的居民融洽相处、互相交流的旅行，就被称为"土著式"旅行。

　　원문의 '로컬리안'은 영어 형용사 'local'과 영어 접사 '-ian'이 결합하여 형성된 한국어에서만 쓰이는 단어로 '현지인'이라는 뜻이다. 중국어에서는 보통 '현지인' 여행을 '土著旅行'으로 표현한다. 그러나 뒤의 문맥과 같이 살펴봤을 때 원문의 '로컬리안'은 '여행' 방식을 나타내는 수식어이므로 '土著'로 번역하면 '여행 방식'의 의미를 살리지 못한다. 따라서 '로컬리안' 여행은 현지인의 생활을 직접 체험해 보는 여행 방식이므로 중국어로 번역할 때 방식을 나타내는 '式'를 추가하여 '土著式'로 처리함으로써 원문이 나타내고자 하는 의미를 정확하게 전달하였다. 그리고 만약 "土著游"라고 번역하면 중국인 독자는 2014년부터 중국에서 창립된 "土著游"라는 회사를 생각하고 원문의 여행 방식이 이 회사와 관련된다는 잘못된 인식이 될 수 있으므로 "土著游"로 번역하면 안 된다. 이와 같이 정보 중심 텍스트의 정확성을 확보함으로써 도착어 독자들이 원문의 의미를 정확하게 파악하고 이해할 수 있도록 하였다.

예시2:
【원문】
　　이렇게 다층적으로 형성되는 자아를 복수의 가면이라는 의미에서 '멀티 페르소나'라고 부를 수 있다. 멀티 페르소나 개념은 『트렌드 코리아 2020』의 다른 키워드들 뿐만 아니라 양면적 소비 형태, 취향 정체성의 추구, 젠더프리 트렌드, 디지털 허언증의 확산 등 매우 다양한 소비 트렌드의 동인을 파악할 수 있는 만능키다.
【번역문】
　　在多副假面这一含义下，这样多层面形成的自我可以被称之为"多面身份"。这个概念不仅是《韩国趋势2020》的关键词，也是一把万能钥匙，有助于把握双面的消费形态、取向特性的追求、性别自由趋势以及数字谎言癖的扩散等非常多样化的消费趋势的动因。

'멀티 페르소나'의 영어 표기는 'Multi-persona'이다. '멀티'는 '다양하다'는 뜻이고, '페르소나'는 '가면'이라는 뜻이므로 '멀티 페르소나'의 축자적 의미는 '다양한 가면', 즉 '多样假面'이다. 그러나 원문의 '멀티 페르소나'의 의미는 단순한 영어 어휘의 축자적 의미가 아니라 '다층적으로 형성되는 자아'를 나타낸다. 즉 한 개인이 상황에 따라 다른 모습으로 변신하여 다양한 정체성을 표출하는 것을 의미한다. 그러므로 '멀티 페르소나'를 '多样假面'으로 번역하면 원문의 의미를 정확하게 전달할 수 없다. 중국어에서 한 사람의 사회 환경에서의 모습을 '身份'으로 표현하기 때문에 '멀티 페르소나'의 함축적 의미에 따라 '多面身份'으로 번역함으로써 원문 텍스트의 정보와 번역문 정보의 등가를 최대한 실현하였다. 이러한 번역문을 통해 중국인 독자들이 이 어휘에 내포된 심리학적 의미도 정확하게 이해하도록 하였다.

3.1.2 혼종어의 번역

혼종어는 서로 다른 언어에서 유래한 요소의 결합에 의해 이루어진 단어[1]를 말한다. 원문의 혼종어는 주로 외래어와 고유어 또는 외래어와 한자어가 결합하여 형성된 새로운 어휘이다. 원문 텍스트에 나오는 혼종어들은 다음과 같은 특징이 있다. 첫째, 혼종어가 비록 각자의 명확한 의미를 갖는 외래어와 고유어의 조합이기는 하나, 혼종어의 의미가 그들의 의미 결합인 것이 아니라 새로운 의미를 갖는다는 것이다. 그러므로 관련 자료와 문맥을 통해서만 혼종어의 의미를 정확하게 이해할 수 있다. 둘째, 외래어와 마찬가지로 혼종어들도 사회 사건 또는 사회 현상을 반영하고 있다. 이처럼 어휘 하나에 내포되어 있는 정보가 많다. 그러므로 혼종어를 정확하게 번역하려면 혼종어의 의미에 대한 정확한 이해를 전제로, 중국인 독자들이 혼종어에 담겨 있는 정보를 정확하게 이해할 수 있도록 해야 한다. 아래 구체적인 번역 사례 분석을 통하여 혼종어 번역 과정에서 부딪친 어려움과 해결 방안에 대해 논의하고자 한다.

예시3:

【원문】

'오팔세대'라고 불리는 새로운 소비층이 부각되어 있다. 오팔 OPAL은 '활기찬 인생을 살아가는 신노년층 'Old People with Active Lives'의 약자이며, 동시에 '58년생 개띠'의 '오팔'을 의미한다.

【번역문】

被称为"OPAL（婴儿潮）一代"的新消费阶层正在壮大。"OPAL"的发音和数字"58"的

---

[1] 표준국어대사전 https://stdict.korean.go.kr/search/searchView.do?word_no=374420&searchKeywordTo=3

韩文发音相同, 所以 OPAL 不仅是 "人生充满活力的新老年层（Old People with Active Lives）" 的缩略语, 同时还表示1958年狗年出生的人。

원문의 '오팔세대'에서 '오팔'은 두 가지 의미가 있다. 영어 'Old People with Active Lives'의 첫 자모를 따서 만든 약어 'OPAL'인 동시에 '58년생 개띠'를 가리킨다. 축자적 의미에 따르면 '오팔세대'는 'OPLA 一代'나 '五八一代'로 번역할 수 있다. 그러나 '오팔'은 한국의 사회 문화를 보여 주는 어휘로 중국인 독자들이 'OPAL 一代'나 '五八一代'와 같은 번역을 통해 도대체 어떤 세대를 가리키는지를 이해하기 어렵다. 필자는 자료 검색을 통해 20세기 50~60년대 전 세계 베이비 붐 시대에 태어난 세대를 중국어에서는 '婴儿潮一代'라고 표현한다는 것을 확인하였다. 즉 한국어의 '오팔세대'와 같은 의미로 쓰이는 표현인 것이다. 또한 원문의 '오팔'이 'OPAL'과 '58년 생'의 의미를 모두 가지므로 'OPAL(婴儿潮)一代'로 번역하고 "'OPAL'的发音和数字'58'的韩文发音相同"이라는 설명을 추가하여 'OPAL'과 '58년 생'의 관련성을 명확하게 제시함으로써 중국인 독자들이 베이비 붐이라는 시대적 배경도 이해하고 '58년 생'을 가리키는 문화적 정보도 이해할 수 있도록 하였다. 즉 혼종어에 대한 의역과 보충 설명의 방법으로 원문 어휘의 의미 정보를 중국인 독자들에게 정확하게 전달하였다.

예시4:
【원문】
　네 자신을 업그레이드하라! 성공보다 성장을 추구하는 새로운 자기계발형 인간 '<u>업글인간</u>'이 나타났다. 이들은 타인과의 경쟁에서 이기려는 단순한 스펙이 아니라, 삶 전체의 커리어를 관리해 나감으로써 '어제보다 나은 나'를 만드는 데 변화의 방점을 찍는다.

【번역문】
　要升级你自己! "<u>升级人群</u>"是全新的自我开发型人群, 比起成功, 他们更追求成长。他们并不仅仅是为了在竞争中赢过对手, 而是持续管理生命中的一切事业, 通过这些改变重点打造"比昨天更好的自己"。

'업글인간'은 '업글'이라는 외래어와 '인간'이라는 한자어가 결합하여 형성된 혼종어이다. '업글'은 영어 'upgrade'에서 온 외래어 '업그레이드'의 줄임말이고, '인간'은 한자어이다. '업글인간'의 축자적 의미를 중국어로 번역하면 '升级人' 또는 '升级人类'이다. 그러나 원문의 '업글인간'은 사회에 새로 등장한 '자기계발형 인간'을 가리키는 어휘로 성장을 추구하는 한 부류의 사람들을 가리킨다. 중국어에서 '人'과 '人类'는 사람을 가리키는 어휘로 '한 부류의 사람'을 나타내지 못한다. 그러므로 '업글인간'을 '升级人群'으로 번역함으로써 자신을 업그레이드하는 부류의 사람들을 가리키는 원문 혼종어의 의미를 정확하게 중국인 독자들에게 전달함으로써 번역문 텍스트의 정확성을 확보하였다

3.2 정보 중심 텍스트의 온전성

정보 중심 텍스트 번역에서 '비평가는 먼저 출발어 텍스트의 내용과 정보가 도착어 텍스트에서 완전하고 철저하게 재현하고 있는지 확인해야 한다'(Reiss, 2004)[1]. 출발어와 도착어 사이에 언어적, 문화적, 사회적 지식 배경의 차이가 존재하기 때문에, 출발어 저자와 독자에게 자명한 정보가 도착어 독자에게는 정보 공백이 생길 수 있고 의미를 이해할 수 없게 된다. 정보 중심 텍스트의 기능을 실현하고 도착어 독자에게 부족한 정보를 보완해 주려면 정보 전달의 온전성을 보장해야 한다. 원문에 나오는 문화 특정어와 전문 용어에는 한국 사회의 특정한 배경 지식이 내포되어 있기 때문에 번역문에서 반드시 관련 내용을 보완하거나 추가적인 설명을 해야 한다. 이와 같이 텍스트의 정보를 도착어 독자에게 온전하게 전달해야만 텍스트의 기능을 제대로 수행할 수 있다.

3.2.1 문화 특정어의 내용 보완

김도훈(2012)은 문화 특정어에 대하여 '같은 언어를 사용하는 사회 공동체가 보편적으로 인식하고 공유하는 사회・문화적 배경에서 생성되어 사용하는 어휘 및 표현'[2]이라고 정의한 바 있다. 문화 특정어 번역의 어려운 점은 그 속에 내포된 문화적인 메시지를 출발어 독자들은 쉽게 공감할 수 있지만 도착어 독자들은 문화 특정어의 내포의를 이해하기 어렵다는 것이다. 그러므로 문화적 배경 지식이 없는 도착어 독자들은 원문의 문화 특정어를 이해할 수 없게 된다. 원문에는 한국 소비 트렌드의 배경을 설명하는 문화 특정어들이 많이 등장한다. 문화 특정어는 문화적 배경 지식을 전달하므로 문맥 구성에서 매우 중요한 역할을 한다. 중국인 독자들 역시 원문의 모든 문화적 정보를 이해해야만 2020년 소비 트렌드의 탄생 및 발전 과정을 제대로 이해할 수 있다. 그러므로 번역할 때 원문의 문화 특정어에 내포된 문화적 배경 지식을 보완함으로써 중국인 독자들에게 정보를 온전하게 전달해야 한다. 아래 구체적인 번역 사례 분석을 통하여 문화 특정어 번역의 어려움과 상응한 해결 방안에 대해 논의하고자 한다.

---

1 赖斯, 罗德斯. 翻译批评：潜力与制约[M]. 上海：上海外语教育出版社, 2004:30.
2 김도훈, 「번역에 있어서의 문화 고유어의 중요성 및 번역 전략」, 『영어영문학 21』, 25(1):117.

예시5:

【원문】

　특히 동네 서점들은 동네의 개념이 사라져 가는 시대의 사랑방이자 복합 문화 공간으로써 20~30 대의 아날로그 감성을 채워 준다.

【번역문】

　　特别是在小区概念逐渐消失时代，原先小区附近的书店就扮演了该片区的厢房和复合文化空间的角色，满足了二三十岁年轻人的怀旧情感。

　　注：厢房是正房前面两旁的房屋，既是生活起居室，也是接待客人的客厅。

　원문의 '사랑방(舍廊房)'은 한국 전통 주택 한옥에서 주인이 거처하는 방이자 손님을 맞는 응접실 역할도 하는 바, 주택 외부와 가까운 곳에 있다. 중국어로 번역하면 '厢房'이다. 그러나 중국의 '厢房'은 'ㅁ'자형으로 둘러싸고 있는 베이징의 전통 주택 양측의 방을 가리키고 주택 내부에 있어서 한국의 '사랑방'과 다소 차이가 있다. 중국인 독자는 전통적인 한국 가옥의 구조에 대해 모르기 때문에 '사랑방'이 정확하게 어떤 곳을 가리키는지를 이해할 수 없다. 그러므로 '사랑방'에 대한 설명을 주석의 형식으로 추가함으로써 독자들이 동네 서점이 한국 전통 가옥의 '사랑방'처럼 손님을 맞는 응접실 역할을 하고 있다는 점을 제시해 주어야 한다.

예시6:

【원문】

　EBS에서 2019년 4월 새롭게 선보인 자이언트 펭귄 캐릭터 '펭수'는 제 2의 뽀로로 자리를 넘보며 인기몰이 중이다.

【번역문】

　　韩国 EBS 电视台在2019年4月新推出了一个名为"朋秀"的巨型企鹅角色，大受欢迎，试图成为第二个啵乐乐。

　　注：小企鹅啵乐乐（PORORO）是韩国国宝级卡通人物，在韩国被称为"啵总统"。

　원문의 '뽀로로'는 눈 속 마을에 사는 여러 동물들의 이야기를 그린 유아용 애니메이션 <뽀롱뽀롱 뽀로로>의 캐릭터이다. 조종사 모자와 고글을 쓴 펭귄 뽀로로는 전 세계 어린이들에게 선풍적인 인기를 끌며 '뽀로로 대통령', '뽀통령' 등으로 불리고 있다. 중국에서도 이 애니메이션을 도입하고 '뽀로로'를 '啵乐乐'라고 음역하였다. 애니메이션 '啵乐乐'를 본 적이 없는 어린이들과 그들의 부모들은 뽀로로에 대해 알고는 있지만 애니메이션을 본 적도 없고 캐릭터를 접할 기회도 없는 중국인 독자들에게는 '뽀로로'가 생소한 어휘가 아닐 수 없다. 그러므로 '뽀로로'가 한국에서 '뽀통령'이라고 부를 정도로 유명한 애니메션의 한 캐릭터라는 설명을 추가하여 중국인 독자들이 원문의 '뽀로로'가 갖고 있는 정보를 충분히 이해할 수 있도록 하였다. 그래야만 중국인 독자들이 '펭수'의 인기가 아주 많다는 것을 알 수 있다. 따라서 비교의 대상인 '뽀로로'에 대한 구체적인 설명을 추가하여 중국인 독자들에게 문화 배경 지식을 전달함으로써 원문의 의미를 충분히 이해하도록 하였다.

예시7:

【원문】

    2019년에 주목받은 의상 컨셉은 단연 '개화기'다. 익선동 한옥마을에서부터 시작된 개화기 의상 열풍은 2018년 방영된 드라마 <미스터 션샤인>의 인기에 힘입어 더욱 거세졌다. 데이트를 즐기는 20대 연인뿐만 아니라 30~40대 커플까지 개화기 의상을 입고 거리에 나왔다.

【번역문】

    2019年，最引人注目的着装概念当然是"开化期"，发端于益善洞韩屋村的开化期着装风潮，又凭借 2018上映的电视剧《阳光先生》的人气，势头更盛。从 20多岁的热恋情侣，到30~40岁的夫妇，大家都穿着开化期服装走上了街头。

    注：开化期是指韩国签署《江华岛条约》（1876年）后，韩国逐渐接受西方风潮，向近代化转型的时期，也是韩国民族史上服饰形态第一次发生剧变的时代，首次出现"长筒裙"等改良韩服。

원문의 '개화기'는 한국 근대 역사 시기를 가리키는 문화 특정어이다. '개화기'는 한자어이므로 한자 그대로 '开化期'로 번역이 가능하나, 관련 역사적 지식이 없는 중국인 독자들은 '开化期'가 정확하게 어느 시기를 가리키는지, 그리고 개화기 의상 특징이 어떠한지를 이해할 수 없으므로 텍스트 전반에 대한 이해에 장애가 된다. 그러므로 '개화기'의 문화적 배경, 개화기 의상의 특징 등을 추가 설명해야 중국인 독자들이 개화기의 구체적인 시간 및 그 시기 한국 사회의 의상 개혁에 대해 이해할 수 있고 원문 텍스트가 전달하고자 하는 정보를 온전하게 이해할 수 있다. 번역문에서는 주석을 추가하는 방식으로 문화 특정어의 정보를 보완함으로써 원문의 정보를 번역문에서 온전하게 재현하였다.

3.2.2 고유 명사의 추가 설명

    고유 명사란 특정한 사물이나 사람을 다른 것들과 구별하여 부르기 위하여 고유 기호를 붙인 이름이다[1]. 출발어의 고유 명사는 일반적으로 특정한 사물이나 사람을 지칭하기 때문

---

1 표준국어대사전 https://stdict.korean.go.kr/search/searchView.do?word_no=395910&search
KeywordTo=3

에 대응하는 사물이나 사람은 도착어 사회에 대부분 존재하지 않는다. 원문에 나오는 고유 명사는 한국에서 생산한 제품의 명칭들이 대부분이었다. 이러한 제품 명칭은 중국어에 대응하는 어휘가 없기 때문에 번역 시 다양한 번역 기법을 활용하여 해당 고유 명사의 의미를 온전하게 표출해야만 원문 텍스트의 정보를 도착어 독자들이 정확하게 이해 및 포착할 수 있다. 아래 구체적인 번역 사례 분석을 통하여 고유 명사 번역의 어려움과 구체적인 해결 방안에 대해 논의하고자 한다.

예시8:
【원문】
　평일 낮 시간에도 옛 가요를 즐기려는 시청자들이 몰려드는 탓에 '탑골가요', '온라인 탑골공원' 등으로 불리기도 한다. 당시 유행했던 가요를 보고 듣는 것을 넘어 시청자들이 실시간으로 서로 대화를 나눌 수 있는 채팅창이 있어 실제로 온라인 세상의 열린 공원 역할을 톡톡히 하고 있다.
【번역문】
　这个频道之所以被称为"塔谷歌曲"或"线上塔谷公园"，是因为即使在工作日的白天，也有很多观众打开它去欣赏以前的歌曲。除了可以欣赏过去的流行歌曲，频道内还有一个在线聊天窗口，所以它就像老年人们的聚集地——首尔市钟路区的塔谷公园一样，实际上充分承担了网络世界中开放型公园的作用。

　원문의 '탑골가요'와 '온라인 탑골공원'은 'SBS 케이팝 클래식'이라는 유튜브 채널을 가리키는 명사이다. SBS의 대표 음악 프로그램 <SBS 인기가요>의 공식 채널로 90년대 후반부터 2000년대 초반의 추억의 인기 가요 무대들을 고화질로 다시 보여 주는 것이다. 필자는 자료 검색을 통해 '탑골공원'이 서울 종로구에 있는 한국 최초의 도심 공원이고 노년층이 많이 모이는 장소임을 확인하였다. 고유 명사 탑골공원에 대응하는 한자어는 '塔谷公园'이다. 그러나 중국인 독자들은 탑골공원을 모르기 때문에 이 유튜브 채널이 '塔谷公园'이라고 불리게 된 원인에 대해 이해하지 못한다. 시청자들이 이 채널에 모여서 채팅하면서 옛날의 가요를 즐기는 모습이 노년층이 탑골공원에서 다니는 모습과 비슷하고, 이 채널에서 즐겁게 시간을 보내는 모습이 노년층이 옛날의 가요를 즐기는 모습과 흡사하다는 의미를 중국인 독자에게 전달해야만 중국인 독자들이 원문의 정보를 충분히 이해할 수 있다. 그러므로 번역문에서는 탑골공원을 '所以它就像老年人们的聚集地——首尔市钟路区的塔谷公园一样'으로 번역하여 '노년층이 모이는 장소'의 의미를 강조하였다. 이러한 번역을 통해 중국인 독자들에게 탑골공원에 내포된 문화 정보를 온전하게 전달하고, 이유뷰트 채널이 온라인 공간에서 공원의 역할을 하고 있는 구체적인 이유에 대해서도 설명하였다.

예시9:

【원문】

　　마켓컬리가 '샛별배송'으로 포문을 연 새벽 배송의 판은 더욱 커져 가는 중이다.헬로네이처, 쿠팡 등 온라인 기반 커머스 업체뿐만 아니라 대형 마트, 백화점, 홈쇼핑 등 전통적인 유통 업체들도 적극적으로 새벽 배송 경쟁에 뛰어들고 있다.

【번역문】

　　Market Kurly 通过"晨星配送"扩展了连夜配送市场的布局，而且规模还在不断扩大。不光Hellonature，Coupang 等在线电子商务企业，甚至连大型超市、百货商场、居家购物商城等传统零售商也积极地投身到了连夜配送的竞争中，确保顾客前一天晚上12点之前下单，可以在第二天早上7点之前收到商品。

　　원문의 '새벽 배송'은 배송 서비스 분야의 고유 명사로 '전날 저녁 12시 이전에 주문하면 다음 날 아침 7시 이전에 상품을 받을 수 있다'는 배송 방식을 말한다. '새벽'에 대응하는 중국어 어휘 '黎明', '凌晨'으로 번역하게 되면 '黎明配送', '凌晨配送'이 되는데 이러한 표현은 중국어에서 쓰이지 않는 표현이므로 중국인 독자들이 '새벽 배송'의 의미를 쉽게 이해할 수 없다. 중국어에서는 밤새 쉬지 않고 배송하는 것을 '连夜配送'이라고 표현한다. 그러나 '连夜配送'의 의미만으로 한국어의 '새벽에 상품을 받을 수 있다'는 '새벽 배송'의 의미를 온전하게 이해할 수 없다. 그러므로 원문 텍스트에서는 비록 구체적으로 언급하지 않았으나 '새벽 배송'의 의미를 온전하게 전달하기 위해 '确保顾客前一天晚上12点之前下单，可以在第二天早上7点之前收到商品'이라는 설명을 추가하였다. 이러한 방법으로 중국인 독자들이 원문의 고유 명사가 내포한 정보를 온전하게 이해하도록 하였다.

3.3 정보 중심 텍스트의 논리성

　　정보 중심 텍스트 언어 차원의 큰 특징은 논리성이라고 할 수 있다[1]. 정보 중심 텍스트는 강한 논리성으로 정보를 논리 있게 전달한다. 일반적으로 한국어의 논리 관계는 문법을 통해 명시되는 반면 중국어의 논리 관계는 접속 부사가 쓰여 명시되는 경우가 있다. 그러나 앞뒤 문장의 의미만으로 논리성을 나타내는 것이 대부분이다. 그러므로 한국어를 중국어로 번역할 때 논리 관계를 나타내는 명시적인 표현이 부재하는 경우가 많다. 그러나 정보 중심 텍스트의 정보를 명확하고 효율적으로 전달하기 위해서는 논리적 관계를 반드시 명확하게 표현해야 한다. 필자는 원문을 번역하는 과정에 논리적 관계를 번역문에서도 그대로 표현하

1　赖斯，罗德斯. 翻译批评：潜力与制约[M]. 上海：上海外语教育出版社，2004:26.

도록 노력하였다. 그리고 원문의 논리 관계를 명확하게 번역하기 위해 앞뒤 문맥에 따라 지칭이나 접속사 등을 추가함으로써 번역문의 논리성을 확보하였다. 아래 지칭의 복원과 접속사의 추가 두 부분으로 나누어 사례 분석을 진행하고자 한다.

3.3.1 지칭과 주어의 복원

지칭이란 어떤 대상을 가리켜 이르는 일 또는 그런 이름[1]을 말한다. 지칭은 크게 대명사와 지표사로 나눈다. 대명사는 지칭적 표현의 대표적인 사례로 분명하게 이 세계에 존재하는 대상들을 지칭한다. 지표사는 대명사와 달리 맥락에 따라 지칭하는 대상이 달라진다. 원문에 나오는 지칭의 경우는 주로 대명사로 실현되지만 일부는 지표사로 실현된 경우도 있다. 정보 중심 텍스트의 논리성을 살리기 위해 지칭 대명사를 번역할 때 특별히 주의해야 한다. 우선 앞뒤 문맥을 통해 대명사가 지칭하는 대상이 무엇인지 정확하게 이해한 후 구체적인 대상을 복원해야 한다. 한국어에서 한 문단의 주체가 여러 문장들의 주어와 일치할 경우, 문장의 주어를 생략하는 경우가 많지만 중국어는 그렇지 않다. 그러므로 번역할 때 중국어의 표현 습관에 맞게 생략된 주어를 복원함으로써 문장의 논리성을 살려야 한다. 아래 구체적인 번역 사례 분석을 통하여 지칭과 주어 번역의 어려움과 해결 방법에 대해 논의하고자 한다.

예시10:
【원문】
　하나투어가 2019년 6월 론칭한 '플로리스트 투어'는 <u>세계적인 플로리스트에게 수업을 듣고, 전체 과정을 수강한 후에는 유럽의 유명 플라워 레슨 기관의 정식 수료증을 받는</u> 이색 패키지 상품이다.
【번역문】
　Hanatour 旅行社在2019年6月推出了特色套餐项目"花艺旅行", <u>参加该项目的游客可以在世界各地聆听著名花艺师讲课，听完所有课程后，就可以获得欧洲著名花艺课程机构颁发的正式结业证书</u>。

　원문의 밑줄 친 부분은 '이색 패키지 상품'을 꾸며 주는 주어가 명시되어 있지 않은 관형절이다. 이와 같이 한국어에서는 주어 생략이 보편적인 현상이긴 하지만 중국어에서는 주어를 보통 생략하지 않는다. 만일 원문 관형절의 주어를 복원하지 않고 그대로 번역하게 되면 중국인 독자들은 '누가 수업을 듣고 수료증을 받는지'를 이해하기 힘들게 되며 정보 전

---

[1] 표준국어대사전 https://stdict.korean.go.kr/search/searchView.do?word_no=308459&searchKeywordTo=3

달의 효율성도 떨어지게 된다. 그러므로 번역할 때 앞뒤 문맥을 통해 주어가 무엇인지를 판단한 다음 중국인 독자들의 언어 습관에 맞게 주어를 복원해야 한다. 원문 관형절의 주어는 '플로리스트 투어'에 참가하는 관광객을 가리킨다. 그러므로 관형절 부분에 '参加该项目的游客'이라는 주어를 복원하여 '参加该项目的游客可以……正式结业证书'로 번역하였다. 이와 같이 생략된 주어 내용을 복원함으로써 관형절의 논리 관계와 문장 맥락을 중국인 독자에게 정확하고 분명하게 전달하였다.

예시11:
【원문】
　　2019년 에버랜드는 '나는 지금 에버랜드에 있습니다'라는 슬로건을 중심으로 홍보를 진행하면서 친구·연인·가족·노부부를 각각 모델로 선정해 에버랜드를 즐기는 모습을 타깃별로 다양하게 연출한 바 있다. 젊은 사람들이 컨셉에 특히 열광한다고 해서 이들만을 타깃으로 컨셉팅을 진행하는 것이 아니라, <u>다양한 연령층이 각자 자신의 상황에 해당 컨셉을 적용할 수 있도록 지원한 것이다.</u>

【번역문】
　　2019年，爱宝乐园的宣传重点在于"现在，我在爱宝乐园"这句标语，请来朋友、恋人、家人、老夫妻等作为模特，从各种角度呈现出了不同的目标群体在爱宝乐园开心玩耍的样子。并不因为年轻人狂热地追求"概念"，就只针对年轻人进行概念营销，<u>爱宝乐园根据不同年龄层的不同状况，采用适合他们的概念</u>。

　　원문 밑줄 친 문장의 주어는 앞 문장의 주어와 일치하므로 주어가 생략되었다. 그러나 중국어로 번역할 때에는 중국어의 언어 표현 습관에 맞게 주어를 복원하여 '爱宝乐园根据不同年龄层的不同状况，采用适合他们的概念'으로 번역하였다. 주어 복원을 통해 문장의 의미를 더욱 명확하게 전달하고 문장 전체의 논리성도 확보하였다.

3.3.2 접속사의 추가

　　접속사는 앞에 오는 단어·구·문장을 뒤에 오는 단어·구·문장과 접속시켜 주는 부사이다[1]. 접속사는 문장과 문장을 논리성에 따라 연결해 주는 중요한 역할을 한다. 그러므로 정보 중심 텍스트의 논리성을 명확하게 전달하기 위해 원문에 접속사가 없더라도 번역문에 접속사를 추가하여 문장 사이의 논리적 관계를 명확하게 표현해야 할 필요가 있다. 그러려면 앞뒤 문맥의 논리적 관계를 정확하게 판단한 후 알맞은 접속사를 추가하여 번역하는 것

1　표준국어대사전　https://stdict.korean.go.kr/search/searchView.do?word_no=288978&searchKeyword To=3

이 바람직하다. 아래에 구체적인 번역 사례 분석을 통하여 번역에서 어떻게 접속사를 추가하였는지를 논의하고자 한다.

예시12:

【원문】

　　패션 업계에서 복고 열풍으로 재도약한 휠라는 1977년 출시했던 '디스럽터'시리즈의 후속 버전을 새롭게 출시하면서 매출이 급상승했다. <u>최근에는 미국 진출을 선언한 상태다.</u>

【번역문】

　　在时尚行业，斐乐凭借复古的风潮实现了再度飞跃，将1997年推出的"Disruptor"系列升级版本全新上架，销售量大增，<u>并</u>于近期宣布进军了美国市场。

　　원문의 두 문장은 아무런 접속 부사의 연결이 없이 쓰였다. 하지만 원문의 내용을 살펴보면 '휠라가 후속 버전 출시를 통해 매출이 급상승하고 심지어 미국에까지 진출하는 좋은 결과를 얻었다'는 의미를 나타낸다. 즉 앞뒤 문장이 의미적으로 점층 관계임을 알 수 있다. 만일 원문대로 접속사가 없이 두 개의 문장을 연결한다면 중국인 독자들이 '휠라가 복고 열풍 덕분에 매출 상승을 이루고 미국 진출까지 하였다'는 점층적 논리 관계를 인식하기 어렵게 된다. 그러므로 앞뒤 문장의 논리성을 명확하게 표현하기 위해 두 문장 사이에 접속사를 추가해야 한다. 필자는 점층 관계를 나타내는 중국어 접속사 '并'을 추가하여 논리적 관계를 명확하게 표출하였다. 이러한 번역문을 통해 중국인 독자들은 앞뒤 문장의 점층적 관계를 쉽게 이해할 수 있게 된다.

예시13:

【원문】

　　대부분의 괴식 및 이색 식품은 자극적이고 극단적인 맛이 난다. <u>머리가 띵할 정도로 달거나 속이 쓰릴 정도로 맵다.</u> 특히 10~20대는 이러한 자극적인 맛에 도전하고 자신의 경험을 인증하면서 즐거움을 느낀다.

【번역문】

　　大部分的怪食和特色食品味道都是刺激和极端的，<u>甚</u>至到了甜得脑袋疼，或者辣得肚子灼痛的地步。特别是一二十岁的消费者，他们将挑战这些刺激性味道看作是自己的体验，并且很享受这种体验。

　　원문의 첫 번째 문장은 괴식과 이색 식품의 맛이 자극적이고 극단적이라는 것을 제시하는 내용이고, 두 번째 문장은 이런 식품들의 맛이 어느 정도로 자극적이고 극단적인지를 구체적으로 설명하였다. 비록 원문에서는 두 문장 사이에 아무런 접속사가 쓰이지 않았지만 앞뒤 문장의 내용으로 봤을 때 뒤 문장은 앞 문장에서 제시한 '식품의 맛'이 어느 정도까지 도달하는지를 설명함으로써 정도가 아주 심함을 강조한다. 중국어로 번역할 때 '甚至'라는 접속사를 추가하게 되면 뒤 문장의 극단적인 정도를 더욱 부각시켜 나타낼 수 있고 중국어의 언어 표현 습관에 맞게 원문의 두 문장을 한 문장으로 표현할 수 있다. 이와 같이 접속사의 추가를 통해 문장 사이의 논리성을 명확하게 보여 주었고 '자극적이고 극단적인 맛'이 어느 정도인지를 중국인 독자들에게 명확하게 전달하였다.

3.4 정보 중심 텍스트의 유창성

정보 중심 텍스트 번역의 또 한 가지 기준은 가독성을 확보하는 것이다. 도착어 독자들이 유창한 번역문을 통해 원문의 정보를 전달받을 수 있도록 가독성을 확보해야 한다. 중국어와 한국어는 어순, 문장 구조, 표현 방식 등 여러 면에서 차이를 보인다. 그러므로 한국어 원문의 어순과 문장 구조에 따라 그대로 번역하면 번역문이 중국인 독자들의 언어 습관에 부합하지 않기 때문에 어색하고 이상하게 번역되어 가독성이 떨어지게 된다. 아래에 어순 조정과 문장 성분 전환 두 가지 측면에서 유창성을 살리는 번역 방법을 검토하고자 한다.

3.4.1 어순 조정

어순 조정이란 출발어의 어순대로 번역하지 않고 도착어의 언어 표현 습관에 맞게 어순을 조정하는 것을 말한다. 유창하고 가독성이 높은 번역문은 중국인 독자들이 원문의 어려운 내용을 더욱 쉽게 이해하는 데 큰 도움이 된다. 그러므로 중국어로 번역할 때 중국어 문장 표현 습관에 부합하도록 어순을 조정해야 한다. 아래에 구체적인 번역 사례 분석을 통하여 원문의 어순을 중국어 어순에 맞게 어떻게 조정하였는지를 논의하고자 한다.

예시14:

【원문】

요즘 소비자들은 한 물건을 오래 소유하기<u>보다</u>는 다양한 경험을 순간순간 느껴 보고 싶어한다.

【번역문】

最近，消费者<u>更愿意</u>在每个时刻都去感受多样的体验，<u>而不是</u>长久地拥有一种物品。

한국어에서는 조사 '보다'로 두 대상을 비교할 때 비교의 대상이 앞에 온다. 그러나 중국어에서는 비교를 나타낼 때 비교의 대상이 뒤에 오는 것이 일반적이다. 만일 원문의 어순에 따른다면 '比起长久拥有某一种物品，消费者更愿意……'로 번역할 수 있겠지만 이러한 표현은 중국어의 일반적인 언어 표현 습관에 부합하지 않으므로 중국인 독자들이 번역문을 읽을 때 중심 내용에 대한 포착이 어려워진다. 그러므로 비교의 대상을 도착어 독자에게 익숙한 순서대로 조정해서 '消费者更愿意在每个时刻都去感受多样的体验，而不是长久地拥有一种物品'으로 번역함으로써 번역문의 유창성을 확보함과 동시에 원문의 중심 내용을 더욱 명확하게 전달하였다.

예시15:
【원문】
　　넷플릭스 최고 시청률 기록을 세우기도 한 <기묘한 이야기>시리즈를 온·오프라인에서 동시에 즐길 수 있도록 넷플릭스가 새롭게 시도한 마케팅 전략이다.
【번역문】
　　这是奈飞最近的营销战略，旨在让观众可以通过线上线下渠道，同时体验在奈飞创下了最高收视纪录的"怪奇物语"系列的场景。

'-도록'은 앞의 내용이 뒤에서 가리키는 사태의 목적이나 결과, 방식, 정도따위가 됨을 나타내는 연결 어미이다. 앞뒤 문맥을 살펴보면 '-도록' 앞의 긴 문장은 '-도록' 뒤의 '넷플릭스가 새롭게 시도한 마케팅 전략이다'라는 내용의 목적을 나타낸다. 원문의 어순에 따라 '为了……，是奈飞的营销战略'으로 번역하면 의미는 어느 정도 전달이 되지만 중국어 언어 습관에 맞지 않으므로 번역문이 어색해지고 중국인 독자들이 중심 내용을 포착하는 데에도 장애가 된다. 그러므로 중국어 언어 표현 습관에 맞게 '-도록'을 '旨在'로 번역하고 원문에서 앞에 있던 목적을 나타내는 선행절 '넷플릭스 최고 시청률……즐길 수 있도록'을 뒷부분으로 이동하여 후행절로 처리하였다. 이렇게 번역하면 중국어의 표현 습관에 부합하기 때문에 가독성을 확보할 수 있을 뿐만 아니라 중국인 독자들이 문장의 중심 내용을 쉽고 유창하게 포착하는 데에도 도움이 된다.

3.4.2 문장 성분 전환
　　문장 성분의 전환은 원문의 일부 문장 성분을 번역문에서 다른 성분으로 전환하는 번역 기법이다. 중국어는 고립어이고 한국어는 교착어이므로 중국어와 한국어는 문장 구조에 있어 각자의 특징을 가진다. 원문에는 긴 문장이 많이 나온다. 만일 한국어의 긴 문장을 그대로 번역하게 되면 번역문의 유창성이 떨어지므로 정보 중심 텍스트의 유창성 기준에 부합하지 않는다. 그러므로 중국어로 번역할 때 중국인 독자들이 쉽게 이해할 수 있도록 문장 성분을 전환하는 것이 필요하다. 아래 구체적인 번역 사례 분석을 통하여 번역문에서 주어 및 관형어의 성분 전환을 어떻게 하였는지를 논의하고자 한다.

예시16:

【원문】

　　최근에 등장한 소비자들의 '까계정(까는 계정)'은 인스타그램 장터의 취약한 소비자 보호가 만들어낸 문화다.

【번역문】

　　最近消费者们的"黑名单账号"出现在网上，这是在 Instagram 市场薄弱的消费者保护工作现状下，所诞生的一种文化。

원문의 '최근에 등장한 소비자들의 까계정(까는 계정)'은 문장의 주어 성분이다. 만일 중국어에서도 이것을 주어로 번역하게 되면 번역문이 너무 길어 의미 파악이 어려워지고, 일반적으로 긴 문장이 주어로 쓰이지 않는 중국어 표현 방식에도 부합하지 않는다. 그러므로 번역문에서는 원문의 주어를 "最近消费者们的'黑名单账号'出现在网上"으로 번역하여 선행절로 처리하고 뒷부분 '인스타그램 장터의 취약한 소비자 보호가 만들어 낸 문화다'라는 내용을 후행절로 처리하였다. 그리고 지시 대명사 '这'를 후행절의 주어로 사용하여 선행절을 지칭하도록 하였다. 이와 같이 원문의 문장 성분을 번역문에서 선행절로 전환시킴으로써 중국어 표현 습관에 부합하는 유창한 번역문으로 번역하였다.

예시17:

【원문】

　　이처럼 새롭고 이색적인 아이템에 열광하는 Z세대를 잡기 위한 노력들이 앞으로도 이어질 전망이다.

【번역문】

　　今后，抓住"Z世代"消费者的行动预计将会继续，他们热衷于追求新的特色内容。

예문의 'Z세대'는 '새롭고 이색적인 아이템에 열광하는'라는 긴 관형어의 수식을 받는다. 한국어에서는 긴 관형어가 아주 자연스러운 표현이지만 중국어에서는 긴 관형어가 수식어로 쓰이는 경우가 많지 않다. 만일 한국어의 문장 성분에 따라 "热衷于追求新的特色内容的Z世代"로 번역하면 중국어 표현 습관에 어긋나는 이상하고 어색한 문장이 된다. 번역문의 유창성을 확보하기 위해 필자는 긴 관형어를 서술어로 전환하여 "他们热衷于追求新的特色内容"이라는 후행절로 처리하였다. 문장 성분 전환과 어순 전환을 통해 중국어 표현 습관에 맞게 번역하여 유창성을 확보하는 동시에 중국인 독자들이 전달하고자 하는 의미를 정확하고 쉽게 이해할 수 있도록 하였다.

4. 결론

본 번역 실천은 한국의 소비 트렌드를 분석한 우수 도서 『트렌드 코리아 2020』을 번역 대상으로 하였다. 번역 과정에서 필자는 라이스 기능주의의 텍스트 유형 이론을 바탕으로 하여 정보 중심 텍스트 번역의 4가지 번역 기준에 따라 번역 실천을 진행하였다. 아래에 정확성, 온전성, 논리성과 유창성 4가지 번역 기준에 따라 번역 과정의 어려움을 어떻게 해결하였는지를 정리하고자 한다.

정확성 기준에 따라 원문 텍스트에 나오는 새로운 외래어와 혼종어의 번역을 중점적으로 검토하였다. 특히 새로운 사회 현상을 나타내는 어휘들은 중국인 독자에게 낯설 수밖에 없다. 번역문에서 원문 어휘의 의미를 정확하게 반영하기 위해 필자는 관련 자료를 많이 찾아 보고 중국어에 가장 부합하는 표현으로 번역함으로써 어휘의 축자적 의미와 내포된 의미를 정확하게 재현하도록 노력하였다. 온전성 기준에 따라 문화 특정어와 고유 명사의 번역을 검토하였다. 중국인 독자에게 이런 어휘들에 내포되어 있는 사회 문화 정보를 온전하게 전달하기 위해 다양한 번역 기법을 사용하였다. 문화 특정어는 내포하고 있는 정보가 구체적이고 많기 때문에 주석을 따로 추가하여 설명하는 번역 기법을 활용하였다. 고유 명사는 특정된 사물을 가리키므로 내포되어 있는 정보가 비교적 간단하고 앞뒤 문맥과 내용상으로 연관성이 강하기 때문에 각주로 제시하지 않고 어휘나 문장 내에서 직접 해석하는 중역의 번역 기법을 활용하였다.

논리성 기준에 따라 지칭과 생략된 주어의 번역과 접속사의 추가 번역을 검토하였다. 원문의 지칭이 가리키는 대상을 번역문에서 보다 명확하게 나타내고 중국어의 표현 습관에 맞게 번역하기 위해 지칭의 대상을 복원함으로써 문장 성분 사이, 문장 사이의 논리 관계를 명확하게 하였다. 한국어는 문장에서 주어가 생략되는 경우가 많지만 중국어에서는 일반적으로 주어가 생략되지 않는다. 그러므로 중국인 독자들이 더욱 쉽게 이해할 수 있도록 중국어 언어 표현 습관에 따라 주어를 추가하여 번역하였다. 원문에서 접속사가 없이 실현된 문장을 번역할 때 앞뒤 문장의 논리적 관계를 명백하게 표현하기 위해 접속사를 추가하여 번역하였다. 이와 같은 과정을 통해 번역문의 논리성을 확보하였다.

유창성 기준에 따라 한국어와 중국어의 어순과 문장 성분의 차이점에 주목하여 번역 과정을 검토하였다. 한국어의 비교를 나타내는 조사 '보다', 목적과 사동을 나타내는 연결 어미 '-도록' 등으로 실현된 한국어 문장에 대응하는 중국어 문장은 한국어의 문장과 어순이 다른 경우가 많다. 이처럼 언어의 표현 차이로 인해 어순을 달리하는 경우에는 중국어의 표현 습관에 따라 어순을 조정하여 번역하였다. 그리고 중국어와 달리 한국어는 관형어나 부사어가 하나의 긴 절로 실현되는 경우가 많다. 이런 문장을 번역할 때에는 중국어 문장 구조에 따라 원문의 문장 성분을 전환하여 번역하였다. 이처럼 원문의 어순과 구조를 조정함으로써 중국인 독자가 이해하기 쉽고 유창한 번역문을 완성하였다.

이상의 4가지 기준에 따라 필자는 본 번역 실천 보고서를 완성하였다. 위에 제시한 바와 같이 라이스 기능주의 이론의 텍스트 유형 분류는 정보 중심 텍스트의 번역 기준 확정과 번역의 질 향상 등 측면에서 번역자에게 실질적인 지침을 제공해 주었다. 향후 번역 실천 과정에서 라이스 텍스트 유형론의 이론 프레임워크를 기반으로 하여 관련 텍스트에 대해 진일보 연구해 보고자 한다.

본 번역 실천 보고서에서 선택한 원문이 다양한 정보 중심 텍스트 중의 하나에 불과하므로 번역 실천을 통해 얻은 결론이 다소 보편적이지 않을 수 있고 텍스트를 기반으로 한 번역 기준도 모든 정보 중심 텍스트에 적합하는 기준이라고 단언할 수 없다는 미흡한 점이 있을 수 있다. 이번 번역 실천 과정을 통해 필자는 한국 경제 사회 및 소비 트렌드에 대해 깊이 인식하고 관련 분야의 지식도 많이 쌓았다. 또한 번역 실천을 진행하고 실천 보고서를 작성하는 과정을 통해 자신의 번역 실력을 향상시켰을 뿐만 아니라 번역 이론에 대한 이해도 높였다. 본 보고서가 향후 같은 장르의 텍스트 번역 실천에 다소 도움이 될 수 있기 바라며 본 보고서를 마친다.

참고문헌

1.중국어 자료

단행본

[1] 巴兹尔·哈蒂姆, 伊恩·梅森. 语篇与译者 [M]. 上海：上海外语教育出版社, 2001.

[2] 赖斯, 罗德斯. 翻译批评：潜力与制约 [M]. 上海：上海外语教育出版社, 2004.

정기 간행물

[1] 朱志瑜. 类型与策略：功能主义的翻译类型学 [J]. 中国翻译, 2004(03).

[2] 原传道. 英语 "信息型文本" 翻译策略 [J]. 中国科技翻译, 2005(03).

[3] 陈吉荣. 评《翻译批评：潜力与制约》[J]. 山东外语教学, 2007(04).

[4] 马雪骢. 简论信息型文本翻译的功能实现 [J]. 济南职业学院学报, 2008(04).

[5] 张美芳. 文本类型理论及其对翻译研究的启示 [J]. 中国翻译, 2009(05).

[6] 胡安娜. 基于功能主义角度的赖斯文本类型翻译理论 [J]. 北京城市学院学报, 2010(06).

2. 한국어 문헌

단행본

[1] 장 보드리야르, 이상율, 『소비의 사회』, 문예출판사, 1992.

[2] 정호정, 『통역·번역의 이해』, 한국문학사, 2008.

[3] 설혜심, 『소비의 역사』, 휴머니스트, 2017.

[4] 김난도 외, 『트렌드 코리아 2020』, 미래의 창, 2019.

정기 간행물

[1] 이상빈, 「텍스트 유형론에 기반을 둔 학부번역수업의 운영 사례연구: K. Reiss 의 유형론을 중심으로」, 『번역학연구』 제 11 권 제 3 호, 2010:167-196.

[2] 김도훈, 「번역에 있어서의 문화 고유어의 중요성 및 번역전략―<카인의 후예> 번역을 중심으로」, 『영어영문학21』 제 25 권, 2012:113-131.

[3] 채규현, 「<독립신문>논설의 텍스트 유형론적 연구」, 『텍스트언어학』 제 43 권, 2017: 273-300.

산문집 『생각의 각도』 한중 번역 실천 보고서

李真[1]

1. 서론
1.1 번역 작품 선정 이유

정보화 시대로 들어서면서 중한 양국의 국민 간 문화 교류도 계속하여 확대되고 있다. 인터넷의 발달로 양국 국민은 소통이 더욱 편리해지면서 서로의 사회, 역사, 문화 등에 대해서도 더 많이 알아가고 있다. 그리고 인터넷이나 SNS를 통해 서로 공감하는 화제도 쉽게 알아갈 수 있는데, 그중 하나가 바로 요즘 젊은이들의 생활고다. 사회의 경쟁이 치열해짐에 따라 현시대의 젊은이들은 점점 더 많은 스트레스를 받게 되는데 입시 스트레스, 직장 스트레스, 결혼 스트레스 등이 한국 사회에서 화제가 되고 있다. 스트레스로 인하여 많은 젊은이들은 심리적 문제가 생겼다. 요즘 중국이나 한국의 자의식이 강한 젊은 층이 점점 상실감과 공허함, 우울함, 외로움 등 심리적 고통을 견디고 있다. 건강의 절반은 심리 건강이고 질병의 절반은 심리 질환이라는 말이 있다. 심리적 문제는 이미 당대 사회의 관심을 갖는 문제 중의 하나로 되었다.

한국 심리학자 이민규(李珉圭)가 최근 펴낸 심리학 산문집 『생각의 각도』에는 작가가 심리상담센터에서 상담해 주면서 직접 경험한 많은 사례와 중서양의 철리적인 이야기, 다양한 직업에 대한 심리적 고민을 쉽게 풀어 줄 수 있는 이야기가 담겨 있다. 작가는 오늘과 내일이 어떻게 어제보다 더 나은 삶을 살 수 있는지를 다양한 이야기로 서술하였다. 이 책은 현대 자의식이 강한 젊은이들이 심리적으로 삶의 부담을 감소할 수 있도록 하고, 자신의 마음까지 빠른 삶에 빼앗기지 않도록 하려는 목적에서 쓰였다. 독자들이 이 산문집을 읽을 때 자신의 마음에 닿은 충고와 조언을 통하여 공허함을 줄일 수 있으며 정신적 건강을 지킬 수도 있다. 젊은이들의 생활 스트레스는 한국 사회의 현상일 뿐만 아니라 오늘날 중국 젊은이들의 스트레스이기도 하다. 이 책을 통하여 중국어 독자들이 한국 사람들이 겪고 있는 스트레스에 대해 좀 더 잘 이해하고 공감할 수 있을 뿐만 아니라, 자신의 마음도 위로를 받을 수 있을 것이다. 그리고 중국어 독자들이 이 산문집을 통하여 작은 주제 하나하나에서 다양한

---
[1] 山东大学外国语学院朝鲜语系研究生

사고방식을 배울 수 있어 바쁜 일상 속에서도 마음의 여유를 얻는 삶의 지혜를 터득할 수 있을 것으로 기대된다. 원문 텍스트의 번역문이 중국어 독자들에게 한국인의 생활 속 심리적 문제를 알리고 삶의 지혜를 얻게 할 수 있을 뿐만 아니라 양국 국민의 상호 이해와 지지를 더욱 촉진할 수 있을 것이라고 생각한다.

1.2 작품 소개

『생각의 각도』의 작가는 한국 심리학자 이민규 교수이다. 1953년생으로 서울대학교 임상심리학을 졸업하고 아주대학교 심리학과 교수, 서울대학교 학생생활연구소 심리상담사를 맡고 있다. 심리류 문학 작품 20여 권을 펴냈고, 성공적이고 행복한 삶을 위해서는 1%만 바꾸면 된다는 삶의 철학을 널리 퍼트려 독자들에게 '1% 행동심리학자'로 알려져 있다. 그리고 일반인과 직장인을 대상으로 심리학을 통해 자기 변화를 고민하는 사람들을 위한 강의와 집필활동에 열중하고 있다.

1996년에 작성한 『생각을 바꾸면 세상이 달라진다』로부터 현재까지 총 35권 심리학 관련 도서를 펴냈다. 그중에 2003년에 출간한 『1%만 바꿔도 인생이 달라진다』는 심리학을 기반으로 한 자기계발서 열풍에 불을 붙였다. 그리고 2005년에 출판된 『끌리는 사람은 1%가 다르다』는 100만 부 넘게 판매되면서 최고의 베스트셀러가 되었다. 2011년에 출간된 『실행이 답이다』는 중국과 일본에도 수출되어 독자들의 호평을 받고 있으며, 10년이 지난 지금도 실행력 분야의 최고 스테디셀러로 자리잡고 있다.

이민규 작가 최근 작품인 『생각의 각도』는 심리학 산문집으로 '끌리는 책' 출판사에서 2021년 3월 2일에 출간됐으며, 총 80편의 단편 산문으로 구성되어 있으며 책 전체는 통틀어 자수는 7만 자쯤에 달한다. 『생각의 각도』는 크게 세 부분으로 구성되며, 1부 주제는 '자신을 사랑하기'이며 총 26편의 단편 산문으로 구성되었고 자신을 사랑하는 방법을 주제로 서술을 펼치고 있다. 2부 주제는 '더불어 살아가기'이며 27편의 단편 산문을 포함하고 있다. 2부는 주로 더불어 살아가는 사람들이 어떻게 생활하는지를 둘러싸고 서술하였다. 3부 주제는 '인생을 향유하기'이며 삶의 진리를 알려 주는 27편 산문이 포함되어 있다. 이번 번역 작업은 1부와 2부를 번역하였고 총 53편의 산문을 번역하였다. 번역 대상인 2부까지의 원문은 4만 6천 자이고 중국어 번역문은 약 3만 5천 자이다.

많은 사람이 이미 알고 있는 동서고금의 우화와 실화를 담아낸 『생각의 각도』 산문집에는 작가의 자문 경험과 심리학 이론, 심리 실험 등이 녹아 있다. 원문 텍스트에는 심리상담자의 실제 사례를 텍스트에 녹여 독자들의 공감을 이끌어 내는 사례로 생각의 각도만 바꾸면 삶도 행복해질 수 있다는 것을 독자들에게 전달하고 있다.

2. 번역 소개

2.1 번역 텍스트 특징 및 번역 난점 분석

Katharina Reiss의 텍스트 번역 이론에 따르면 산문집『생각의 각도』는 효과 중심 텍스트에 속한다. 효과 중심 텍스트는 독자의 생각이나 태도를 적극적으로 변화시키는 것은 목적이다. 원문 텍스트가 한국어 독자들에게 미치는 적극적인 영향을 번역문을 통하여 제대로 중국어 독자들에게 전달해야 한다. 그러므로 원문 독자와 번역문 독자의 동일한 반응을 강조하는 Nida의 역동적 등가 이론은 이번 번역 실천에 적합한 이론이다. 역동적 등가를 실현할 수 있도록 원문을 번역할 때 원문 텍스트의 특징을 파악해야 하며 번역 난점을 정리하고 해결해야 한다. 소설과 시를 비롯한 운문으로 서술되는 문학 작품과 달리 산문은 율격과 같은 외형적 규범에 얽매이지 않은 자유로운 문장을 바탕으로 하는 것이다. 원문 텍스트의 언어 표현 측면으로 보면 아래와 같은 특징과 번역 난점이 있다.

원문 텍스트 53개의 소제목은 독자의 생각을 유도하려는 특징이 있으며 일부 소제목은 가정을 나타내는 선행절 뒤의 후행절이 생략되어 있고 서술어가 생략되는 의문문 문장도 있다. 그리고 문장이 길고 주제가 명시되지 않은 소제목도 있다. 이러한 소제목을 직역하게 되면 중국어 산문 제목의 표현 습관에 맞지 않고 독자들에게 소제목의 의미 파악이 어려워진다. 그러므로 번역문의 가독성을 확보하도록 번역 기법을 활용하여 간단명료한 중국어 산문 제목의 표현 습관에 맞게 번역해야 하므로 이번 번역 실천의 난점 중의 하나가 되었다.

원문 텍스트의 어휘 표현을 보면 이해하기 쉽고 평이한 어휘 표현과 권유적 어투로 독자들에게 삶의 지혜를 전달하고 있다. 원문 중에서 풍부한 표현을 추구하지 않고 난해한 어휘도 별로 나타나지 않았다. 그러나 심리학 산문에서 일상에서 흔히 쓰이는 익숙한 어휘 표현은 쉽게 이해될 수 있지만 삶의 지혜와 인생의 태도와 같은 깊은 의미를 담고 있다. 그러므로 원문에서 일부 한자어와 고유어는 깊고 새로운 뜻을 표현하고 있으며 그대로 원래의 사전적 의미로 번역되면 적당하지 않으며 원문 텍스트의 맥락에서 내포하고 있는 깊은 뜻으로 번역해야 한다. 원문 텍스트의 한자어와 고유어는 원문의 맥락에 따라 의미상 대응하는 중국어 단어로 번역해야 하므로 번역할 때 주의해야 한 난점 중에 하나다.

원문 텍스트의 문장 표현을 보면 독자와 대화하듯이 온화하고 차분한 어투로 서술되었다는 특징이 있다. 그러므로 원문의 문장을 번역할 때 중국어 독자들의 마음을 위로하고 소통하는 목적을 달성하도록 원문 부드럽고 차분한 어투를 전달해야 한다. 그리고 원문의 단락을 나눔에 있어도 짧은 문장이 한 단락으로 실현되는 경우도 있고 단락과 단락 사이에 의미 관계를 나타내는 접속 부사와 같은 문법 형태가 없는 경우도 많다. 그러나 언어의 차이로 인해 중국어 번역문에서 일부 문장 간의 의미 관계를 명시하지 않으면 원문의 의미를 충분히 전달할 수 없으며 문장이 매끄럽지 않다. 원문 텍스트의 이러한 특징을 고려하여 원문의 형식과 어투를 되도록 전달하는 동시에 문장 간의 의미 관계를 명시해야 하므로 번역 난점이 되었다. 또한, 원문 텍스트는 구어체에 까갑고 문법 구조에 국한되지 않으며 일부 문장이 성분이 생략된 경우가 있는데 중국어로 번역할 때 성분을 보충해야 중국어 표현 습관에 맞고 원문 의미를 충분히 전달할 수 있다. 그러므로 성분이 생략된 문장도 번역 난점이 되었다.

또한, 원문의 문장 표현을 보면 긴 관형어를 가지거나 구조가 복잡한 복문이 있다. 일부 복문의 구조와 어순을 그대로 번역하면 중국어 표현 습관에 맞지 않을 뿐더러 원문의 의미 파악이 어려워지며 문장이 매끄럽지 않고 어색하다. 그러므로 복문 번역 역시 번역 난점이고 다양한 번역 기법을 활용하여 번역해야 한다.

그러므로 이러한 난점을 해결해야 중국어 독자들이 번역문을 읽을 때 한국어 독자들과 일치한 느낌과 감동을 받을 수 있을 것이다. 본 번역 실천은 Nida의 역동적 등가 이론을 바탕으로 중국어 독자들이 원문 작가가 전달하고자 하는 바를 이해하고 자신의 삶을 깊이 생각할 수 있도록 하는 것을 번역 목표로 삼았다.

2.2 Nida의 역동적 등가 이론 소개

이번 번역 실천 과정에 Katharina Reiss의 텍스트 번역 이론과 Nida의 역동적 등가 이론을 바탕으로 번역문을 완성하였다.

레스는 독일 기능주의 번역 이론의 대표적 인물이며 그녀는 번역하기 전에 반드시 먼저 번역 자료를 텍스트 유형별로 분류한 후에 텍스트 유형에 따라 적합한 번역 전략을 선택해야 한다고 주장하였다. 레스는 텍스트를 정보 중심 텍스트, 표현 중심 텍스트, 효과 중심 텍스트로 분류하였다. 이에 따르면 산문은 효과 중심 텍스트이며 텍스트 독자의 생각이나 태도에 영향을 미치거나 더 적극적인 태도나 행동의 변화를 의도하는 텍스트 장르에 속한다.

그러므로 산문집을 번역하는 과정에 원문이 독자에게 어떤 영향을 전달하고자 하는지를 고려해야 한다. 그리고 번역문 독자들의 반응이 원문 독자들의 반응과 가능한 일치하도록 원문의 내용과 사상을 전달해야 한다. 그러므로 Nida의 역동적 등가 이론이 이번 번역 작업을 지도할 수 있는 적합한 이론이라 할 수 있다. Nida의 역동적 등가 이론은 텍스트 효과 등가를 강조하는 것이다. 즉 도착어의 독자와 번역문 간의 관계가 출발어의 독자와 원문 간의 관계와 같아지도록 해야 한다는 원칙에 근거하고 있다.[1] 텍스트 형태나 구조에 지나치게

---

1 杰里米·芒迪（英）. 翻译学导论——理论与实践[M]. 北京：商务印书馆，2007.

얽매이지 않고 번역자가 주체성을 발휘하여 능동적으로 번역을 진행해야 함을 의미한다.[1] 번역문은 원문의 정신과 양식을 전달하는 동시에 원문과 동일한 독자의 반응을 유도할 수 있어야 한다.

원문과 번역문의 역동적 등가를 실현할 수 있도록 원문을 번역할 때 원문 텍스트의 소통적 효과와 권유적 효과를 전달해야 한다. 원문 텍스트는 독자에게 더 좋은 삶을 살 수 있는 방법과 조언을 알려 주고 있다. 한국어 독자들이 원문을 읽으면서 마음의 상처를 치유할 수 있으며 마음이 더 평화로워질 수 있다. 그러므로 번역문도 마찬가지로 수신자들로 하여금 마음의 여유를 찾을 수 있게 중국어 독자들과 소통할 수 있도록 번역해야 한다. 또한, 번역문이 원문의 효과와 대등하도록 번역문이 딱딱하게 느껴지지 않도록 통속적이고 평이한 언어로 독자에게 깊게 생각해 보고자 하는 권유의 효과를 줄 수 있어야 한다.

2.3 번역 실천 과정

번역은 하루 아침에 할 수 있는 일이 아니며 끊임없는 수정과 보완을 거쳐야 하고 번역자의 장인 정신이 필요하다. 이번 번역 실천 과정은 번역 전, 번역 과정, 번역 후 세 단계로 나눌 수 있다.

먼저, 본격적인 번역을 시작하기 전에 원문에 대해 이해도를 높이기 위해 한국 사이트를 통해 작가와 관련된 정보를 찾아보고, 작가의 창작 스타일을 파악하였다. 그리고 본 번역 실천의 원문 『생각의 각도』의 창작 동기와 입각점을 알아보고 원문과 같은 유형의 한중 번역 산문집의 번역문을 찾아 번역문의 용어 선택을, 번역문 표현 특징 등을 참고하였다. 그리고 책 전체를 읽고, 산문의 내용과 주제를 정확하고 충분히 이해하고, 낯선 단어와 헷갈릴 수 있는 문장 등 번역하기 어려운 부분을 정리하였다. 또한 한국 산문과 관련된 번역 보고서를 다운로드하여 많이 읽고 번역 보고서 중의 번역 문제점 분석에서 참고할 만한 부분을 정리하였다. 번역할 때 주의해야 할 점을 정리하고 다른 보고서에서의 해결 방안을 참고하였다.

두 번째 단계는 본격적인 번역 과정이다. 주로 한국국립국어원의 표준국어대사전과 네이버 사전을 사용하여 원문 어휘의 의미를 정확하게 파악하였다. 그리고 일차 번역을 하는 과정에 원문에 나오는 전문적인 심리학 단어의 의미를 심리학 입문서인 『Social Psychology(David Myers)』과 인터넷 사전을 통해 이해하였다. 중국어 표현을 선택할 때 중국 산문 작가의 산문 작품을 참고하여 되도록 중국어 산문의 느낌을 살려 번역문의 가독성을 높이고 독자들이 자연스러운 중국어 표현을 통해 원문의 내용을 전달받도록 번역하였다.

---

[1] 이선, 「한국어 접속표현에 대한 중국어 등가 번역 연구」, 한국외국어대학교 박사학위논문, 2018.

1차 번역을 끝낸 후 번역문을 두 차례에 걸쳐 수정하였다. 1차 번역이 끝난 후에 어려운 단어와 문장을 정리하여 동창 친구들과 서로 토론하고 해결하지 못한 문제점을 지도 교수님께 여쭈어 보았다. 그리고 1차 번역문을 후배들한테 부탁하여 원문의 뜻과 어긋나는 문장을 찾아내도록 하였다. 이를 바탕으로 2차 번역을 하고 나서 2차 수정을 하였다. 2차 수정은 중국 산문 작품을 읽듯이 원문을 보지 않고 번역문만 읽으면서 부자연스러운 부분을 수정하였다.

3. 한중 번역 사례 분석

제2장에서 원문 텍스트의 특징을 분석하면서 번역 난점을 정리한 바 있다. 본 장에서는 Nida의 역동적 등가 이론을 바탕으로 번역 과정에서 부딪친 난점을 분류하여 구체적인 사례를 통해 이러한 난점을 어떻게 해결하였는지를 분석하고 효과적인 번역 방안을 제시하고자 한다. 3.1에서는 소제목에 대하여 분석하고 3.2에서는 어휘 번역을 한자어와 고유어로 나누어 분석하고자 한다. 다음으로 3.3에서는 문장 번역을 복문, 성분이 생략된 문장, 의미 관계가 명시되지 않은 문장 세 가지로 나누어 분석하고자 한다.

3.1 소제목 번역

이번 번역 실천은 1-2부의 총 53편의 단문 번역하였으므로 53개의 소제목을 번역해야 한다. 소제목은 일반적으로 산문 단편의 중심적 모티브를 표출할 수 있고 독자가 한눈에 이 단편의 내용을 어느 정도 알 수 있도록 해야 한다. 한국어에서 문장의 제목이 하나의 온전한 문장으로 실현되지 않고 서술어 등 성분이 생략되는 경우가 많은데 이는 한국어의 문법적 특징 상 일부 성분이 생략되어도 나타내고자 하는 뜻을 표현할 수 있기 때문이다. 원문의 일부 소제목도 문장 성분이 생략되는 경우가 있다. 그리고 일부 소제목은 표현이 아주 길고 우회적인 경우도 있다. 이뿐만 아니라 독자들이 자신을 돌이켜 살펴보게끔 하기 위해 사고를 유발할 수 있는 의문문으로 실현된 소제목도 많다. 필자는 이러한 원문의 소제목들을 Nida의 역동적 등가 이론을 바탕으로 원문 소제목의 뜻과 맛을 살리는 동시에 중국어 산문 제목 표현 습관에 맞게 번역하고자 하였다. 중국 산문은 소제목이 간단명료한 서술문과 명령문으로 실현되는 것이 일반적이다. 중국어와 한국어의 이러한 표현 차이로 인해 원문의 소제목 번역이 하나의 난점으로 다가왔다. 필자는 Nida의 역동적 등가 이론을 바탕으로 다양한 번역 방법과 번역 기법을 활용하여 중국어 독자들에게 이해하기 쉬운 번역문을 완성하기 위해 노력하였다.

필자는 중국어 산문집에서 소제목의 실현 양상을 살펴보기 위해 먼저 중국의 유명한 여성 심리학 작가 필숙민(毕淑敏)의 산문집을 참고하였다. 필숙민 작가는 심리학 박사과정을 마친 뒤 심리학자의 시선과 작가의 필치로 현대인의 번잡한 마음을 겨냥해 새로운 에세이집 『爱怕什么』를 작성하였다. 이 책의 산문 소제목은 '校门口的红跑车', '修补爱情', '哦，我相信你', '我爱我的性别', '做自己身体的朋友', '母爱的级别' 등이 있는데 대부분이 명사구 또는 짧고 완결된 서술문으로 구성되어 있다. 의문문으로 된 소제목도 있지만 보통 문장 구조가 간단한 의문문이다. 그러므로 원문의 제목을 번역할 때 중국의 산문 작품의 문체적 특징과 중국어 표현 습관에 알맞게 번역해야 한다.

그러나 원문의 긴 의문문이나 후행절 또는 서술어가 생략된 제목을 모두 명사구, 명령형 문장 등 형식으로 간단명료하게 번역하면 원문 작가가 의도한 효과와 감정을 제대로 전달할 수 없으므로 53개의 제목을 크게 두 가지 유형으로 나누어 번역하였다. 하나는 원문의 문장 형식을 그대로 유지하여 번역해도 원문의 뜻을 제대로 전달할 수 있고 중국어 독자들이 충분히 이해할 수 있는 제목은 원문의 형식을 살려 번역하였다. 53개 소제목 중 40개 제목이 이에 해당한다. 나머지 13개 제목은 가정을 나타내는 선행절 뒤의 후행절이 생략된 의문문이나 긴 문장으로 표현된 경우인데 만일 원문의 형식을 유지하여 직역하게 되면 중국어 독자들이 원문이 나타내고자 하는 의미를 제대로 이해할 수 없거나 오해할 수도 있다고 판단되어 한국어를 모르는 15명의 중국인 독자들을 대상으로 설문 조사를 진행하였다.

필자는 이 13개의 제목을 두 가지 다른 버전의 번역문으로 번역하여 응답자에게 제시하였다. 번역1은 되도록 원문의 형식과 내용을 보존하여 번역하고, 번역2는 원문 제목의 틀에서 벗어나 텍스트 내용에 따라 간단명료한 중국어 산문 제목 표현 습관에 맞게 번역하였다. 그리고 산문 내용을 요약하여 제시하여 독자들이 두 가지 제목 중 선호하는 제목 하나를 선택하도록 하였다. 설문 조사 결과, 15명의 다른 학과 대학원생들이 대부분 후자를 선택하였다. 설문조사를 통해 중국어 독자들이 효과 중심 텍스트인 심리학 산문을 읽을 때 간단명료한 제목을 더 선호한다는 것을 알 수 있다. 그러므로 Nida 역동적 등가 이론에 따라 원문 텍스트의 소제목을 번역할 때 원문의 뜻에 충실한 동시에 중국어 산문의 표현 습관에 맞게 단편의 주제를 명시적으로 번역하였다. 아래 구체적인 사례를 통해 살펴보도록 한다.

예문1:

【원문】

　　가장 귀한 것은 언제?

【번역문】

　　别把最珍贵的留到以后

'가장 귀한 것은 언제?'는 서술어가 생략된 의문 형식의 제목으로 '가장 귀한 것은 언제

써야 할까요/마셔야 할까요/입어야 할까요?……'의 의미를 내포하고 있다. 한국어에서는 이처럼 표제어의 서술어가 생략되는 경우가 많지만 중국어에서는 표제어의 서술어를 생략하는 경우가 드물다. 그러므로 서술어를 생략한 번역문 '最珍贵的要什么时候？'는 중국어의 표현 습관에 맞지 않을 뿐더러 의미가 명확하지 않아 중국어 독자들이 쉽게 이해할 수 없다. 그러므로 중국어의 표현 습관에 맞게 서술어를 보충해야 하는데 '가장 귀한 것'이 무엇이냐에 따라 서술어가 다양하게 실현될 수 있으므로 의문문 형식으로 번역하기 어렵다. 산문의 내용을 살펴보면 작가는 독자들에게 '귀하고 좋은 것을 미래에 즐기려고 남겨 두지 말고 지금 쓰고 지금 하기'를 권하고 있다. 그리하여 필자는 중국어 산문 제목의 표현 습관에 맞게 작가가 전달하고자 하는 의미를 간추려 '别把最珍贵的留到以后'라고 번역함으로써 중국어 독자들이 산문의 주제를 명백히 이해할 수 있도록 하였다.

예문2:
【원문】

뒷담화를 즐기거나 남을 미워하면

【번역문】

不要在背后议论他人

　　소제목 '뒷담화를 즐기거나 남을 미워하면'은 가정을 나타내는 선행절이며 뒤의 후행절이 생략되었다. 산문의 내용에 따르면 '뒷담화를 즐기거나 남을 미워하면 자신도 남의 입에 오르내리게 된다'의 뜻을 내포하고 있다. 만일 원문의 형식에 따라 후행절이 생략된 문장 '如果喜欢在背后议论别人或者怨恨别人的话……'로 직역하면 중국어 산문 제목의 표현 습관에 맞지 않을 뿐만 아니라 의미 전달이 명확하지 않아 중국어 독자들이 원문 소제목이 전달하고자 하는 내용을 쉽게 파악할 수 없게 된다. 그러나 만일 생략된 후행절을 보충하여 번역하게 되면 문장이 너무 길고 간단명료하지 않아 산문 제목으로 적합하지 않다. 산문 내용을 보면 '뒷담화를 즐기거나 남을 미워하면 안 된다'고 독자들을 권유하고 있다. 그러므로 원문의 뜻을 명확하게 전달하는 동시에 중국 산문 제목의 표현 습관에 맞게 번역하기 위해 필자는 명령문 '不要在背后议论他人'으로 번역함으로써 내포의를 독자들에게 명시적으로 전달하였다.

　　위에서 볼 수 있듯이 산문집을 번역할 때 소제목 번역은 하나의 난점이다. Nida의 역동적 등가 이론에 따라 중국어 표현 습관에 맞는 자연스러운 표현으로 원문이 전달하고자 하는 의미를 중국 독자들에게 전달하려면 다양한 번역 방법과 번역 기법을 융통성 있게 활용해야 한다. 53개의 제목 중 13개의 제목은 성분이 생략되거나 긴 문장으로 실현된 제목으로 원문의 형식을 유지하면서 직역 또는 의역을 하면 중국어 산문 제목의 표현 습관에 맞지 않을 뿐만 아니라 의미 전달이 명확하지 않게 된다. 그러므로 필자는 소제목을 번역할 때 중국어 산문 제목의 표현 습관에 맞지 않은 소제목을 산문의 내용을 고려하여 문장 성분을 보충하거나 원문의 형식을 바꾸어 산문의 주제를 명시적으로 번역하였다. 그럼으로써 중국어 독자들이 번역문을 읽을 때 원문이 전달하고자 하는 의미를 쉽게 이해하여 원문 독자들이 느낄 수 있는 감명을 중국 독자들도 느낄 수 있도록 하였다.

3.2 어휘 번역

원문 텍스트는 평이한 어휘와 이해하기 쉬운 내용으로 구성되어 있기 때문에 외래어가 많지 않고 한자어와 고유어가 많이 사용되었다. 그러나 일부 한자어와 고유어는 개념적 의미로 쓰인 것이 아니라 기타 의미를 내포하고 있기 때문에 사전적 의미대로 직역하면 앞뒤 문맥과 어울리지 않을 뿐만 아니라 원문의 의미와 일치하지 않을 수도 있으므로 원문의 앞뒤 문맥에 따라 나타내는 의미를 다양한 번역 방법과 기법을 활용하여 번역해야 한다. 3.2에서는 한자어와 고유어를 번역할 때 난점이 된 사례를 분석하고 해결 방법을 설명하고자 한다.

3.2.1 한자어 번역

한국어를 배우는 중국인들은 한자어를 쉽게 이해하고 배울 수 있다. 그러나 원문 텍스트 중에 번역하기 어려운 한자어가 존재한다. 원문 텍스트에 나오는 한자어 형용사는 중국어에 대응하는 단어가 있고 의미적으로도 별로 차이가 없으므로 번역할 때 큰 어려움이 없었다. 그러나 한자어 동사와 한자어 명사의 번역은 쉽지 않았다. 원문 텍스트는 심리학 산문이기 때문에 '확인하다', '인정하다'와 같은 심리 묘사와 관련된 한자어 동사가 많이 사용된다. 이러한 한자어들은 중국어에 대응 어휘가 있지만 대응 어휘로 번역하면 의미적으로 앞뒤 문맥과 어울리지 않으므로 난점이 되었다. 일부 한자어 명사는 중국어의 어휘와 동형이의어 관계로 의미적으로 큰 차이가 있으므로 한자 그대로 변역할 수 없다. 이런 한자어는 반드시 앞뒤 문맥을 고려하야 그 문맥적 의미를 중국어로 의역해야 한다. 아래 구체적인 사례를 통해 살펴보도록 한다.

예문3:

【원문】

나는 비행기를 탈 때마다 중요한 삶의 진리 한 가지를 <u>확인한다</u>. 비행기가 이륙하기 직전, 승무원들은 승객들에게 비상사태가 발생하면 산소마스크와 구명조끼는 반드시 자신이 먼저 쓰고 그다음에 도움이 필요한 옆 사람을 도와주라고 안내한다.

【번역문】

　　每次坐飞机，我都会领悟到一个重要的人生真理。在飞机起飞之前，乘务员们会提醒乘客，一旦发生紧急情况，一定要先给自己戴上氧气面罩，穿上救生衣，然后再帮助周围需要帮助的人。

　　한국어 '확인하다'는 '틀림없이 그러한가를 알아보거나 인정하다'는 뜻이며 일반적으로 구체적인 의미를 나타내는 '일정', '사실'과 같은 명사와 결합하여 쓰이며 '마음'과 '진리'와 같이 추상적인 의미를 나타내는 명사와도 결합하여 쓰일 수도 있다. 원문의 '확인하다'는 '무슨 일을 하든 자신에 대한 사랑을 잊어서는 안 된다'는 '삶의 진리'를 '거듭 깨닫고 확신해야 한다'는 뜻을 내포하고 있다. '확인하다'와 대응하는 중국어 '确认'은 '어떤 과정이나 결과에 대해 확실히 분별하고 판단함'을 나타내는 단어로 일반적으로 신분, 사건, 성과 등 구체적인 의미를 나타내는 명사와 결합하여 쓰인다. 그러므로 중국어 '确认'으로 번역하면 원문에서 표현하고자 하는 '깨닫다'의 의미를 전달하지 못할 뿐더러 '确认真理'라는 표현은 중국어 표현 습관에 부합하지 않는 어색한 표현이다. 그러므로 산문의 '깨닫다'의 의미를 정확하게 전달할 수 있는 동시에 '진리(真理)'와 결합하여 쓰일 수 있는 '领悟'로 번역함으로써 원문의 의미를 자연스러운 중국어 표현으로 독자들에게 전달하였다.

예문4:

【원문】

　　우리가 과거 사건으로 인해 큰 마음의 상처를 입었을 수는 있지만 현재 우리가 과거의 희생자가 되기로 선택하지 않는 한 우리는 더 이상 과거의 희생자가 아니다.

【번역문】

　　虽然我们会因过去发生的事情而受伤，但只要我们选择不再做过去的受害者，我们就不会再是过去的受害者。

　　한국어 '희생자'는 '사고나 자연재해 따위로 애석하게 목숨을 잃은 사람'을 가리키며 '희생양', '조난자', '피해자'의 의미도 있다. 원문의 내용에 따르면 '희생자'는 '과거 사건으로 상처를 받은 자'를 지칭하고 있다. 그러나 '희생자'와 대응하는 한자 '牺牲者'는 중국어에서 '정의를 위해 자신의 목숨을 바친 사람'이라는 뜻이므로 원문의 의미와 큰 차이를 보인다. 그러므로 원문의 '희생자'를 '牺牲者'로 번역하면 원문의 뜻을 정확하게 전달하지 못하므로 적절한 번역이라 할 수 없다. 그리하여 '과거 사건으로 상처를 입는 자'의 뜻을 나타낼 수 있는 중국어 '受害者'로 번역하는 것이 바람직하다. 즉 한자어의 한자대로 번역하지 않고 한자어의 문맥적 의미를 정확하게 파악하여 중국어에서 대응하는 어휘를 찾아 중국 독자들이 쉽게 이해할 수 있도록 번역하였다.

앞에서 언급 바와 같이 한자어 자체는 이해하기 어렵지 않지만 번역할 때 한자어에 대응하는 한자의 영향을 받기 쉽다. 만일 동일 한자 어휘가 중국어에서도 같은 의미로 쓰이는 경우에는 직접 한자 그대로 번역 가능하지만, 만일 동형이의어일 경우에는 한자 그대로 번역할 수 없고 반드시 한국어 한자어의 의미에 대응하는 중국어 표현으로 의역해야 한다. 또 일부 한자어는 문맥에 따라 원래의 개념적 의미로 쓰이는 것이 아니라 다른 의미가 부가됨으로 그 의미가 달라지는 경우가 있다. 그러므로 앞뒤 문맥에 따른 한자어의 의미를 정확하게 파악하고 그 의미에 해당하는 중국어 표현으로 의역해야 한다.

3.2.2 고유어 번역

원문 텍스트에 나오는 고유어는 대체로 쉬운 표현들이다. 보기에는 쉬운 표현인 것 같지만 일부 고유어는 문맥에서 개념적 의미로 쓰이는 것이 아니라 개념적 의미와 다른 의미로 쓰이는 경우가 있으므로 반드시 앞뒤 문맥에 따라 고유어의 문맥적 의미를 정확하게 파악하고 그 의미에 해당하는 중국어 표현으로 번역하는 것이 바람직하다. 아래 구체적인 사례를 통해 살펴보도록 한다.

예문5:

【원문】

반면 즐거운 마음으로 집을 나서는 사람은 다르다.
'우와, 월요일이다.' '갈 곳이 있고, 할 일이 있어서 좋지?'
'맞아. 그러니 힘들더라도 짜증내지 말자.'
'어차피 할 일이라면 남보다 일찍 가서 즐겁게 일하자.'

【번역문】

与之相反，怀着愉悦的心情出门的人与内心的对话是截然不同的。
"哇，今天是周一。""有要去的地方，也有要做的事，多好啊！"
"对呀，所以就算觉得辛苦也不要发脾气。"
"反正是迟早要做的工作，那就比别人早点去，积极地面对工作吧！"

'즐겁다'는 한국어에서 '흐뭇하고 기쁘다'는 뜻이며 원문에서는 '어차피 할 일이라면 원망하지 말고 받아들이고 기분 좋게 빨리 끝내자'는 뜻을 나타낸다. 그리고 원문에서는 '적극적인 마음으로 일을 하라'는 뜻을 강조하고 있다. '즐겁다' 의미와 대응되는 중국어는 일반적으로 '愉快', '快乐', '享受' 등이 있는데 '즐겁게 일하자'를 '愉快地工作', '享受工作'으로 번역하면 원문이 전달하고자 하는 의미를 충분히 전달할 수 없으며 앞뒤 문맥의 의미와도 잘 어울리지 않아 문장이 매끄럽지 않고 어색하다. 그러므로 Nida 역동적 등가 이론에 근거하여 원문의 의미를 명확하게 나타낼 수 있는 '积极'으로 번역함으로써 번역문이 자연스럽고 원문의 의미를 충분히 전달할 수 있도록 번역하는 것이 바람직하다.

예문6:
【원문】
　　더 잘해야 한다고 너무 자신을 채찍질하지 말자. 지금까지 잘하고 있는 <u>모습</u>을 찾아 따뜻한 마음으로 격려하자.
【번역문】
　　不要为了做得更好而一味地鞭笞自己，应该回想一下自己目前为止做得好的<u>事情</u>，然后用温暖的心去鼓励自己。

'모습'은 한국어에서 보통 '사람의 생긴 모양', '자연이나 사물 따위의 겉으로 나타난 모양'을 의미하고 있다. 문맥상으로 보면 원문의 '모습'은 '자신이 과거에 잘한 일이나 행위'를 의미하며, 구체적으로 '모양', '자태'를 표현하는 것이 아니다. 일반적으로 '모습'의 의미에 대응되는 중국어에 여러 개가 있으며 '容貌', '模样', '面容' 또는 '状态', '行踪' 등이 있다. 그러나 이 중에서 산문의 의미를 제대로 전달할 수 있는 의미상 대응 어휘가 없다. 그러므로 앞뒤 문맥의 의미를 고려하여 '모습'을 '일이나 행위'의 의미를 나타낼 수 있는 중국어 '<u>事情</u>'으로 번역함으로써 산문의 뜻을 정확하게 표현할 수 있고 중국어 독자들이 쉽게 이해할 수 있도록 전달하였다.

　　앞에서 언급 바와 같이 고유어 자체는 어렵지 않지만 일부 고유어는 문맥에 따라 원래의 개념적 의미로 쓰이는 것이 아니라 다른 의미가 부가되어 쓰이므로 개념적 의미로 번역할 수 없는 경우가 있다. 만일 고유어에 대응되는 표현이 중국어에 여러 개가 있고 그중에 원문의 의미를 전달할 수 있는 표현이 있을 경우에는 대응 표현으로 번역이 가능하지만, 만일 의미상 대응 어휘가 없을 경우에는 사전적 의미를 벗어나 문맥과 결부하여 고유어의 문맥적 의미를 정확하게 파악하고 그 의미에 해당하는 중국어 표현으로 의역해야 한다.

3.3 문장 번역

　　원문 텍스트에는 여러 개의 접속 관계를 갖는 긴 관형어와 문장 구조가 복잡한 복문이 있다. 이러한 복문은 원문의 의미를 정확하게 이해하게 어려울 뿐만 아니라 중국어의 문장 구조와 큰 차이를 보이므로 성분 전환, 어순 조정, 구조 재구성 등 다양한 번역 기법을 융통성 있게 활용해야 하므로 번역하기 쉽지 않다. 그리고 원문 텍스트에는 1인칭 입장에서 심리 묘사를 서술한 문장이 아주 등장하므로 주어가 생략된 경우도 많다. 주어나 목적어가 생략된 문장 번역은 중국어 표현 습관에 맞게 추가 번역이 필요하다. 또한, 원문 텍스트에는 의미 관계를 명시하지 않은 문장도 꽤 많이 나온다. 이러한 문장들은 문맥적 의미에 따라 접속 부사를 추가하여 원문의 의미 관계를 명확하게 번역해야 의미 전달을 제대로 할 수 있다. 번역 과정에 부딪친 문장 번역의 문제점을 정리하면 문장 번역은 복문 번역, 성분이 생략된 문장 번역, 의미 관계가 명시되지 않은 문장 번역 등 세 가지로 나눌 수 있다. 3.3에서는 사례 분석을 통하여 문장 번역의 문제점과 해결 방법에 대해 자세히 논술하고자 한다.

3.3.1 복문 번역

원문 텍스트에는 여러 개의 접속 관계를 갖는 긴 관형어를 내포한 복문이 많이 나온다. 한국어는 '긴 관형어+ 명사'의 문장 형식을 자주 보이지만, 중국어는 이러한 문장 형식보다는 '명사+ 서술어'의 문장 형식을 많이 취한다. 그러므로 원문의 긴 관형어를 일 중국어로 번역할 때에는 서술어로 전환하여 중국어의 문장 구조 형식에 부합하도록 해야 한다. 그리고 원문 텍스트에 나오는 의미 관계가 복잡한 긴 문장은 어순을 조정하거나 구조를 재구성하여 중국어 표현 습관에 맞게 번역해야 한다. 아래 구체적인 사례를 통해 살펴보도록 한다.

예문7:

【원문】

　　이 두 가지 이야기는 ①더 완벽한 행복과 더 완전한 삶에 집착하는 우리에게 ②'불완전함이야말로 지극히 인간적인 것이니 ③완벽함을 추구하려고 전전긍긍하지 말고 ④불완전함을 평화롭게 받아들이라'는 가르침을 준다.

【번역문】

　　我们①都执着于追求完美的幸福和更好的生活，但这两个故事告诉我们：②不完美才是最人性化的，③所以不要为了追求完美而活得战战兢兢，④要用平和的心态去接受不完美。

원문은 긴 관형어를 내포한 문장이며 한 문장에 두 개의 관형어가 나타난다. 원문에서 ①은 '우리'를 수식하는 관형어이고 ②, ③, ④는 '가르침'을 수식하는 긴 관형어이다. 원문의 이러한 형식을 살려 그대로 직역하면 명사 앞에 긴 관형어가 잘 쓰이지 않는 중국어 표현 습관에 부합하지 않을 뿐더러 중국어 독자들이 이러한 문장 구조에 익숙하지 않아 원문의 의미를 쉽게 이해할 수 없게 된다. 그러므로 관형어 ①을 '우리'의 서술어로 전환하여 문장의 선행절로 처리하였다. 그리고 원문의 주어 '이 두 가지 이야기'는 후행절의 주어로 처리하고 '가르침을 주다'를 '이 두 가지 이야기'의 서술어로, '가르침'의 관형절 ②, ③, ④를 목적어로 어순을 바꿔 번역하였다. '告诉我们'뒤에 설명을 붙일 때 쓰는 쌍점을 추가함으로써 번역문의 의미 관계가 더욱 명확해지도록 하였다. 이처럼 문장 성분 전환과 어순 조정 번역 기법을 활용하여 번역하면 중국어의 문장 구조 형식에 알맞으므로 가독성과 유창성을 확보할 수 있어 중국어 독자들이 원문의 의미를 더욱 쉽게 파악할 수 있다.

예문8:
【원문】
①우리를 무시하는 사람들에 대한 가장 우아한 복수는 ②그들이 "너는 안돼!"라고 했던 일을 ③멋지게 해내서 ④그들의 생각이 틀렸음을 증명해 보이는 것이다.

【번역문】
②当那些小看我们的人对我们说"你做不到！"时，①我们能做的最优雅的复仇就是③做给他们看，④证明他们的想法是错误的。

원문은 긴 관형어를 내포한 구조가 복잡한 문장이다. 원문의 ①은 '복수'를 수식하는 긴 관형어이며 ②, ③, ④는 서술어이다. ①은 긴 관형어이지만 관형어와 중심어가 의미적으로 주술 관계가 아니므로 중심어의 서술어로 전환할 수 없다. 원문 ②의 '그들'이 ①에서 '우리를 무시하는 사람들'을 지칭하는 것이므로 ①과 ②를 하나의 문장으로 재구성하여 번역문 맨 앞에 놓고 "当那些小看我们的人对我们说'你做不到！'时"로 번역함으로써 뒤에 올 내용의 상황을 제시하였다. 그리고 선후 관계를 갖는 ③과 ④를 '복수'의 서술어로 번역함으로써 원문의 복잡한 문장 구조를 중국어 표현 습관에 알맞은 문장 구조로 재구성하였다. 이처럼 문장 구조의 재구성 과정을 거친 번역문은 의미 관계가 분명하므로 중국인 독자들의 원문에 대한 정확한 이해를 확보할 수 있다.

앞에서 언급 바와 같이 긴 관형어를 내포한 한국어 문장을 중국어로 번역할 때에는 관형어와 중심어의 의미 관계에 따라 문장 성분을 전환하여 긴 관형어를 서술어로 번역할 수 있다. 만일 관형어와 중심어의 의미 관계상 관형어를 서술어로 번역할 수 없는 경우에는 문맥에 따라 어순 조정, 구조 재구성 등 번역 기법을 활용하여 중국어 표현 습관에 맞게 의역해야 한다. 문장 구조가 복잡하고 절과 절 사이의 의미 관계가 다양한 복문을 번역할 때에는 원문 내용에 대한 충분한 이해를 바탕으로 중국어 독자들이 쉽게 이해할 수 있도록 어순 조정, 구조 재구성 과정을 통하여 원문의 의미를 중국어 표현 습관에 맞게 정확하게 번역해야 한다.

3.3.2 성분이 생략된 문장 번역

한국어는 맥락에 많이 기대는 언어이기 때문에 맥락상 웬만한 성분은 생략할 수 있다. 반대로 중국어에는 주어, 목적어와 같은 문장 성분을 보통 생략하지 않는다. 그러므로 일부 성분이 생략된 문장은 원문의 형식을 살려 직역되면 의미 전달이 가능하지만 일부 문장은 중국어로 번역될 때 생략된 성분을 보충해야 중국어 표현 습관에 부합한다. 원문 텍스트에는 문장 성분을 생략한 문장 중 주어가 생략된 문장이 가장 많고 목적어가 생략된 문장도 있다. 일부 주어나 목적어가 생략된 문장은 중국어로 번역될 때 성분을 추가하지 않으면 번역문이 매끄럽지 않고 어색하며 중국어 독자들이 원문의 의미를 정확히 파악할 수 없다. 그러므로 일부 성분이 생략된 문장을 원문의 의미를 충분히 전달하여 중국어 독자들이 쉽게 이해할 수 있도록 중국어 표현 습관에 맞게 추가 번역을 하였다. 아래 구체적인 사례를 통해 살펴보도록 한다.

예문9:
【원문】
①가끔은 가족을 우리 곁에 잠시만 머무는 아주 귀한 손님이라고 생각하면 가족을 대하는 태도가 달라진다. ②조금이라도 더 마음을 살피게 되고 더 정성을 기울이게 된다. ③좋은 점을 찾아내려 애쓰게 되고, 헤어질 때를 떠올리면서 함께 있는 시간을 더 소중하게 여기게 된다.

【번역문】
①如果把家人当作临时住在我们身边的贵客，那么我们对待家人的态度就会有所改变：②我们会多关注一些家人的内心，对家人更加用心，③也会努力寻找家人身上的优点，更加珍惜和家人在一起的时光。

원문의 ①, ②, ③은 모두 주어 '우리'와 관심의 대상인 '가족'이 생략되어 실현된 문장이다. ①은 '우리가 가족을 대하는 태도가 달라짐'을 나타내고, ②는 '우리가 조금이라도 가족에게 더 마음을 살피게 되고, 가족에게 더 정성을 기울이게 됨'을 나타내며 ③은 '우리가 가족의 좋은 점을 찾아내려 애쓰게 되고, 가족과 헤어질 때를 떠올리면서 가족과 함께 있는 시간을 더 소중하게 여기게 됨'을 나타낸다. 만일 원문의 형식에 따라 번역하면 주어를 보통 생략하지 않는 중국어 표현 습관에 맞지 않을 뿐더러 누가 누구를 대하는 태도가 달라지는지가 명시되지 않아 중국어 독자들이 원문의 의미를 쉽게 파악할 수 없게 된다. 그러므로 번역문에서는 생략된 문장 성분 '我们'과 '家人'을 추가하여 번역함으로써 중국어 표현 습관에 맞게 원문 의미 전달의 온전성을 확보하였다. 그리고 원문의 ①은 총괄적 중심 내용이고 ②와 ③은 ①에 대한 설명 부분이다. 원문에서는 ①과 ②, ③ 사이에 의미 관계를 나타내는 문법 수단이 쓰이지 않았다. 그러나 번역문에서는 설명 관계를 명확하게 전달하기 위하여 '有所改变' 뒤에 쌍점을 추가하여 설명 관계를 명시적으로 전달하였다. 그리고 중국어에서 절과 절 사이의 의미 관계가 나열 관계일 경우 여러 개의 절을 나열 할 수 있는 표현 특징을 고려하여 원문의 ②와 ③을 하나의 문장으로 연결하여 문장 구조를 전환하였다. 또한 ③의 후행절에서 '헤어질 때를 떠올리면서'는 '함께 있는 시간을 더 소중하게 여기게 된다'와 동시 관계를 나타내는데 ①의 '가족을 우리 곁에 잠시만 머무는 귀한 손님이라고 생각하면'을 다시 강조하는 표현이므로 앞에 나열한 서술절과 비슷한 형식을 취하여 번역문의 간결성과 유창성을 확보하기 위하여 번역문에서 생략하였다.

예문10:
【원문】
　　로젠탈은 자신의 실험 결과를 이렇게 요약하였다. "우수하다고 기대하면서 가르치면 결국 우수하게 성장한다. 교사는 마음으로 학생들을 조각하는 교실 안의 피그말리온이다."
【번역문】
　　罗森塔尔教授这样概括了自己的实验结果："<u>如果教师在教学中对学生寄予厚望，学生就会成长得很出色。</u>教师是在教室里用心雕刻学生的皮格马利翁。"

　　원문은 한 심리학과 교수의 실험 결과에 대하여 설명하는 내용이다. 원문은 '교사가 학생들을 우수하다고 기대하면서 가르치면 학생들이 결국 우수하게 성장함'을 나타낸다. 원문에서는 '기대하다'의 주어 '교사'와 목적어 '학생들', '성장하다'의 주어 '학생들'을 생략하였다. 한국어에서는 이러한 성분을 생략하여 표현하는 것이 더 자연스러운 표현이지만 중국어에서는 그렇지 않다. 만일 원문의 형식에 따라 번역하면 주어와 목적어를 일반적으로 생략하지 않는 중국어 표현 습관에 부합하지 않을 뿐더러 문장 의미가 명확하지 않아 중국어 독자들이 쉽게 이해할 수 없게 된다. 그리하여 중국어 표현 습관에 맞게 생략된 내용을 명시화하여 '教师'와 '学生'을 추가하여 번역함으로써 정보 전달의 온전성을 확보하고 중국어 독자들이 문장의 의미를 정확하게 이해할 수 있도록 하였다.

　　앞에서 언급 바와 같이 원문에는 주어와 목적어 등 문장 성분이 생략된 경우가 많이 나타난다. 만일 원문의 형식에 따라 문장 성분을 생략한 채로 번역하여도 의미 전달을 명확하게 할 수 있으면 번역문에서 문장 성분을 추가하지 않아도 된다. 그러나 만일 의미를 명확하고 충분히 전달할 수 없게 된다면 중국어 표현 습관에 맞게 문장 성분을 보충하여 번역해야 한다. 그래야만 중국어 독자들이 매끄러운 중국어 표현을 통해 원문의 의미를 쉽고 명확하게 파악할 수 있게 된다.

3.3.3 의미 관계가 명시되지 않은 문장 번역

원문 텍스트에는 문장과 문장 사이에 의미 관계를 나타내는 접속 부사와 같은 문법 수단이 쓰이지 않은 경우가 있다. 원문 텍스트를 살펴보면 인과 관계와 나열 관계를 명시화하지 않은 문장이 가장 많이 보인다. 중국어에서도 문장과 문장 사이에 의미 관계를 나타내는 연사(连词)가 잘 쓰이지 않으므로 번역할 때 연사를 사용하지 않고 문장과 문장을 연결할 수도 있다. 그러나 본 번역 실천에서는 만일 연사를 보충하지 않으면 원문의 의미 관계가 명확하게 전달되지 않는다고 판단될 경우 중국어 독자들의 이해를 돕기 위해 의미 관계를 명시하는 연사 등 문법 수단을 보충하여 번역하였다. 아래 구체적인 사례를 통해 살펴보도록 한다.

예문11:

【원문】

완벽을 추구해야 더 나아질 수 있다. ①하지만 매사에 너무 완벽하려고 하지 말자. ②오래 버티지 못한다. ③너무 다그치면서 자책하지 말자. ④금방 지친다. 완벽주의자는 자신뿐 아니라 다른 사람도 지치게 한다.

【번역문】

追求完美才能变得更好，①但是不要凡事都追求完美，②<u>因为无法持之以恒</u>。③不要过于鞭笞和责备自己，④<u>不然很快就会感到疲倦的</u>。完美主义者不仅让自己疲惫，也会让别人感到疲惫。

원문에서 ①과 ②는 인과 관계이며 ②는 ①의 원인을 나타낸다. ③과 ④ 역시 인과 관계이며 ④는 ③의 원인을 나타낸다. 한국어에서든 중국어에서든 인과 관계를 나타낼 경우 원인을 나타내는 문장이나 절이 앞에 쓰이고 결과를 나타내는 문장이나 절이 뒤에 쓰이는 것이 일반적이다. 원문에서는 독자들에게 어떻게 할 것을 권유함을 강조하기 위해 청유문으로 실현된 결과문을 앞에 쓰고 인과 관계를 나타내는 문법 수단이 없이 그 뒤에 원인을 나타내는 문장을 제시하였다. 원문의 형식에 따라 인과 관계를 명시하는 접속 부사를 추가하지 않고 번역하게 되면 중국어 독자들은 앞뒤 문장의 의미 관계가 대립의 관계인지 인과 관계인지 아니면 가정의 관계인지 쉽게 판단할 수 없게 되어 원문의 의미를 정확하게 이해할 수 없다. 중국어에서는 앞 문장 '不要……'의 의미를 나타내고 뒷문장이 원인을 나타낼 경우 일반적으로 '不要……，因为/不然……'와 같은 문장 구조로 실현되며 연사 '因为/不然'을 생략하지 않는다. 그러므로 원인을 나타내는 ②와 ④ 앞에 인과 관계를 명시하는 연사 '因为'와 '不然'을 추가하여 번역함으로써 중국어 독자들이 쉽게 이해할 수 있도록 하였다. 그리고 중국어에서는 인과 관계를 나타낼 때 원인을 나타내는 부분이 뒤에 오더라도 앞뒤 문장을 쉼표로 연결하여 한 문장으로 실현한다. 그러므로 번역문에서는 ①과 ②, ③과 ④를 하나의 문장으로 연결하여 복문으로 번역하였다.

예문12:
【원문】

하지만 우리가 소유한 모든 것은 원래 없던 것이다. 그러므로 잃어버린 것이 아니라 원래대로 돌아간 것이다. ①모든 것은 지나가고 문제도 생겼다 사라진다. ②계절도 왔다가 가고, ③감기에 걸렸다가 어느 날 다시 건강해진다. ④다쳤던 부위도 시간이 지나면 결국 회복된다.

【번역문】

我们拥有的所有东西其实原本就是不存在的。所以不是我们失去了它们，而是它们回到了原本的状态。①比如所有事情都会过去，所有问题也会消失；②季节也会周而复始、春去秋来；③得了感冒也会逐渐痊愈；④受伤的地方也会被时间治愈。

원문에서 의미상 나열 관계로 연결된 ①, ②, ③, ④는 '그러므로 잃어버린 것이 아니라 원래대로 돌아간 것이다'에 대해 구체적인 예를 들어 설명하는 내용이다. 원문에서는 해설 관계를 나타내는 문장 사이에 아무런 접속 부사를 사용하지 않고 설명 부분을 제시하였다. 그러나 번역문에서 앞 내용에 대하여 설명을 추가할 때 쓰이는 '例如', '比如'와 같은 접속 부사를 추가하지 않으면 문장이 부자연스럽고 어색할 뿐더러 원문의 의미 관계를 명확하게 전달할 수 없게 된다. 그러므로 ①의 앞에 '比如'를 추가하여 번역함으로써 앞 문장과의 의미 관계가 추가 설명의 관계임을 명시화하여 전달하였다. ①, ②, ③, ④는 나열 관계로 연결된 문장이다. 번역문에서는 이 네 개의 문장을 하나하나 독립된 문장으로 처리하지 않고 나열 관계를 나타낼 때 많이 쓰이는 쌍반점을 사용하여 한 문장으로 연결하였다. 이와 같이 접속 부사를 추가하거나 의미 관계를 명확하게 표현할 수 있는 문장 부호를 활용하는 기법으로 원문의 의미를 정확하게 전달하여 중국어 독자들이 쉽게 이해할 수 있도록 하였다.

앞에서 언급 바와 같이 일부 인과 관계, 나열 관계 등 의미 관계를 명시하지 않은 문장을 번역할 때에는 중국어 독자들이 쉽게 이해할 수 있도록 문맥에 따라 '因为', '所以', '比如'와 같은 연사나 접속 부사를 추가하여 번역해야 한다. 그러나 의미 관계를 명시하지 않은 문장을 모두 문법 수단을 추가하여 번역해야 하는 것은 아니다. 문법 수단을 사용하지 않고 번역했을 때 문장과 문장 사이의 의미 관계가 불분명하거나 또는 의미 관계를 강조하여 표현해야 할 경우 접속 부사를 추가하여 번역해야 한다. 또한, 한국어와 중국어는 문장 부호의 사용이 다르다. 한국어보다 중국어는 문장 부호가 다양하다. 그러므로 원문의 절과 절, 문장과 문장 사이의 의미 관계를 나타낼 때 중국어 문장 부호의 기능도 충분히 활용함으로써 전달하고자 하는 의미 관계를 보다 명확하게 번역문 독자들에게 전달해야 한다.

4. 결론

본 보고서는 산문집 『생각의 각도』와 중국어 번역문을 바탕으로 하여 작성되었다. 『생각의 각도』는 심리학 산문집으로, 생각만 바꾸면 인생을 향유할 수 있다는 것을 독자들에게 가르치는 것을 목적으로 하고 있다. 이 산문집에 작가가 심리상담소에서 직접 만났던 사례와 동서양 우화나 이야기 등이 포함되어 있으며 독자에게 삶의 지혜와 진리를 알려 주고 있다. 레스의 텍스트 유형 분류에 따르면 산문은 효과 중심 텍스트에 속하여 번역할 때 되도록 원문이 독자에게 알려 주고자 하는 내용과 사상을 전달해야 한다. 그러므로 이번 번역 실천은 Nida의 역동적 등가 이론에 근거하여 완성되었다. 역동적 등가 이론에 따라 번역할 때 부딪친 문제점과 해결 방법에 대하여 정리하였다.

먼저, 53개의 소제목 중 13개의 소제목은 성분이 생략되거나 긴 문장으로 실현된 제목으로 원문의 형식을 유지하면서 직역 또는 의역을 하면 중국어 산문 제목의 표현 습관에 맞지 않을 뿐만 아니라 의미 전달이 명확하지 않게 된다. 그러므로 필자는 소제목을 번역할 때 중국어 산문 제목의 표현 습관에 맞지 않은 소제목을 산문의 내용을 고려하여 문장 성분을 보충하거나 원문의 형식을 바꾸어 산문의 주제를 명시적으로 번역하였다.

한자어와 고유어 자체는 어렵지 않지만 심리학 원문 텍스트에서 일부 한자어는 문맥에 따라 원래의 개념적 의미로 쓰이는 것이 아니라 다른 깊은 의미가 부가됨으로 그 의미가 달라지는 경우가 있다. 그러므로 앞뒤 문맥에 따른 한자어의 의미를 정확하게 파악하고 그 의미에 해당하는 중국어 표현으로 의역해야 한다.

또한, 문장 번역은 복문, 성분이 생략된 문장과 의미 관계가 명시되지 않은 문장으로 나누어 검토하였다. 긴 관형어를 내포한 한국어 문장을 중국어로 번역할 때에는 관형어와 중심어의 의미 관계에 따라 문장 성분을 전환하여 긴 관형어를 서술어로 번역할 수 있다. 만일 관형어와 중심어의 의미 관계 상 관형어를 서술어로 번역할 수 없는 경우에는 문맥에 따라 어순 조정, 구조 재구성 등 번역 기법을 활용하여 중국어 표현 습관에 맞게 의역해야 한다. 문장 구조가 복잡하고 절과 절 사이의 의미 관계가 다양한 복문을 번역할 때에는 원문 내용에 대한 충분한 이해를 바탕으로 중국어 독자들이 쉽게 이해할 수 있도록 어순 조정, 구조 재구성 과정을 통하여 원문의 의미를 중국어 표현 습관에 맞게 정확하게 번역해야 한다. 그리고, 성분이 생략된 문장은 만일 의미를 명확하고 충분히 전달할 수 없게 된다면 중국어 표현 습관에 맞게 문장 성분을 보충하여 번역해야 한다. 또한, 인과 관계, 나열 관계 등 의미 관계를 명시하지 않은 문장을 번역할 때에는 중국어 독자들이 쉽게 이해할 수 있도록 문맥에 따라 연사나 접속 부사를 추가하여 번역해야 한다. 그래야만 중국어 독자들이 매끄러운 중국어 표현을 통해 원문의 의미를 쉽고 명확하게 파악할 수 있게 된다.

이번 번역 실천을 통하여 소감과 얻은 것이 아주 많다고 생각한다. 일단 번역자로서의 책임감을 느꼈고 번역 작업에 대하여 더 새로운 인식을 가지게 되었다. 번역은 단순한 문자를 전환하는 일이 아니라 의사소통과 문화 교류의 다리 역할을 하는 것이다. 번역하는 과정에서 독자의 입장을 고려해야 하고 더 잘 하려는 정신이 있어야 한다. 또한 번역자가 전문 수준을 계속 제고해야 하며 외국어 능력뿐만 아니라 모국어의 작문 수준도 향상시켜야 한다. 이번 번역 실천을 통하여 한국어 산문 번역에 대하여 어느 정도 경험을 쌓았다. 단 한 권의 산문집의 번역은 모든 산문 번역 작업의 문제점을 대표할 수는 없겠으나 본 보고서가 조금이라도 한중 산문 번역 분야에 참고가 되었으면 좋겠다. 필자의 번역 능력과 작문 능력에 한계가 있어서 본 보고서에 대하여 많이 비평하고 시정해 주시기를 바란다. 그리고 번역의 능력을 높이도록 끊임없이 노력할 것이다.

참고문헌

1. 专著、译著

[1] 戴维·迈尔斯(美). 社会心理学 [M]. 北京：人民邮电出版社，2016.

[2] 何其莘. 高级文学翻译 [M]. 北京：外语教学与研究出版社，2009.

[3] 杰里米·芒迪(英). 翻译学导论：理论与实践 [M]. 北京：北京商务印书馆，2007.

[4] 许钧. 文学翻译的理论与实践 [M]. 北京：译林出版社，2010.

[5] 张敏，朴光海. 韩中翻译教程 [M]. 北京：北京大学出版社，2012.

2. 期刊论文

[1] 문려화,「한중번역에서 등가이론의 적용에 대하여 - 잡지 <코리아나> 번역 실천을 중심으로」,『중한언어문화연구』, 2018 (14).

[2] 刘士聪. 散文的"情韵"与翻译 [J]. 中国翻译，2002(02).

[3] 余东，刘士聪. 论散文翻译中的节奏 [J]. 中国翻译，2014(02).

[4] 叶雨飞，余笑. 功能对等理论指导下语言偏离的翻译研究：以鲁迅小说《离婚》为例 [J]. 戏剧之家，2018(31).

[5] 周领顺. 散文翻译的"美"与"真" [J]. 中国翻译，2015(02).

3. 学位论文

[1] 이선,「한국어 접속표현에 대한 중국어 등가 번역 연구」, 한국외국어대학교 박사학위논문, 2018.

[2] 陈菲菲. 功能对等与传神留韵：译余秋雨散文有感 [D]. 上海交通大学硕士学位论文，2011.

[3] 董向前.《韩国文化教室》(第7讲 - 第11讲) 韩汉翻译实践报告 [D]. 山东大学硕士学位论文，2020.

[4] 刘璇. 散文翻译的美学视角 [D]. 上海外国语大学硕士学位论文，2006.

[5] 陆祎. 散文翻译中的变通手法 [D]. 上海外国语大学硕士学位论文，2012.

[6] 王静静.《翻译批评：潜力与制约》(第三章、第四章) 翻译实践报告：从形合意合视角看翻译腔的克服 [D]. 新疆大学硕士学位论文，2014.

[7] 于婷婷.《你是对的—共鸣的力量》韩汉翻译实践报告 [D]. 延边大学硕士学位论文，2021.

[8] 张歆斐. 动态对等理论视域下的韩中复句翻译实践报告 [D]. 烟台大学硕士学位论文，2019.

『마스크가 답하지 못한 질문들』 (1~5장)
한중 번역 실천 보고서

董超越[1]

1. 서론

1.1 작품 선정 배경 및 의의

2019년 말 원인 불명의 폐렴 사례가 잇따라 발견되면서 급속히 번지며 전 세계를 휩쓸었다. 코로나19(코로나바이러스 감염증-19, 약칭)로 불리는 이 질병은 2년 넘게 지속돼 지금 중국 국내는 다소 진정되었지만 전 세계 여러 나라에서 아직 심각한 상황에 처해 있다. 글로벌 시대에 각국이 독선적으로 나설 수 없는 상황이라 지금은 긴장의 끈을 놓을 수 없는 상황이다. 전 세계 팬데믹이란 환경에서 각국은 더욱 광범위한 교류와 유무상통, 상호의 방역 경험을 거울삼아 팬데믹이 사람들에게 미치는 영향을 최소화하고 장기전에 대비해야 한다. 한·중 양국은 바다를 사이에 두고 있으며 오랜 동안 우호적인 왕래를 유지해 왔다. 코로나19 사태에서도 한·중 양국은 서로에 대한 물자 기증과 방역 경험을 공유하였다. 그러나 코로나19 방역에만 집중할 것이 아니라 코로나19로 인한 여러 가지 사회문제들을 해결하는 데도 노력을 기울여야 한다. 한·중 양국은 국정이 다르고, 코로나19 배경에서 드러나는 사회문제도 차이가 있는데 이런 차이점을 알아보는 것은 한중 양국의 방역 뿐만 아니라 코로나19로 발생한 사회 문제의 해결에도 도움이 될 것이다.

『마스크가 답하지 못한 질문들』이란 책에서 서로 다른 시각으로 한국 사회가 안고 있는 문제들을 보여 줌으로써 코로나 배경 아래의 리얼 한국을 보여 주고 있다. 이 책을 통해 독자들이 지금은 방역의 성과에 마음을 놓을 것이 아니라 장기화되고 있는 코로나19 사태의 그늘을 돌아볼 필요가 있다는 것을 알게 되었다. 원문 텍스트에서 코로나19가 인권, 시설 사회, 노동, 환경 보호 등 여러 분야에 가져온 변화와 어려움을 소개하고 이러한 내용이 한국에서 광범위한 사회적 관심을 불러일으키고 있다. 이 책의 번역문이 중국인들이 코로나 시기 한국의 사회 상황, 코로나19 방역 과정에서 한국 특유의 K-방역에 대해 정확하게 알아감으로써 앞으로의 중한 교류에도 도움이 될 거라고 생각한다. 또한 이러한 문제들은 한

---

[1] 山东大学外国语学院朝鲜语系研究生

국에만 존재하는 것이 아니고 중국에도 비슷한 현상이 존재하기 때문에 이 책의 번역문을 통해 중국인 독자들이 코로나19가 중국 사회에 미치는 영향을 더욱 깊이 생각할 수 있기 바란다.

1.2 작품 내용 소개

번역 텍스트 『마스크가 답하지 못한 질문들』은 2021년 2월 15일에 발행되었다. 이 책은 한국 창비출판사에서 주관하여 펴낸 저서로, 인권 활동가 미류, 문화 인류 학자 서보경, 플라스틱 프리 활동가 고금숙, 배달 노동자 박정훈, 홈리스 활동가 최현숙, 노들장애학궁리소 연구 활동가 김도현, 영화감독 이길보라, 작가 이향규, 영장류학자 김산하, 정치학자 채효정 10인이 같이 작성한 작품이다. 현재 코로나19 사태가 다소 진정되었지만 여러 분야에 남기는 과제가 매우 심각하여 사람들로 하여금 이러한 현상에 대해 관심을 가지게 하기 위해 창비 인문교양출판부장 이지영은 이 다양한 영역에서 활발하게 활동하는 작가들에게 글을 부탁하였다. 이 10명 작가들은 서로 다른 자리에서 코로나19가 드러낸 한국사회의 사각지대를 짚었다.

이 책은 총 10개 부분으로 구성되었고 통틀어 자수는 8만 자쯤에 달한다. 이번 번역 실천은 앞의 다섯 부분을 번역 대상으로 하고 원문은 약 3만 8천 자고 중국어 번역문은 약 3만 3천 자이다.

제1부분 「우리는 서로를 책임질 수 있을까」에서 미류는 자기가 직접 겪었던 자가 격리 경험을 소개하고 그 과정에서 느꼈던 두려움을 털어놓고, 결국은 단절이 아닌 연결이 감염병을 막을 수 있다는 것을 주장한다. 제2부분 「감염과 오명, 보복하지 않는 정의에 대하여」에서 서보경은 언제 어떻게 바이러스에 노출될지 모른다는 두려움이 확진자에 대한 분노와 스스로 낙인의 대상이 될지 모른다는 불안으로 이어지는 감정의 고리들을 파헤친다.[1] 제3부분 「마스크는 썩지 않는다」에서 고금숙은 코로나19로 인하여 점점 심각한 환경 문제를 밝힌다. 제4부분 「코로나 시대의 배달 노동」에서 박정훈은 팬데믹 시대 필수 산업으로 떠오른 배달 노동의 그림자를 짚는다.[2] 제5부분 「거리 홈리스들이 살아낸 팬데믹 첫해」에서 최현숙은 거리 홈리스들의 어려운 현황을 소개한다.

이렇듯 원문 텍스트는 코로나19 사태에서 쉽게 지나칠 수 있는 많은 문제들을 담고 있으며 이러한 문제들은 '마스크'만으로 해결할 수 없다. 또한 이 책에서 이러한 문제점들을 어떻게 해결해야 하는지에 대한 제안도 어느 정도 언급하고 있으므로 우리에게도 참고적 가치가 있다. 또한 한국 사회 연구에도 참고서 역할을 할 수 있다고 생각된다.

---

1 『마스크가 답하지 못한 질문들』, 창비출판사, 2021:8.
2 『마스크가 답하지 못한 질문들』, 창비출판사, 2021:7.

2. 번역 소개

2.1 텍스트 특징 및 번역 난점 분석

번역은 특별한 목적을 달성하는 데 쓰이는 복잡한 행위의 하나로, 번역 과정에서 텍스트 기능, 번역 목적, 독자 수준, 작가의 의도 등 여러 요소를 고려해야 한다. 장르별 문장을 번역할 때 서로 다른 번역 원칙과 번역 방법을 적용해야 한다. Katharina Reiss는 텍스트 유형이 번역자가 적절한 번역 방법을 선택하는 데 영향을 주는 첫 번째 요소라고 하였다. Buhler의 표현·재현·감염 언어 기능을 바탕으로 Katharina Reiss는 3가지 텍스트 유형을 제시하였다. 즉, 정보 중심 텍스트, 표현 중심 텍스트, 그리고 효과 중심 텍스트이다.

이번 번역 실천 작품 『마스크가 답하지 못한 질문들』은 신종 코로나바이러스 감염증 대유행에 따른 한국인의 생활 변화, 그 속에서 드러나는 다양한 사회 문제를 다룬 작품으로 여러 작가가 공동 저술해 각 부분마다 서로 다른 현상과 문제점을 드러내고 견해를 밝혔다. Katharina Reiss의 텍스트 유형 분류에 따르면 이 작품은 정보 중심 텍스트에 속한다. 정보 중심 텍스트는 텍스트 내용이 지배적이며, 번역할 때 반드시 텍스트의 내용을 가장 쉽게 받아들일 수 있는 표현으로 원문의 모든 정보를 정확하게 전달해야 한다. 텍스트 특징에 따라 필자는 번역의 난점을 다음과 같이 정리한다.

어휘 측면에서 보면, 코로나와 관련된 새로운 단어가 많이 나오고 또 여러 분야의 전문 용어도 많으며 주로 한자어, 외래어, 혼종어 등 형식으로 등장한다. 중국인 독자의 입장에서 보면 이런 단어들은 이해하기 어렵고 또한 어떤 단어들은 중국어에 대응 표현이 없으므로 어떻게 번역해야 독자들이 가장 쉽게 받아들일 수 있는지 고민해야 한다. 번역문에서 이러한 단어들의 정확성과 전문성을 확보하기 위해 상황에 따라 적절한 번역 방법과 번역 기법을 활용하여 번역해야 한다.

문장 측면에서 보면, 문장 표현 형식에 있어 여러 개의 의미 관계를 포함한 복합문이 많이 출현하며, 문장과 문장 사이에 논리 관계를 나타내는 문법 항목이 쓰이지 않은 경우도 많다. 이러한 문장은 반드시 원문에 대한 정확한 이해가 전제되어야 한다. 즉 의미 관계가 복잡한 복합문의 의미를 정확하게 분석하고 문장과 문장 사이의 논리 관계도 정확하게 파악하여 번역문에서 그 의미 관계, 논리 관계를 명확하게 표현하여야 한다. 그리고 이러한 문장을 번역할 때에는 원문 형식의 틀에서 벗어서 중국어 표현 습관에 알맞게 문장 구조를 조정하여 번역해야 한다. 이밖에도 성분이 생략되거나 어떠한 사태를 설명함에 있어 사태가 일어난 구체적인 배경 설명이 없이 직접 서술하고 있는데 한국인에게는 익숙한 내용들이므로 이해에 문제가 없지만 한국 사회 경험이 없는 중국인 독자들에게는 생소한 내용들이므로 이해할 수 없게 된다. 그러므로 원문에 대한 충분한 분석과 배경 지식을 갖고 문화 중개 역할을 충분히 함으로 중국인 독자들이 쉽게 이해할 수 있도록 해야 한다.

번역 실천 과정에서는 원문 텍스트의 이러한 특징에 주의를 돌려 원문에 대한 정확하고 충분한 이해를 바탕으로 번역을 진행해야 한다.

2.2 스코포스 이론 소개

이번 번역 실천은 스코포스 이론을 바탕으로 완성하였다.

'스코포스(Skopos)'는 '목표(aim)' 또는 '목적(purpose)'을 뜻하는 희랍어이다. 1970년대 베르메르(Hans J. Vermeer)가 먼저 이 개념을 제기하였고, 1984년 Katharina Reiss와 베르메르 두 사람 공동 집필한 『일반 통・번역 이론의 기초』(Grundlegung einer allgemeinen Translationstheorie)에서 스코포스 이론에 대하여 체계적으로 소개하였다. 스코포스 이론은 기능주의 번역 이론의 대표 이론이다. 스코포스 이론은, 기능적으로 적절한 결과물을 생산하기 위한 번역 방법과 번역 전략의 결정 기준, 즉, 번역의 목적(purpose of translation)에 초점을 맞춘다.[1] 그러므로 스코포스 이론에 따르면 번역자는 번역하기 전에 출발어 텍스트의 번역 목적을 명확히 해야 하고 도착어 텍스트가 어떤 기능을 수행할 것인지도 알아야 한다.

스코포스 이론은 세 가지 원칙이 있다. 즉 목적성 원칙(skopos rule), 연관성 원칙(coherence rule), 충실성 원칙(fidelity rule)이 있다.

스코포스 이론에 따르면 모든 번역 행위는 최우선적으로 목적성 원칙을 준수해야 한다. 즉, 번역은 도착어의 언어 환경과 문화에서 목표 수용자가 기대하는 방식으로 작용하도록 해야 한다. 번역 행위의 목적은 번역의 과정을 결정한다. 그러므로 번역자는 특정한 언어 환경 속에서 번역의 목적을 명확히 해야 하고 이 목적을 기초로 하여 어떤 번역 방법을 선택해야 할지를 결정한다.

연관성 원칙이란 번역문의 문장을 유창하게 번역하고 문장과 문장 간에 연관성이 있게 번역해야 함을 말한다. 번역자가 번역할 때 도착어의 문화, 언어 환경과 표현 습관에 맞고 독자들이 쉽게 이해할 수 있도록 매끄러운 문맥을 구성해야 한다. 즉 번역문은 가독성과 수용성을 확보해야 한다는 것이다.

충실성 원칙이란 원문에 충실하게 번역해야 함을 가리킨다. 원문의 형식만 유지해야 함을 말하는 것이 아니라 번역자가 원문 내용을 정확히 이해하고 번역문에서 독자들이 명료하고 정확하게 이해할 수 있도록 번역해야 함을 말하는 것으로 번역문의 충실성 원칙을 융통

---

[1] Jeremy Munday 지음, 정연일, 남원준 옮김, 『번역학 입문: 이론과 적용』, 한국외국어대학교출판부, 2006:106.

성 있게 발휘해야 한다는 것이다.

스코포스 이론의 세 원칙은 정보 중심 텍스트의 번역에 있어서 중요한 지도적 의미를 가지고 있다. 정보 중심 텍스트 번역의 목적은 원문 텍스트의 내용을 정확하고 온전하게 전달하는 것이고 이런 목적을 달성하기 위해 스코포스 이론의 목적성, 연관성, 그리고 충실성 원칙을 모두 준수해야 한다. 앞의 텍스트 특징에 대한 분석에 따르면 원문 텍스트는 정보 중심 텍스트이고 본 번역 행위의 목적은 한국 사회의 문화 특수성에 대한 이해를 전제로 하여 원문의 정보를 중국어의 표현 습관에 맞게 정확하게 번역하여 전달함으로써 한국 사회에 대한 배경 지식이 없는 일반 중국인 독자들이 원문의 정보를 충분히 이해할 수 있도록 하는 것이다. 스코포스 이론은 정보 중심 텍스트 번역과 본 번역 행위의 목적과 알맞은 번역 이론으로 본 번역 실천은 스코포스 이론을 적용하여 번역 전략을 수립하고 다양한 번역 방법과 번역 기법을 활용하여 작품 번역을 진행하고자 한다.

2.3 번역 실천 과정

이 책은 신종 코로나바이러스 사태 속에서 한국이 직면한 여러 분야의 사회문제를 다루었다. 코로나 사태를 배경으로 한 내용이므로 필자는 번역에 착수하기 전에 코로나19와 관련된 상용 용어와 표현을 익히기 위해 신화통신, 광명일보, 중앙방송, 인민일보 등 공식 뉴스 사이트를 통해 관련 뉴스를 대량으로 열람하면서 전문 용어와 표현 등을 정리하였다. 그다음 원문을 통독하면서 글 전반의 내용을 이해하고 이해하기 어려운 부분들을 정리하였다.

준비 작업이 끝난 후 본격적인 번역 작업을 시작하였다. 필자는 번역 과정을 크게 두 단계로 나누었다. 첫 단계는 초고를 완성하는 단계이다. 네이버 한중·중한 사전, 중국과 한국의 각종 검색 사이트를 활용해 글귀를 꼼꼼히 따져 보고, 관련 번역 이론과 결합하여 가장 적합한 어휘와 표현을 사용하였다. 그리고 번역 과정에 나타난 문제점을 정리하여 스코포스 이론을 바탕으로 번역 문제점들을 해결해 나감으로써 번역문을 완성하였다. 두 번째 단계는 수정 단계이다. 먼저 스스로 번역 초고를 두 번 수정하는 과정을 통해 오역, 누락 등 문제를 해결하고 문장 부호, 맞춤법 등을 꼼꼼히 체크하였다. 그다음 번역 원고를 같은 학과 친구에게 부탁하여 재수정 과정을 거쳤다. 이 과정을 통해 스스로 발견하지 못한 문제점들을 발견하고 수정 작업을 진행하였다. 학생들과 서로 수정하는 과정에서 우리는 수시로 조별 토론회를 열어 번역의 쟁점이 있는 부분에 대해 중점적으로 토론하고 최선의 해결책을 찾아냈다. 마지막으로 여러 차례 수정을 거친 번역 원고를 지도교수님께 드려 최종 수정 과정을 거쳤다. 선생님의 수정 의견에 따라 일부 잘못된 번역문을 수정하고 문장 윤색 과정을 통해 번역문의 정확성과 가독성을 높임으로써 번역문의 최종본을 완성하였다.

3. 번역 사례 분석

본 장은 번역 실천 보고서의 중심 부분으로 번역 과정에서 부딪힌 난점과 문제점을 구체적인 번역 사례를 통해 분석하였다. 이 부분은 주로 어휘 번역과 문장 번역의 두 가지 측면으로 나누어 스코포스 이론을 적용하여 최선의 해결 방안을 찾는 과정을 기록했다.

3.1 어휘의 번역

제 2장에서 언급하였듯이 원문 텍스트에는 코로나19와 관련된 용어 및 여러 분야의 전문 어휘들이 많이 나온다. 이러한 어휘는 전문성이 강할 뿐만 아니라 중국어에 대응되는 표현이 없는 경우가 많으므로 중국인 독자들이 쉽고 정확하게 이해할 수 있도록 번역하기 쉽지 않다. 필자는 스코포스 이론을 바탕으로 어휘의 정확성과 전문성을 확보함과 동시에 중국인 독자의 수용도, 표현 습관 등을 고려하여 번역을 진행하였다. 이 종류의 어휘는 주로 한자어, 외래어, 혼종어 세 가지 형식으로 실현되므로 본 장에서는 이 세 가지 분류에 따라 사례 분석을 진행하고자 한다.

3.1.1 한자어의 번역

한국어 어휘 중 한자어는 약 60%~70%를 차지한다. 한자어의 번역이 중국인 번역자에게 상대적으로 쉽다고 하지만 이번 번역 실천 과정에서는 한자어를 번역할 때 오히려 많은 어려움에 부딪혔다. 한자어의 번역은 대응되는 한자 그대로 번역하는 것이 아니다. 이 책에 나오는 일부 한자어는 중국어에 대응되는 표현이 없거나 한자로 그대로 번역할 시 중국어에서는 다른 의미를 나타내게 된다. 그러므로 어휘의 의미를 잘 파악하고 특정한 맥락적 요인과 결합하여 번역해야 하며 중국인 독자들이 정확하고 쉽게 이해할 수 있도록 해야 한다. 다음은 구체적인 번역 사례를 통해 분석하도록 한다.

예문1:

【원문】

　　보건소에서 검사를 받은 다음 날 음성으로 확인되었다는 통보를 받았다.

【번역문1】

　　第二天，保健所通知我核酸检测结果为阴性。

【번역문2】

　　第二天，社区医院通知我核酸检测结果为阴性。

표준국어대사전에서는 '보건소'에 대해 '질병의 예방, 진료, 공중 보건을 향상시키기 위하여 서울특별시와 각 광역시 및 각 시·군·구에 둔 공공 의료 기관이다'[1]라고 정의하고 있다. 한국어 '보건소'의 한자가 '保健所'이므로 처음에는 한자 그대로 번역하였다. 그러나 중국어에는 '保健所'라는 표현이 없고 '保健所'와 비슷한 형태의 '保健站, 保健院'이라는 표현이 있으나 '기층에 설치되는 의료 기구 혹은 생활 자립 능력이 없는 사람들에게 간호 서비스를 제공하는 장소 혹은 건강 관리를 하는 장소 등'을 가리키는 어휘이므로 한국어의 '보건소'와 의미가 다르다. 그러므로 '保健所'로 번역하면 중국인 독자들이 한국의 '보건소'가 도대체 어떤 일을 하는 곳인지를 제대로 이해할 수 없다. 중국에는 한국의 '보건소'와 비슷한 '社区医院'이 있는데 '지역 사회 구성원을 위해 공중 보건과 기본적인 의료 서비스를 제공하는 기관'을 가리키므로 한국어의 '보건소'와 관련성을 찾을 수 있다. 그러므로 중국인 독자들에게 익숙하고 의미적으로도 최대한 유사성을 갖는 '社区医院'으로 번역하면 중국인 독자들이 '보건소'의 규모, 역할 등에 대해 쉽게 이해할 수 있다.

예문2:
【원문】
　질병의 고통이 완화되어, 다 낫지는 않았다고 하더라도 일상으로 회복을 도모할 수 있게 되는 때를 관해기 (宽解期, remission)라고 부른다.
【번역문1】
　疾病带来的痛苦得到缓解，即使还没有完全康复，但可以恢复日常生活，这个时期被称为缓解期（remission）。
【번역문2】
　疾病带来的痛苦得到缓解，即使还没有完全康复，但可以恢复日常生活，这个时期被称为恢复期（remission）。

'관해기'의 한자는 '宽解期'이다. '관해기'는 사전에 수록되지 않은 어휘이다. 표준국어대사전에서는 '관해(宽解)'에 대해 "『의학』 '완화'의 전 용어인데 '완화'는 '병의 증상이 줄어들거나 누그러짐"[2]고 정의하고 있다. 중국어에서는 이러한 상황을 주로 '缓解期' 또는 '缓和期'로 표현하는데 질병의 종류에 따라 다른 표현을 사용하기도 한다. 코로나19의 '관해기'를 소개할 때 중국어에서 일반적으로 어떤 표현을 사용하는지를 찾아보기 위해 필자는 공식 뉴스 사이트에서 코로나19 관련 기사를 검색해 봄으로써 코로나19 감염자의 상황

---

[1] 국립국어원, 표준국어대사전 https://stdict.korean.go.kr/search/searchResult.do
[2] 국립국어원, 표준국어대사전 https://stdict.korean.go.kr/search/searchView.do

을 소개할 때 '恢复期'라는 표현을 많이 사용하고 '缓解期'와 '缓和期'라는 표현은 사용하지 않는다는 것을 알게 되었다. 그러므로 중국인 독자들이 쉽게 이해할 수 있도록 '관해기'를 중국어의 표현 습관에 따라 '恢复期'로 번역하는 것이 바람직하다.

예문3:
【원문】
　　코로나19로 서울 홈리스들이 이용하던 9개의 공공 병원 중 5개가 '감염병 전담 병원'으로 지정되면서 입원 중이던 홈리스들이 강제 퇴원당했다.
【번역문1】
　　受新冠疫情影响，首尔露宿者们使用的9家公共医院中有5家被指定为"专门应对疫情的医院"，还在住院的露宿者们被强制出院。
【번역문2】
　　受新冠疫情影响，首尔露宿者们使用的9家公共医院中有5家被指定为"疫情定点医院"，还在住院的露宿者们被强制出院。

　　한국에서 '감염병 전담 병원(感染病专担病院)'은 '감염병 환자의 진료 및 치료 등을 전문적으로 도맡아 담당하는 병원'[1]을 가리킨다. 중국에서 '传染病医院'은 '결핵중 등을 비롯한 각종 감염병 치료를 담당하고 감염병 환자만 수용하는 병원'을 가리킴으로써 '감염병 전담 병원'의 기능과 역할이 비슷하다. 그러나 문맥에 따르면 원문의 '감염병 전담 병원'은 보통의 '传染病医院'과 다르고 '코로나19가 발생할 때 임시적으로 코로나 확진 환자를 수용하는 장소로 지정한 공공병원'을 가리킴으로써 이러한 의미에 따라 처음에는 '번역문1'에서처럼 '专门应对疫情的医院'으로 번역하였다. 그러나 이러한 번역을 통해 중국인 독자들이 '감염병 전담 병원'이 어떤 곳인지 이해는 할 수 있지만 번역문이 원문에 비해 전문성이 떨어지는 느낌이 든다. 공식 뉴스 사이트에서 코로나19 관련 기사를 검색해 봄으로써 중국에서는 이런 역할을 담당하는 병원을 '疫情定点医院'이라고 한다는 것을 확인하였다. 그러므로 단순 의역을 할 것이 아니라 원문 어휘의 전문성을 살려 '疫情定点医院'으로 번역하는 것이 바람직하다. 이와 같은 번역은 간결하게 원문의 의미를 나타낼 수 있어 중국인 독자들이 보다 쉽게 이해할 수 있는 데 도움이 된다.

1　우리말샘 https://opendict.korean.go.kr/search/searchResult?query=%EA%B0%90%EC%97%BC%EB%B3%91+%EC%A0%84%EB%8B%B4%EB%B3%91%EC%9B%90&dicType=1&wordMatch=N&searchType=&currentPage=1&cateCode=&fieldCode=&spCode=&divSearch=search&infoType=suggest&sort=W

예문4:

【원문】

　사전투표장에서 개인 장갑 사용을 거절당한 사례가 적지 않았다.

【번역문1】

　　在事前投票现场，很多人被禁止使用个人手套。

【번역문2】

　　在事前投票现场，很多人被禁止使用个人手套。
　　　译者注：事前投票指允许选举投票日当天会因故缺席投票的选民提前行使投票权，这一制度旨在提高选民投票的积极性。

'사전투표'의 한자는 '事前投票'이다. '사전투표'란 '선거 당일 투표가 어려운 선거인이 별도의 부재자 신고 없이 사전투표 기간(선거일 전 5일부터 2일간) 동안 전국 어느 사전투표소에서나 투표할 수 있는 제도'이다. 이러한 제도는 한국 특유의 선거 제도로 중국어에는 '사전투표'의 뜻과 일치되는 단어가 없다. 중국의 공식 뉴스 사이트에서 '사전투표' 관련 기사를 찾아본 결과 '事前投票'와 '提前投票' 2개의 비슷한 표현이 쓰였다. 어떤 번역이 가장 적절한지를 판단하기 위해 기사문에서 이 두 단어의 빈도수를 살펴보았다. 검색 결과는 다음과 같다.

표1　기사문에서 '事前投票', '提前投票'의 빈도수

매체 표현	광명일보 (光明日报)	중국 중앙방송 CCTV (央视网)	신화 통신 넷 (新华网)	중국일보 (中国日报)
事前投票	12번	5번	3번	4번
提前投票	8번	3번	1번	0번

표1에서 보듯이 공식 매체에서는 '事前投票'가 제일 높은 빈도로 쓰인다. 그러므로 처음 번역할 때 '번역문1'에서처럼 대응되는 한자 그대로 '事前投票'로 번역하였다. 그러나 한국 사회, 문화에 대해 잘 알지 못하는 중국인 독자들은 '事前投票'가 정확하게 어떤 투표 형식을 가리키는지를 이해하지 못할 수도 있다. 그러므로 필자는 한국의 이러한 사회 제도를 중국인 독자들이 쉽게 이해할 수 있도록 전달하기 위해 각주로 '事前投票'에 대한 설명을 추가함으로써 문화적 중개를 실현하였다.

이상에서 번역하기 어려운 한자어의 사례 4개를 통해 번역 과정과 문제 해결 과정을 자세히 살펴보았다. 이런 유형의 한자어를 번역할 때에는 단순히 한자 그대로 번역할 것이 아니라 우선 원문에 대한 충분한 이해를 통해 한자어가 나타내는 의미를 정확하게 파악해야 하고 다음과 같은 번역 방법에 따라 번역하는 것이 바람직하다.

첫째, 만일 중국어에도 최대한 비슷한 의미를 나타내는 어휘가 있으면 대치 번역이 가능하다.

둘째, 한자어에 대응되는 표현이 중국어에 여러 개가 있을 경우, 원문의 앞뒤 문맥을 통하여 한자어의 문맥적 의미를 정확하게 판단하고 가장 적절한 중국어 표현으로 번역해야 한다.

셋째, 만일 중국어에 대응되는 표현이 없을 경우에는 의미역을 하거나 대응되는 한자 그대로 번역하되 뒤에 단어에 대한 설명을 추가하여 번역하는 것이 바람직하다.

넷째, 어휘 번역에 있어 어휘의 정확성을 확보해야 할 뿐만 아니라 전문성도 최대한 살려야 한다

3.1.2 외래어의 번역

원문 텍스트에는 대량의 외래어가 나온다. 그중에서 코로나19 사태와 함께 생겨난 새로운 어휘들도 있고 어느 특정한 분야의 전문 어휘들도 있다. 일부 외래어는 원래 자주 쓰이던 의미로 쓰이는 것이 아니라 새로운 의미가 부여되어 쓰인다. 그러므로 이러한 외래어를 번역할 때에는 그 의미를 명확하게 파악하고 특정한 맥락적 요인과 결합하여 번역함으로써 중국인 독자들이 정확하고 쉽게 이해할 수 있도록 해야 한다. 아래 구체적인 번역 사례를 통해 분석하도록 한다.

예문5:
【원문】
　　모두가 어려운 시기라고 하지만, '코로나 블루' 를 넘어 삶 자체를 위협받는 이들의 목소리에 귀를 기울일 필요가 있다고 생각한다.
【번역문1】
　　虽然大家都说这是一个困难时期，但我认为有必要克服"疫情忧虑"，关注那些因疫情受困的群体，倾听他们的心声。
【번역문2】
　　虽然大家都说这是一个困难时期，但我认为有必要克服"疫情恐慌"，关注那些因疫情受困的群体，倾听他们的心声。

'코로나 블루'는 영어 단어 'corona'와 'blue'가 합쳐진 신조어로 영어에서는 'corona blue'라는 단어가 없다. 'blue'는 보통 '우울하고 비관적'이라는 뜻을 나타내는데 원문에서는 단순히 우울함의 뜻뿐만 아니라 '장기간의 팬데믹 때문에 심히 불안함'의 뜻도 나타내기

때문에 '忧虑'로 번역하기보다 '두려움, 불안함'의 의미를 나타낼 수 있는 '恐慌'으로 번역하는 것이 바람직하다. 외래어 번역은 원어 의미의 제약을 받기 쉽고, 어떤 외래어는 특정한 언어 환경에서 새로운 의미가 부여되어 쓰일 수도 있으므로 문맥에 대한 충분한 이해를 바탕으로 번역해야 한다. 이러한 번역은 중국인 독자들이 원문의 의미를 정확히 이해할 수 있고 스코포스 이론의 충실성 원칙에도 부합한다.

예문6:
【원문】
　　그러나 핫한 라이프스타일로 비치는 '제로 웨이스트' 물결의 이면에는 거대한 석유화학산업이 똬리를 틀고 있다.
【번역문1】
　　但是，展现热门生活方式的"零浪费"浪潮背后，却是大规模的石油化工产业。
【번역문2】
　　但是，展现热门生活方式的"零废弃"浪潮背后，却是大规模的石油化工产业。

'제로 웨이스트'는 영어 단어 'Zero Waste'에서 따온 말로 환경 보호 영역에서 흔히 쓰이는 어휘이다. 처음에는 영문 의미에 따라 '零浪费'로 축자역을 하였다. 'Zero Waste'의 중국어 대응 어휘가 '零浪费'인지 확인하기 위해 중국의 공식 뉴스 사이트에서 'Zero Waste' 관련 기사를 찾아본 결과 '零浪费', '零垃圾', '零废弃' 등 3개의 비슷한 표현이 쓰였다. 어떤 번역이 가장 적절한지를 판단하기 위해 기사문에서 이 세 단어의 빈도수를 살펴보고, 학술 분야에서 학자들의 사용 상황도 알아보고자 학술 정보 사이트 '중국지망(CNKI)'에서도 검색해 보았다. 검색 결과는 다음과 같다.

표2　기사문에서 '零浪费', '零垃圾', '零废弃'의 빈도수

매체 표현	광명일보 (光明日报)	중국 중앙방송 CCTV (央视网)	신화 통신 넷 (新华网)	중국일보 (中国日报)	중국지망 CNKI (中国知网)
零浪费	24번	1번	0번	0번	17번
零垃圾	7번	1번	2번	0번	0번
零废弃	119번	33번	11번	2번	95번

표2에서 보듯이 공식 매체에서는 '零废弃'가 제일 높은 빈도로 쓰이고 학술 분야에서도 '零废弃'가 제일 많이 쓰인다. 그러므로 '零废弃'로 번역하는 것이 중국어의 공식적인 표현 습관에 가장 부합하는 번역이라 할 수 있다.

이상에서 번역하기 어려운 외래어의 사례 2개를 통해 번역 과정과 문제 해결 과정을 자세히 살펴보았다. 이런 유형의 외래어를 번역할 때에는 우선 원문에 대한 충분한 이해를 통하여 외래어가 나타내는 의미를 정확하게 파악해야 하고 다음과 같은 번역 방법에 따라 번역하는 것이 바람직하다.

첫째, 한국어 원문의 외래어가 원래 자주 쓰이는 의미로 쓰이지 않고 새로운 의미가 부여되어 쓰일 경우에는 우선 원문의 앞뒤 문맥을 통해 외래어의 문맥적 의미를 정확하게 판단해야 한다. 그다음 외래어가 문맥에서 나타내는 의미에 따라 중국인 독자들이 쉽고 정확하게 이해할 수 있는 표현으로 번역해야 한다.

둘째, 한국어 원문의 외래어에 대응되는 표현이 중국어에 여러 개가 있을 경우에는 공식 사이트와 학술 정보 사이트를 활용하여 어휘의 정확성과 전문성을 확보할 수 있고 빈도수가 높은 표현으로 번역해야 한다

3.1.3 혼종어의 번역

혼종어는 '서로 다른 언어에서 유래한 요소의 결합으로 이루어진 단어'[1]를 가리킨다. 이번 번역 실천 과정에서는 혼종어를 번역할 때 많은 어려움에 부딪혔다. 왜냐하면 원문 텍스트에 나오는 혼종어들이 대부분 코로나19 사태와 함께 생겨난 새로운 어휘들이므로 중국어에 대응 표현이 없는 경우가 많고 또 일부 혼종어는 중국어에 대응되는 표현이 여러 개가 있어 어느 것을 선택해야 할지 판단하기 어려웠기 때문이다. 그러므로 번역할 때 반드시 문맥에 따라 혼종어의 뜻을 명확하게 파악하고 특정한 맥락적 요인과 결합하여 번역함으로써 중국인 독자들이 정확하고 쉽게 이해할 수 있도록 해야 한다. 아래 구체적인 번역 사례를 통해 분석하도록 한다.

예문7:

【원문】

밀접 접촉자로 분류되어 자가 격리하는 사람들이 이탈하지 않도록 <u>안심 밴드</u>를 채우겠습니다.

【번역문1】

为了防止被划分为密切接触者进行居家隔离的人擅自离开，会为他们佩戴<u>放心手环</u>。

【번역문2】

为了防止被划分为密切接触者进行居家隔离的人擅自离开，会为他们佩戴<u>电子手环</u>。

译者注：电子手环于2020年新冠疫情期间由韩国政府推出，佩戴对象是无端离开隔离地点或拒接疫情工作人员确认电话等违反居家隔离规定的人，在征得本人同意后为其佩戴。

1　국어국립원, 표준국어대사전 https://stdict.korean.go.kr/search/searchResult.do?pageSize=10&searchKeyword=%ED%98%BC%EC%A2%85%EC%96%B4

'안심 밴드'는 한자어 '안심(安心)'과 영어 외래어 '밴드(band)'로 구성된 혼종어이다. '안심 밴드'는 '한국 정부가 자가 격리 무단이탈을 막기 위해 격리지를 무단이탈하거나 확인 전화를 받지 않는 등의 자각 격리 지침을 위반한 사람들에 한해 본인의 동의를 받아 적용되는 장치'를 가리킨다. 중국 국내 사이트의 코로나 관련 기사를 검색해 봄으로써 '放心手环'과 '电子手环'이라는 표현으로 쓰인다. 두 가지 표현 중 어느 것이 공식적 글에서 많이 쓰이는지를 확인하기 위해 공식 뉴스 사이트에서 코로나 관련 기사를 검색해 보았다. 검색 결과는 다음과 같다.

표3 기사문에서 '放心手环', '电子手环'의 빈도수

매체 표현	광명일보 (光明日报)	중국 중앙방송 CCTV (央视网)	신화 통신 넷 (新华网)	중국일보 (中国日报)
放心手环	7번	1번	0번	2번
电子手环	20번	4번	4번	3번

표3에서 보듯이 공식 매체에서는 '电子手环'이 더 높은 빈도로 쓰인다. 그러므로 '电子手环'으로 번역하는 것이 중국어의 공식적인 표현 습관에 가장 부합하는 번역이라 할 수 있다. 또한 중국인 독자들이 '안심 밴드'에 대해 명확하고 충분히 이해할 수 있도록 '안심밴드'는 무엇인지, 어떤 기능과 역할을 수행하는지, 착용 대상은 누구인지를 각주로 자세한 설명을 추가함으로써 문화적 중개를 실현하였다. 이러한 번역은 중국인 독자들이 원문을 정확하고 쉽게 이해할 수 있다.

예문8:
【원문】
한번 쓰고 버리는 일회용 마스크를 썼는지, 빨아 쓰는 다회용 마스크를 썼는지에 따라 '<u>쓰레기 덕후</u>'(내가 일회용품 감소 활동을 하는 사람들을 부르는 별칭이다) 인지 아닌지를 쉽게 알 수 있다.

【번역문】
根据口罩的使用情况，是使用戴一次就扔掉的一次性口罩还是使用可以清洗后重复使用的口罩，很容易就能知道这个人是不是"垃圾御宅族"（这是我对倡导减少使用一次性用品的人们的别称）。

译者注："垃圾御宅族"是指主张减少垃圾，提倡对垃圾进行回收利用，变废为宝，并为之身体力行的群体。

'쓰레기 덕후'는 한국어 고유어 '쓰레기'와 일본어 '오타쿠(オタク)'를 한국식으로 발음한 '오덕후'의 준말인 '덕후'로 구성된 혼종어이다. 이 혼종어는 사전에 수록되지 않은 신조

어로 일반적으로 '쓰레기를 줄이고 버려질 쓰레기를 재활용하여 쓸모 있게 만드는 활동을 하는 사람'을 가리킨다. 중국어에는 이에 대응되는 용어가 존재하지 않는다. 필자는 '쓰레기 덕후'를 번역하기 위해 우선 '덕후'의 의미를 찾아보았다. 우리말샘 사전에서는 '오타쿠'에 대해 '한 분야에 지나치게 집중하거나 집착하는 사람. 또는 특정 분야에 전문적인 지식을 지닌 사람'[1]이라고 정의하고 있다. 중국어에 '御宅族'라는 단어가 있는데 '하위문화에 열중하고 그 문화에 대해 깊이 알고 있는 사람'을 가리키는 것으로 '오타쿠'의 의미와 아주 비슷하다. 그리하여 필자는 '쓰레기 덕후'를 '垃圾御宅族'로 번역하였다. 그러나 중국어에 '垃圾御宅族'라는 표현이 없으므로 중국인 독자들이 '垃圾'와 '御宅族'라는 두 형태소 의미의 결합만으로 '쓰레기 덕후'의 의미를 정확하게 파악하기 어렵다. 원문에서 작가는 '쓰레기 덕후'가 '일회용품 감소 활동을 하는 사람들을 부르는 별칭이라'고 추가 설명을 하고 있으나 이는 작가가 주장한 좁은 의미일 뿐 '쓰레기 덕후'가 갖는 원래의 의미는 아니다. 그러므로 중국인 독자들이 '쓰레기 덕후'의 의미를 이해할 수 있도록 각주로 설명을 추가함으로써 문화적 중개를 실현하였다.

이상에서 번역하기 어려운 혼종어의 사례 2개를 들어 번역 과정과 문제 해결 과정을 자세히 살펴보았다. 이런 유형의 혼종어를 번역할 때에는 단순히 혼종어를 형성한 형태소 의미의 결합이 아니라 혼종어가 문맥에서 갖는 의미를 정확하게 파악해야 하고 이를 바탕으로 다음과 같은 번역 방법에 따라 번역하는 것이 바람직하다.

첫째, 한국어 원문의 혼종어에 대응되는 표현이 중국어에 여러 개가 있을 경우에는 공식 사이트와 학술 정보 사이트를 활용하여 어휘의 정확성과 전문성을 확보할 수 있고 빈도수가 높은 표현으로 번역해야 한다.

둘째, 한국어 원문 혼종어의 대응 표현이 중국어에 없을 경우에는 혼종어를 형성한 각 형태소의 대응어로 번역한 후 독자들이 정확하게 이해할 수 있도록 혼종어의 의미에 대해 설명을 추가하여 번역하는 것이 바람직하다.

3.2 문장의 번역

원문 텍스트는 정보 중심 텍스트로 번역문에 대해서도 강한 논리성을 요구한다. 한국어의 표현 특징과 작가의 문체적 특징으로 인해 원문 텍스트에는 복잡한 의미 관계를 내포한 복합문, 문장 성분이 생략된 문장, 문화 중개를 필요로 하는 문장이 꽤 보인다. 이러한 문장들의 논리성을 번역문에서도 명확하게 보장하려면 우선 원문 내용에 대해 정확하고 충분히

---

1 우리말샘 https://opendic.korean.go.kr/search/searchResult?query=%EC%98%A4%ED%83%80%EC%BF%A0

이해해야 하며, 절과 절 사이의 의미 관계, 문장과 문장 사이의 의미 관계를 정확하게 전달하기 위해 다양한 번역 방법과 번역 기법을 활용해야 한다. 아래 문장 번역 과정에서 부딪힌 이러한 번역 난점들을 복합문의 번역, 성분이 생략된 문장의 번역, 문화 중개를 필요로 하는 문장 등 세 부분으로 나누어 구체적인 사례를 통해 분석하고자 한다.

3.2.1 복합문의 번역

복잡한 의미 관계를 표현하기 위해 단문이 아닌 복문을 사용하게 된다. 원문 텍스트에도 복잡한 의미 관계를 표현하는 복합문이 많이 출현한다. 이러한 복합문은 의미 관계가 복잡할 뿐만 아니라 문장 구조도 중국어의 언어 표현 습관에 부합하지 않는 경우가 많다. 이와 같이 문장 구조가 복잡한 복합문은 그 내용을 정확하게 이해하기 어려울 뿐만 아니라 중국어로 번역할 때 문장 성분 전환, 문장 형식 전환 등 재구성 과정을 거쳐야 하므로 번역의 난점으로 다가온다. 그러므로 이러한 문장의 내용을 중국인 독자들이 쉽고 정확하게 이해할 수 있도록 번역하기 위해 필자는 원문 내용에 대한 충분한 이해를 바탕으로 상황에 따라 적절한 번역 방법과 번역 기법을 활용하여 번역하였다. 아래 구체적인 번역 사례를 통해 살펴보도록 한다.

예문9:

【원문】

그러나 재판부는 <u>행선지와 직업에 대한 사실을 누락하고, 숨겼기 때문에 그가 접촉한 많은 사람들이 보다 신속하게 검사를 받지 못하였으며, 이로 인해 많은 사람에게 바이러스의 전파가 일어났다는</u> 점 역시 가벼이 볼 수 없다고 <u>강조하였다</u>.

【번역문1】

但是，法庭强调，<u>被告人漏报行程轨迹和职业信息，导致和他接触的许多人不能在第一时间接受检查，让更多人感染了病毒的事实</u>绝对不容我们轻视。

【번역문2】

但是，法庭强调，<u>被告人隐瞒行程轨迹和职业信息，导致和他接触的许多人不能在第一时间接受检查，导致更多人感染了病毒，这一点</u>绝对不容轻视。

원문의 밑줄 친 부분은 문장에서 '점'을 수식하는 관형어이다. 관형어는 병렬 관계와 인과 관계, 수식 관계, 지칭 관계 등 여러 개의 의미 관계를 포함한 긴 문장으로 실현되었다. 만일 '번역문1'의 밑줄친 부분처럼 원문의 긴 관형어를 원문의 문장 구조 그대로 번역하면 관형어가 길 뿐만 아니라 의미 관계를 나타내는 문법 표지가 없이 연결된 절과 절 사이의 의미 관계가 혼란해지므로 중국인 독자들이 문장의 논리를 이해하기 어렵게 된다. 그리하여 관형어를 서술어로 전환하고 의미 관계를 명확하게 나타내기 위해 '导致'를 보충함으로써 당시 사태를 명확하게 서술하고, 뒤에 '这一点'이라는 지칭어를 사용하여 앞의 사태에 대한 서술 부분을 관계절로 처리하여 번역하였다. 이와 같이 문장 성분 전환과 연사(连词) 보충 등 번역 기법을 활용하여 원문의 의미를 중국어의 표현 습관에 맞게 번역함으로써 중국인 독자들이 원문의 의미를 더욱 명확하고 쉽게 이해할 수 있도록 하였다.

예문10:
【원문】
　　코로나19 대유행을 통해 우리가 배운 중요한 교훈은 공유된 감정이 엄청나게 큰 힘을 발휘한다는 것이다.
【번역문1】
　　通过新型冠状病毒大流行我们学到的一个重要教训就是在情感上"互通有无"能够发挥出巨大力量。
【번역문2】
　　本次新型冠状病毒大流行让我们领悟到，在情感上"互通有无"能够发挥出巨大力量。

　　원문의 '코로나19 대유행을 통해 우리가 배운'과 '중요한'은 주어 '교훈'을 수식하는 관형어이다. 처음에는 '번역문1'에서처럼 원문의 어순대로 직역하였다. 물론 이러한 번역을 중국어 독자들이 이해할 수는 있겠으나 문장 구조가 중국어의 표현 습관에 어울리지 않을 뿐더러 원문이 나타내고자 하는 내용의 핵심이 번역문에서 두드러지지 않는다. 원문은 코로나 대유행을 통해 우리가 '공유된 감정이 엄청나게 큰 힘을 발휘한다'라는 교훈을 배웠음을 강조한다. 그러므로 번역문에서는 관형절의 주어와 서술어를 전체 문장의 주어와 서술어로 전환하고 원문의 서술어를 '배우다'의 목적어로 전환하여 '번역문2'와 같이 번역하였다. 즉 원문의 '관형어+주어+서술어' 구조의 문장을 '주어+서술어+목적어' 구조로 재구성하여 번역함으로써 중국어의 문장 구조 형식에 부합하도록 하였다. 원문의 '배우다'는 '교훈'과 결합하여 쓰여 '어떤 일을 경험하여 알게 됨'을 나타내므로 '学习'로 번역하지 않고 깨달음을 나타내는 '领悟'로 번역하였다. 이러한 번역은 원문의 의미를 간단명료하게 전달할 수 있고 '우리가 배운 중요한 교훈이 무엇인지'를 더욱 두드러지게 표현할 수 있으므로 중국인 독자들이 명확하고 쉽게 이해하는 데 도움이 된다.

　　이상에서 번역하기 어려운 복합문의 사례 2개를 들어 번역 과정과 문제 해결 과정을 자세히 살펴보았다. 이러한 복합문을 번역할 때 중국인 독자들이 원문의 뜻을 잘 이해할 수 있도록 번역하기 위해 긴 문장 분해, 문장 성분 전환, 어순 조정, 문장 형식 전환 등 재구성 과정을 거쳐 중국어의 문장 구조 형식에 맞도록 번역해야 한다.

3.2.2 성분이 생략된 문장의 번역

문장의 간결성을 위해 구체적인 언어 맥락에서 의미 전달에 문제가 없다면 성분을 생략하는 경우가 많다. 원문 텍스트에는 선행절과 후행절 또는 앞뒤 문장이 동일 성분을 가질 경우 그 성분이 생략되어 실현되는 문장이 많다. 이러한 문장은 중국어로 번역할 때 원문의 의미를 명확하게 전달하고 중국어의 표현 습관에 맞도록 생략된 성분을 보충하여 번역하는 경우가 많으므로 번역의 난점으로 다가온다. 그러므로 성분이 생략된 문장의 내용을 중국인 독자들이 쉽고 정확하게 이해할 수 있도록 번역하기 위해 필자는 원문에 대한 충분한 이해를 바탕으로 문맥에 따라 생략된 부분을 보충함으로써 원문의 내용을 명확하게 전달하였다. 아래 구체적인 번역 사례를 통해 살펴보도록 한다.

예문11:

【원문】

자가 격리를 하게 됐다. 상상 해본 적은 있지만 예상하지는 못했던 일이다.

<u>안식년이었다.</u> 나는 '음미체(音体美)'라고 이름 붙인 계획을 세웠다.

【번역문1】

虽然有过心理准备，但居家隔离对我来说还是有些突然。

<u>安息年时，</u>我制订了一个"音体美"计划。

【번역문2】

虽然有过心理准备，但居家隔离对我来说还是有些突然。

<u>疫情暴发时，我正处于安息年，当时</u>我制订了一个"音体美"计划。

앞뒤 문맥에 따르면 원문의 밑줄 친 부분 '안식년이었다'는 '그때 나는 안식년이었다'라는 의미를 나타낸다. 단 구체적인 앞뒤 문맥상으로 그 의미를 나타낼 수 있으므로 원문에서는 주어 '나'와 '그때'라는 시간을 나타내는 부사어 성분을 생략하였다. 처음 번역할 때에는 '번역문1'에서처럼 이를 '安息年时'로 번역하였고 부사어로 처리하였다. 그러나 '안식년'이란 어느 한 시각을 나타내는 것이 아니라 일반적으로 1년이란 기간을 나타내고 작가가 앞뒤 문맥에서 겪은 일들이 모두 안식년 기간에 일어난 일들이므로 뒤 문장의 부사어로 번역하는 것은 적절하지 않다. 그리고 앞 문장하고도 논리적으로 연결되지 않는다. 그러므로 '그때 나

는 안식년이었다'의 의미를 명확하게 전달하기 위해 앞뒤 문맥에 따라 주어인 '나'를 보충하고 '그때'가 지칭하는 '코로나 사태 시기'를 구체화하여 '번역문2'에서처럼 번역하였다. 이러한 번역은 앞뒤 문맥의 연결이 자연스러울 뿐만 아니라 중국어 독자들이 원문의 내용을 정확하고 쉽게 이해할 수 있도록 한다.

예문12:
【원문】
　　개인의 일탈이 다수에게 불안, 두려움, 불편, 손해를 입혔으니 그에게 이를 합산한 만큼, 아니 배로 되돌려 주어야 한다는 것이다.
【번역문1】
　　因为一个人不遵守防疫规定而给很多人带来了不安、恐惧、麻烦和损失，所以大家想把这些伤害加在一起，不，加倍报复回他身上。
【번역문2】
　　因为一个人不遵守防疫规定而给很多人带来了不安、恐惧、麻烦和损失，所以大家想以其人之道还治其人之身，让他承受相同的痛苦，不，应该让他承受加倍的痛苦。

　　원문의 밑줄 친 부분 '이를 합산한 만큼'과 '아니 배로'는 모두 정도를 나타내는 부사어로 뒤의 서술어 '되돌려 주다'를 수식한다. 의미적으로 보면 '사람들이 방역 조치를 위반하는 일탈자에 대한 분노와 본인들이 겪은 고통을 일탈자에게 배로 되돌려 줘야 한다'는 주장을 서술하고 있다. 처음 번역할 때에는 한국어의 표현 형식에 따라 '번역문1'에서처럼 두 개의 부사어로 번역하였다. 그러나 중국어에서는 두 개의 부사어가 수식하는 서술어가 동일할지라도 각 부사어 뒤에 서술어를 제시하는 것이 일반적이다. 그러므로 앞뒤 문맥에 따라 '번역문2'에서는 첫번째 부사어 뒤에 서술어 '让他承受相同的痛苦'를 보충하고, 중국어에서 자주 쓰이는 관용 표현 '以其人之道还治其人之身'을 첨가함으로써 중국인 독자들이 사람들의 분노 정서를 더욱 충분히 이해할 수 있도록 하였다. 또한 원문에서 생략된 주어 '사람들'을 번역문에서는 '大家'로 보충하여 번역함으로써 원문의 의미를 더욱 명확하게 전달하였다. 이러한 번역은 원문의 뜻을 명확하고 충분히 전달할 수 있으므로 중국인 독자들이 원문의 내용을 정확하고 쉽게 이해하는 데 도움이 된다.

　　이상에서 번역하기 어려운 성분이 생략된 문장의 사례 2개를 들어 번역 과정과 문제 해결 과정을 자세히 살펴보았다. 이러한 문장을 번역할 때에는 중국인 독자들이 원문의 의미를 정확하고 쉽게 이해할 수 있도록 우선 원문에 대한 충분한 이해를 통해 생략된 성분과 정보를 정확히 판단해야 한다. 이러한 성분을 번역문에서 생략하여도 자연스러운 표현이 되고 의미 전달에도 영향을 끼치지 않을 경우에는 원문 그대로 생략하여 번역할 수 있다. 그렇지 않을 경우에는 원문의 의미를 명확하고 온전하게 전달하기 위해 생략된 문장 성분을 보충하고 중국어의 언어 표현 습관에 맞도록 번역해야 한다.

3.2.3 문화 중개를 필요로 하는 문장의 번역

원문 텍스트에는 문화 중개를 필요로 하는 문장이 많이 나타난다. 원문 텍스트는 한국의 사회 배경에 입각하여 창작되었기 때문에 어떤 경우에는 문장과 문장 사이의 논리 관계나 문장의 내포의를 명시하지 않더라도 한국인 독자들은 원문의 뜻을 충분히 이해할 수 있다. 그러나 한국 사회 경험이 없는 중국인 독자들의 입장에서는 명시되지 않은 논리 관계와 내포의를 이해하지 못하게 된다. 이러한 원문은 내용을 정확하게 이해하기 어려울 뿐만 아니라 중국어로 번역할 때 명시화 처리 과정을 거쳐 원문의 논리성과 내포의의 등가를 확보해야 하므로 번역의 난점으로 다가온다. 그러므로 이러한 문장의 내용을 쉽고 정확하게 이해할 수 있도록 번역하기 위해 필자는 원문 내용에 대한 충분한 이해를 바탕으로 명시되지 않은 논리 관계와 내용을 명시화하여 문화적 중개를 실현하였다. 아래 구체적인 번역 사례를 통해 살펴보도록 한다.

예문13:

【원문】

'이태원 클럽'에 확진자가 다녀갔다는 사실이 알려진 후 서울 수도권에 경계가 삼엄하던 6월, 휴원이 공지됐다. 8월에 다시 개원했을 때는 밀린 수업까지 듣겠다는 마음으로 강좌를 두 개나 신청했다. 질병관리본부(현 질병관리청) 브리핑에 등장하는 수어 통역사의 말을 조금은 알아볼 수도 있을것 같던 때였다. '광복절 집회'가 고비였다. 아슬아슬하게 긴장이 이어지던 어느 날, 수강생 중 확진자가 생겼다는 연락을 받았다.

【번역문】

梨泰院夜店确诊患者的行程轨迹公开后，整个6月首都圈的经济都受到严格管控，手语课程也被迫终止。8月份重新开课时，我想把之前落下的课程全部补回来，于是报名了两节课。当时我的手语已经有了很大进步，疾病管理中心（现疾病管理厅）新闻发布会上出现的手语翻译老师的话，我已经可以稍微看懂一部分了。就在这个时候又举行了万人以上规模的"光复节集会"，我很担心本次"光复节集会"会再次引发大规模聚集性感染。为此我一直很紧张，不久之后就收到了消息，和我们一起上课的学生中出现了确诊患者。

원문의 밑줄 친 부분은 2020년 코로나 시기 만 명 이상의 인원이 참가한 '광복절 집회'를 가리키는 것으로 '광복절 집회가 고비였다'는 '광복절 집회에서 코로나바이러스 집단 감염이 일어나지 않고 무사히 넘길 수 있을지' 걱정하는 작가의 생각을 서술하였다. '이태원 클럽' 집단 감염 사태 이후 사람들의 생활에 매우 큰 영향을 끼칠 수 있는 또 한번의 대규모 집회였기 때문이다. 처음 번역할 때에는 원문대로 '光复节集会是关键'으로 직역하였다. 그러나 그때 당시 한국 코로나 사태를 겪어 보지 못하고 한국 사회에서 일어난 사건들에 대해 익숙하지 않은 중국인들은 왜 '광복절 집회'를 고비라고 하는지를 이해할 수 없다고 판단하였다. 그러므로 중국어 독자들이 원문이 전달하고자 하는 의미를 논리성에 맞게 이해할 수 있도록 하기 위해 '광복절 집회'의 규모와 고비라고 생각하는 작가의 걱정 내용을 추가하여 번역하였다. 이러한 번역을 통해 원문의 논리성도 살리고 문화적 중개도 실현하였다.

예문14:
【원문】
①숫자로만 집계되는 피해에서 얼굴을 읽어 내고 목소리를 들어야 할 때다. ②확진자가 겪은 일에 예방의 실마리가 있다.

【번역문1】
①当下，我们应该去了解确诊人数中的每一个个体，倾听他们的声音。②从确诊患者的经历中可以找到预防感染的突破口。

【번역문2】
①当下，我们不应只关注确诊人数，而是应该去了解数字背后的每一个人，去倾听他们的经历。②因为从确诊患者的经历中可以找到预防感染的突破口。

원문의 밑줄 친 부분은 은유 표현을 사용하여 '코로나 확진자 수의 통계에만 그칠 것이 아니라 확진자 개개인의 상황을 알아야 하고 개개인의 이야기를 들어 봐야 한다'는 의미를 표현하였다. 처음 번역할 때에는 '번역문1'에서처럼 원문의 축자적 의미대로 직역하였다. 그러나 중국어에는 이러한 은유 표현이 없으므로 중국어 독자들이 원문이 나타내고자 하는 의미를 이해할 수 없게 된다. 그러므로 앞뒤 문맥에 따라 '번역문2'에서처럼 '피해'를 '确诊人数'로, '얼굴을 읽어 내다'를 '了解每一个人'으로, '목소리를 듣다'를 '倾听经历'으로 원문의 은유 표현을 명시화하여 번역하였다. 그리고 '번역문2'에서 '不是……而是……'라는 대조의 뜻을 나타내는 연사(连词)를 추가함으로써 '확진자들의 이야기에 귀를 기울여야 한다'는 뜻을 더욱 두드러지게 표현하였다. 또한 원문의 ①, ②는 의미적으로 인과 관계를 나타내므로 연사 '因为'를 보충함으로써 중국인 독자들에게 이런 논리 관계를 명확하게 전달하였다. 이러한 번역을 통해 원문의 논리성도 확보하고 중국인 독자들이 원문의 내용을 정확하고 쉽게 이해할 수 있도록 하였다.

이상에서 문화 중개를 필요로 하는 문장의 사례 2개를 들어 번역 과정과 문제 해결 과정을 자세히 살펴보았다. 이러한 문장을 번역할 때에는 중국인 독자들이 원문의 논리 관계와 전달하고자 하는 내용을 쉽고 명확하게 이해할 수 있도록 하기 위해 문맥에 따라 원문의 논리 관계를 잘 파악하고 연사를 보충하는 기법으로 명시되지 않은 문장의 논리 관계를 명시화해야 하고 은유와 같은 수사 표현은 중국어의 표현 습관에 맞게 내포의를 명시적으로 번역하여 문화 중개 역할을 담당해야 한다.

4. 맺음말

본 번역 실천은 한국 창비출판사가 발행한 『마스크가 답하지 못한 질문들』을 번역 대상으로 하였다. 원문 텍스트는 장기화된 코로나19 팬데믹으로 인한 한국 여러 분야에 생겨나는 문제들을 소개하고 있는데 Katharina Reiss의 텍스트 유형별로 보면 정보 중심 텍스트에 속하며 번역할 때 원문의 내용을 중국인 독자들에게 정확하게 전달하는 것이 가장 중요하다. 베르메르가 제시한 스코포스 이론은 정보 중심 텍스트의 번역에 대해 중요한 지도적 의의를 가지고 있으며 이번 번역 실천은 스코포스 이론을 바탕으로 완성하였다. 본문은 스코포스 이론의 세 가지 원칙에 대한 충분한 이해를 바탕으로 번역 과정에서 부딪힌 어려움과 문제점을 해결하고 분석하였다. 주로 어휘 번역과 문장 번역 두 가지 측면으로 나누어 스코포스 이론을 적용하여 구체적인 번역 사례를 통하여 최선의 해결 방안을 찾는 과정을 제시하였다.

어휘의 번역 측면에서 보면 원문 텍스트에서 코로나와 관련된 새로운 단어와 여러 분야의 전문 용어가 많고 주로 한자어, 외래어와 혼종어 등 세 가지 형식으로 등장한다. 이런 유형의 어휘들을 번역할 때 우선 원문에 대한 충분한 이해를 통하여 어휘가 나타내는 의미를 정확하게 파악해야 하고 적절한 번역 방법을 선택해야 한다. 중국어에도 최대한 비슷한 의미를 나타내는 어휘가 있으면 대치 번역을 하였다. 어휘에 대응되는 표현이 중국어에 여러 개가 있을 경우 원문의 앞뒤 문맥을 통하여 어휘의 문맥적 의미를 정확하게 판단하고 또한 공식 사이트와 학술 정보 사이트를 활용하여 가장 적절한 중국어 표현으로 번역하였다. 어휘에 대응되는 표현이 중국어에 없을 경우에는 의미역, 축자역을 하거나 뒤에 각주로 단어에 대한 설명을 추가하여 번역하였다. 이와 같은 과정을 통하여 어휘의 정확성과 전문성을 확보하였다.

문장의 번역 측면에서 보면 원문 텍스트는 정보 중심 텍스트로 논리성이 강하고 복잡한 의미 관계를 내포한 복합문, 문장 성분이 생략된 문장, 문화 중개를 필요로 하는 문장이 많이 나타난다. 이러한 문장들의 논리성을 번역문에서도 명확하게 보장하기 위하여 스코포스 이론의 세 원칙에 따라 상황에 맞게 적절한 번역 방법을 선택하여 번역하였다. 중국인 독자들이 정확하고 쉽게 이해할 수 있도록 긴 문장의 분해, 어순 조정, 문장 성분의 전환, 문장 형식의 전환, 생략된 부분의 보충, 명시되지 않은 논리 관계와 내용의 명시 등 여러 가지 방법을 활용하여 가장 자연스럽고 매끄러운 번역문을 달성하도록 번역하였다. 이와 같은 과정을 통하여 문장의 논리성과 의미의 온전성을 번역문에서도 명확하게 확보하였다.

이상으로 스코포스 이론에 따라 필자는 본 번역 실천 보고서를 완성하였다. 필자는 이번 번역 실천을 통해 많은 경험과 수확을 얻었는데 주로 다음 세 가지로 총결할 수 있다.

첫째, 번역은 재창작의 과정이고 복잡한 작업이다. 좋은 번역을 하려면 엄격하고 진지한 태도가 필요하다. 번역문을 여러 번의 수정을 거쳐야 비로소 더 좋은 번역 성과를 얻을 수 있다.

둘째, 일상생활에서 지식의 축적을 중시해야 한다. 번역을 할 때 외국어 수준도 중요하지만 모국어 수준도 매우 중요한 역할을 하고 있다. 또한 번역은 단순한 언어 간의 전환이 아니고 문화 중개의 역할도 수행하기 때문에 번역 내용과 관련한 분야의 전문 지식도 가져야 한다. 이렇게 하면 원문 텍스트의 전문성과 정확성을 번역문에서도 확보할 수 있다.

셋째, 번역 과정에서 경험과 문제점의 총결을 중시해야 한다. 이번 번역 실천은 아직 미비한 점이 존재하겠지만 많은 문제점을 정리하고 해결해 다음에 이런 문제점을 피할 수 있을 것으로 기대된다. 또한 앞으로 비슷한 유형의 텍스트를 번역할 때 이번 실천의 경험이 도움이 될 수 있으면 좋겠다고 생각한다.

마지막으로, 필자는 번역에 있어서 아직 많이 부족하지만 앞으로 더 좋은 번역자가 되기 위해 끊임없이 노력할 것이다.

참고문헌

1. 专著、译著

太平武. 中韩语言对比研究 [M]. 北京：世界图书出版公司，2013.

2. 期刊论文

[1] 毛永冰. 翻译目的论综述 [J]. 教育在线，2012(10).

[2] 张璇. 目的论综述 [J]. 海外英语，2019(04).

[3] 李海侠. 翻译目的论指导下的外宣文化翻译策略研究 [J]. 文化学刊，2021(08).

3. 学位论文

[1] 尚海海. 目的论视角下的中韩交替传译策略探析 [D]. 延边大学硕士学位论文，2018.

[2] 苏荣珂. 韩汉翻译中的句子成分转换研究 [D]. 中国海洋大学硕士学位论文，2014.

[3] 谢晨. 韩国小说《Good Man》翻译实践报告 [D]. 北京外国语大学硕士学位论文，2019.

[4] 张丽健. 韩汉语篇衔接的省略对比研究 [D]. 湖南师范大学硕士学位论文，2014.

[5] 賈曉旭,「<82년생 김지영>의 중국어 번역 및 번역 전략 연구」, 충남대학교 석사학위논문, 2020.

[6] 周琼,「스코포스 이론을 활용한 회상록 중·한 번역 연구-<외할머니 어록> 중심으로」, 한국외국어대학교 석사학위논문, 2018.

『여성노동과 페미니즘: 보호라는 이름의 차별과 배제의 논리』 한중 번역 실천 보고서

李雪冉[1]

1. 서론

1.1 저자 및 저서 소개

『여성노동과 페미니즘: 보호라는 이름의 차별과 배제의 논리』는 손승영과 박옥주 저자의 저서이다. 저자 손승영은 연세대학교 사회학과를 졸업한 후 미국 예일대학교 대학원 사회학과에서 석사 학위를 받고 코네티컷대학교 대학원 사회학과에서 박사 학위를 취득하였다. 저자 박옥주는 서울대학교 지리학과를 졸업한 후 숙명여자대학교 대학원 여성학협동과정에서 석사 학위를 받고 동덕여자대학교 대학원에서 여성학 박사 학위를 취득하였다. 손승영과 박옥주 저자는 모두 여성노동과 가족 분야에 관심을 갖고 연구를 진행해 왔다. 『여성노동과 페미니즘: 보호라는 이름의 차별과 배제의 논리』 이외에 손승영 저자는 『한국 가족과 젠더: 페미니즘의 정치학과 젠더 질서의 재편성』(단독, 2011), 『일상의 여성학: 여성의 눈으로 세상 읽기』(공저, 2017), 박옥주 저자는 「청소용역 여성노동자의 노동조건과 일 경험」(2016) 등 여성학 관련 연구들이 있다.

『여성노동과 페미니즘: 보호라는 이름의 차별과 배제의 논리』는 2021년 2월 한국박영사(博英社)에서 출판되었다. 이 저서의 내용은 전체적으로 세 부분으로 나누고 있으며 글자 수는 총 20만 자이다.

제1부분에서는 갈수록 많은 대졸 여성들이 희망하는 전문직의 특수성과 커리어우먼의 특징에 대해 다루고 있다. 또한, 저자는 이 부분에서 많은 여성들이 경력 단절을 겪고 있는 원인을 살펴보았고 해결 방안을 제시하였다. 제2부분에서는 기업의 고용 제도와 여성노동에 대한 내용을 다루었으며, 특히 노동의 유연화 전략과 비정규직법에 대한 기업의 대응 전략이 여성노동에 미친 영향에 주목하였다. 또한 비정규직 여성들이 대거 종사하고 있는 사무직과 판매 서비스직 일의 성격에 대해 구체적으로 파악하고자 하였다. 제3부분에서는 대형 할인점에서 일하고 있는 파견 판촉직 여성, 청소 용역 노동자, 패션 모델을 중심으로 비정규

---

[1] 山东大学外国语学院朝鲜语系研究生

직 여성의 일 경험에 대해 살펴보았다. 또한 많은 여대생들이 하고 있는 아르바이트의 젠더 특징을 정리하였으며, 젊은 여성들이 노동에서 경험하는 어려운 점을 파악하고 전형적 성역할에 기반을 둔 성별 업무 내용의 차이에 대해서도 주목하였다.

1.2 번역의 의미

한국 전통 사회는 가부장 사상에서 오랫동안 깊은 영향을 받았다. 이러한 영향으로 '남주외, 여주내' 라는 관념이 사회적 분업의 기본 원칙으로 되었고 고정적인 성역할과 성별 직업 분리가 나타났다.

1980년대 이후, 페미니즘 운동이 지속적으로 진행되고 한국 경제가 급속히 발전함에 따라 현대 민주 자유 이념은 한국 사회에 뿌리를 내리게 되었다. 21세기 현재에는 한국 여성의 교육 수준이 남성을 앞설 정도로 향상되었으며, 경제 활동에 참여하는 여성들이 점점 많아지고 종사하는 직업 종류나 내용도 다양해졌다. 그럼에도 불구하고, 여성들의 취업 상황은 여전히 낙관적이지 못하다.[1] 그리고 여대생이나 기혼 여성이나, 이들은 각 시기에 취업에 있어서 여러 가지 어려움에 부딪힐 수 있다. 이러한 사회 현실에 대해 『여성노동과 페미니즘: 보호라는 이름의 차별과 배제의 논리』에서 자세히 다루고 있다.

중국에서도 사회가 발전하면서 최근 몇 년간 여성노동에 관한 화제가 주목받고 있으며 관련 연구도 많아졌다. 따라서 이 저서의 중국어 번역문은 중국 사람들이 한국의 여성노동 현황을 이해하는 데 도움이 될 수 있을 뿐만 아니라 여성노동에 대해 관심이 있거나 여성노동, 여성주의를 연구하는 중국 사람들에게 좋은 참고 자료가 될 수 있다.

또한, 이 저서는 대졸 여성의 취업에 관한 내용도 다루고 있으며 저자는 이에 대한 전문적인 조언과 해결책을 제시하고 있는 바, 현재 취업에 직면하고 있는 중국 여대생들에게도 현실적인 의미가 있다.

마지막으로, 여성학에 관한 내용을 다룬 『여성노동과 페미니즘: 보호라는 이름의 차별과 배제의 논리』를 번역하면서 저서에 실린 내용을 정확히 이해하기 위해 많은 여성학 관련 논문을 읽고 여성학 및 여성주의의 속뜻에 대해 더 깊이 알게 되었다. 또 저서에 나오는 여성노동 관련 전문 용어, 문화 어휘, 외래어, 관용 표현, 그리고 복잡한 문법 구조를 포함한 문장 등을 번역하는 것이 필자에게는 하나의 도전이라 할 수 있다. 어려운 번역 문제를 해결하는 과정을 통해 필자는 자신의 번역 능력 향상시켰으며 문제 해결을 통해 정리한 번역 방법은 앞으로 본 번역 텍스트와 비슷한 문체의 번역에 도움이 될 수 있을 것이다.

---

1 우지영, 「한국사회의 젠더 불평등과 여성의 성형문화」, 국민대학교 석사학위논문, 2019:30.

2. 번역 소개

2.1 텍스트 특징 및 번역 난점

피터 뉴마크(Peter Newmark)의 텍스트 유형 이론에 따르면 『여성노동과 페미니즘:보호라는 이름의 차별과 배제의 논리』는 전체적으로 볼 때 정보 기능과 호소 기능이 결합된 텍스트 유형에 속한다. 정보 기능 텍스트는 주로 정보를 전달하고 객관적인 사실을 반영하는 텍스트로, 교재나 과학 기술 보고서, 학술 논문 등을 포함한다. 『여성노동과 페미니즘: 보호라는 이름의 차별과 배제의 논리』는 학술 저서로 한국 여성의 노동 현황을 소개하고 분석하는 부분은 표현 기능 텍스트에 속한다. 호소기능 텍스트는 설명서, 팸플릿, 광고 등을 포함하여 독자의 느낌을 중심으로 독자들이 생각하고 실천하도록 호소하는 텍스트이다. 『여성노동과 페미니즘: 보호라는 이름의 차별과 배제의 논리』는 장마다 마지막 부분에서 저자의 조언과 해결책을 제시하고 있는데 이 부분은 호소 기능 텍스트에 속한다.

『여성노동과 페미니즘: 보호라는 이름의 차별과 배제의 논리』는 사회 과학 분야의 학술 저서이다. 학술 저서란 어떤 문제나 주제를 중심으로 창의성과 논리성을 지니며 저자의 관점을 증명할 수 있는 학술 도서를 말한다.[1] 학술 저서는 일반적으로 어떤 전공이나 분야에 대해 깊이 연구하는 것이기 때문에 내용의 전문성이 높다. 『여성노동과 페미니즘: 보호라는 이름의 차별과 배제의 논리』는 한국 현대 사회의 여성노동에 관한 현실 상황을 반영하고 저자의 전문적인 견해를 제시하였으며, 과학성, 논리성 그리고 전문성을 보여 준다. 그러므로 다른 유형의 텍스트보다 이러한 학술 텍스트를 제대로 번역하려면 번역자는 더 높은 학문적 소양을 갖춰야 한다. 즉 번역자는 우수한 언어 표현 능력은 물론 관련 학술 배경 지식도 파악해야 한다. 그래야만 원문을 제대로 이해하고 저자의 학술 주장을 독자들에게 정확하게 전달할 수 있다.[2]

필자는 저서의 내용과 언어 표현의 특징을 결합하여 다음과 같은 두 가지 번역 난점을 정리하였다.

첫째, 어휘 측면에서의 번역 난점이다. 이 책에는 여성노동와 관련된 전문 용어가 많이 나온다. 그러므로 원문을 번역할 때 학술적 텍스트의 전문성과 과학성을 충분히 나타낼 수 있도록 번역해야 한다. 또한, 시대의 변화에 따라 여성들의 취업에 대한 태도와 생각도 바뀌어 새로운 사회 현상이 많이 나타났다. 이 책에는 이러한 사회 현상과 관련된 문화 어휘, 외래어가 많이 나온다. 한중 양국은 사회 문화에 있어서 유사성이 많긴 하나 일치하지 않는

---

[1] 叶继元. 学术图书、学术著作、学术专著概念辨析[J]. 中国图书馆学报, 2016 (01):21-29.
[2] 路阳. 学术文本翻译的基本策略探究[J]. 北方文学, 2019(14).

부분도 적지 않다. 따라서 중국어에 대응되는 어휘와 표현이 없는 경우도 있고 의미가 비슷한 것 같지만 완전히 대응되지 않는 경우도 있다. 그러므로 사회 현상, 문화와 관련된 어휘 및 표현들의 의미를 중국어 독자들이 쉽게 이해할 수 있는 표현으로 정확하게 전달하는 것도 이 텍스트 번역의 난점이라 할 수 있다.

둘째, 문장 측면에서의 번역 난점이다. 이 책에는 구조가 복잡한 긴 문장이 많다. 특히 관형절, 서술절이 여러 개의 서술어로 실현된 복문은 서술어 사이의 의미 관계가 복잡할 뿐만 아니라 문장이 긴 관계로 문장 성분 분석도 어렵게 되고 정확한 의미 파악도 쉽지 않다. 따라서 원문을 잘못 이해함으로 인한 오역이 쉽게 나타난다. 또한 한국어 학습자는 한중 번역을 할 때 한국어 문장 구조와 표현 습관의 영향을 받아 번역문이 어색하게 되는 경우가 많다. 그러므로 번역할 때 어순 전환, 피동태와 능동태의 전환을 자세히 검토해야 한다.

번역 과정은 번역 과정에 부딪힌 문제를 해결하는 과정이라 할 수 있다. 위에서 정리한 바와 같이 어휘와 관용 표현, 그리고 문장의 번역 난점이 이번 번역 실천에서 중점적으로 해결해야 할 부분이다.

2.2 이론 소개

피터 뉴마크(Peter Newmark)는 『Approaches to Translation』에서 '소통 중심 번역'(communicative translation)과 '의미 중심 번역'(semantic translation)이라는 개념을 제기하였다. '소통 중심 번역'은 번역자가 출발 텍스트가 출발어 독자에게 일으킨 것과 동일한 효과를 도착어 독자에게서도 일으키고자 하는 번역이다. '의미 중심 번역'은 도착어의 통사적·의미론적 제약 범위 내에서 원문 저자의 생각을 정확히 재현하고자 하는 목적을 가진 번역을 가리킨다. 다시 말하면 '소통 중심 번역'은 의역법을 많이 사용하고 메시지 전달의 효과를 살리는 데 우선순위를 둔 반면 '의미 중심 번역'은 직역법을 많이 사용하고 원문 텍스트의 의미와 형태를 우선으로 한다.[1]

뉴마크는 텍스트 유형에 따라 적용하는 번역 이론도 달라져야 한다고 주장한다. '의미 중심 번역'은 종교 텍스트, 법률 문서, 문학 저서 등과 같이 원문 텍스트의 지위가 높은 표현 기능 텍스트의 번역에 적합하는 반면, 소통 중심 번역은 원문의 진실성을 강조하여 번역문의 가독성과 자연스러움을 중시하는데 정보 기능 텍스트와 호소 기능 텍스트의 번역에 적합하다고 하였다.[2]

2.1에서 분석한 바와 같이 『여성노동과 페미니즘: 보호라는 이름의 차별과 배제의 논리』는 전체적으로 정보 기능과 호소 기능이 결합된 텍스트 유형에 속한다. 그러므로 원문

---

[1] 정호정, 『제대로 된 통역·번역의 이해』, 한국문화사, 2008.
[2] 陈婧. 文本类型翻译理论与翻译标准的再讨论[J]. 宜宾学院学报, 2005(01).

텍스트의 과학성, 논리성 그리고 전문성을 살리기 위해 이번 번역 실천에서 '소통 중심 번역'을 지도 이론으로 선정하였다. 그러므로 필자는 뉴마크의 '소통 중심 번역' 이론에 따라 다양한 번역 방법을 활용하여 2.1에서 정리한 번역의 난점들을 해결하고자 한다. 그리고 원문 텍스트 내용에 충실하는 동시에 주관적인 능동성을 적절히 발휘하여 중국어 독자들에게 원문 독자와 동일한 독서 효과를 제공하고자 한다.

2.3 번역 과정

이번 번역 실천의 과정은 다음과 같은 4단계로 나누어 진행하고자 한다.

첫째, 번역 전 준비 단계.

저서의 번역을 제대로 완성하려면 번역 전에 충분한 준비를 해야 한다. 우선, 책을 통독하고 책의 소재와 내용에 대해 전체적으로 파악하였다. 그다음 번역할 원문 부분을 반복해서 읽고, 읽는 과정에 이해하기 어려운 단어와 문장을 표기하고 번역할 때 중점적으로 분석하였다. 또한 원문에 대한 이해를 충분히 하기 위해 손승영과 박옥주 저자의 여성노동 주제 관련 논문을 읽고, 저자의 작문 스타일과 주장을 깊이 이해하고자 노력하였다. 그리고 전문 용어를 정확하게 번역하기 위해 여성노동·취업에 대한 중국어 논문도 찾아보고 관련 전문 용어와 표현을 정리하였다.

둘째, 번역 단계.

이번 번역 실천에서 번역한 내용은 『여성노동과 페미니즘: 보호라는 이름의 차별과 배제의 논리』의 머리말과 1~2장이다. 번역을 진행할 때 그리고 번역 전에 정리한 이해하기 어려운 어휘와 문장을 중점적으로 분석하고 중국어로 표현하기 어렵거나 어색한 부분을 정리하였다.

셋째, 교정 보완 단계.

우선 원문과 대조하면서 번역문이 누락 오류나 오역이 있는지를 체크하고 수정하며, 순통하지 않은 부분을 다시 수정하였다. 그다음 같은 전공 학우들과의 토론을 거쳐 의견이 일치하지 않은 부분에 대해서 재차 토론하고 해결하지 못한 문제점을 지도 교수님께 여쭈어보았다. 한국어 전공자는 한국어 언어 표현의 영향을 어느 정도 받을 수 있으므로 중국어 표현 습관에 맞지 않는 번역문을 발견하지 못하는 경우가 있다. 그러므로 중국어의 언어 표현 습관에 부합하는 매끄러운 번역문을 완성하기 위해 한국어를 모르는 친구에게 부탁하여 번역문을 읽으면서 이해가 잘 안 되는 표현과 어색하게 느껴지는 표현들을 찾아내도록 하여 수정하였다.

넷째, 번역 완성 단계.

원문과 대조하여 번역문을 다시 읽고, 논문 격식의 오류와 오자가 있는지를 체크하여 최종적으로 텍스트의 번역문을 완성하였다.

3. 번역 사례 분석

『여성노동과 페미니즘: 보호라는 이름의 차별과 배제의 논리』는 학술 저서로 과학성, 논리성, 전문성을 갖고 있다. 뉴마크의 텍스트 분류 방식에 따르면 이 저서는 정보 기능과 호소 기능 텍스트가 결합하는 텍스트 유형이다. 원문 텍스트에는 여성노동 연구와 관련된 전문 용어와 여성과 관련된 사회 현상을 나타내는 문화 어휘, 외래어, 관용 표현의 번역은 이번 번역 실천에서 해결해야 할 난점이다. 또한 문장을 번역할 때 문장 성분, 어순, 피동태와 능동태를 제대로 전환하여 정확하고 순통한 번역문으로 번역하는 것도 난점이다. 그러므로 본장에서 필자는 원문의 텍스트 특징과 번역 난점을 바탕으로 뉴마크의 소통 중심 번역 이론에 따라 어휘와 관용 표현, 문장 등 두 가지 측면에서 번역 사례 분석을 하고자 한다.

3.1 어휘 번역

정확한 어휘 번역은 학술 텍스트의 과학성과 전문성을 나타내는 데 매우 중요하다. 원문 텍스트에서 번역하기 어려운 어휘와 표현은 대부분 한국 사회 현상 또는 여성노동과 관련이 있으며, 전문성과 독특성을 가지고 있는 어휘이다. 아래 전문 용어, 문화 어휘, 외래어, 관용 표현 네 부분으로 나누어 사례 분석을 진행하고자 한다.

3.1.1 전문 용어

원문 텍스트에는 여성학과 여성노동 관련 전문 용어가 많이 나온다. 전문 용어는 특정한 전문분야에서 주로 사용하는 용어이다.[1] 전문 용어는 학술 저서 번역에서 매우 중요한 부분이다. 전문 용어에 대한 정확한 번역은 번역문의 정확성과 전문성에 직접적인 영향을 미치고, 연구 내용의 엄밀성을 구현하는 데 중요한 역할을 한다. 아래 구체적인 사례 분석을 통해 전문 용어 번역의 어려움과 해결 방안에 대해 살펴보고자 한다.

예문1:

【원문】

또한 모성 보호 및 근로 여성의 작업 능력 개발을 통한 복지 증진과 지위 향상을 도모하는 데 「남녀고용평등법」의 목적이 있다.

【번역문】

此外，《男女雇佣平等法》立法的目的是通过对女职工特殊保护以及提高职业女性的工作能

---

[1] 표준국어대사전 https://stdict.korean.go.kr/search/searchResult.do?pageSize=10

力，帮助女性谋求福利，提高女性社会地位。

한국어에서 '모성 보호'는 '여성의 생리적·신체적 특질을 감안하여 근로 장소에서 여성을 특별히 보호하는 사회적 조치'를 가리킨다. '모성 보호'의 대응 한자는 '母性保护'로 처음에는 한자 그대로 번역하였는데 중국어에는 '母性保护'라는 어휘가 없고, 중국어에서 '母性'은 일반적으로 '어머니가 자녀를 사랑하고 보호하는 본능'을 가리키므로 중국 독자들은 이 용어가 '어머니나 모성애를 보호한다'라는 의미로 이해할 수 있으므로 문장 전체의 의미를 제대로 이해할 수 없게 된다. 그러므로 '모성 보호'의 의미를 정확하게 전달하려면 한국어에서 '모성 보호'가 갖는 의미를 의역해야 한다. 필자는 '모성 보호'의 개념이 '여성의 특수성을 강조한다'라는 점을 고려하여 인터넷에서 '女性', '特殊', '劳动保护' 등 키워드를 검색하여 '모성 보호'와 개념이 매우 유사한 '女职工特殊保护'라는 용어를 찾아냈다. 중국어에서 '女职工特殊保护'는 '여성 직원들의 신체와 생리의 특성 및 자녀 양육의 특수한 필요에 따라 노동 방면에 있어서의 특수한 권익을 보장하는 것'을 말한다. '女职工特殊保护'로 의역하면 원문의 의미를 정확히 전달할 수 있을 뿐만 아니라 중국어 독자들이 원문의 내용을 정확하게 이해하는 데 도움이 되므로 소통 중심 번역 이론의 원칙에 부합한다.

예문2:
【원문】
　　전문직 여성들은 강한 직업 의식을 느끼고 있으며, 일에 대한 자긍심이 강하다.
【번역문】
　　从事专业性职业的女性有强烈的职业意识，对工作也有很强的自豪感。

'전문직'은 한자어로 대응 한자는 '专门职'이며 한국어에서 '의사, 변호사 등 전문적인 지식이나 기술이 필요한 직업'을 가리킨다. 처음에는 한국어 '전문직'의 개념에 대해 제대로 이해하지 못하고 대응 한자를 참고로 하여 '专职'으로 번역하였다. 그러나 중국어에서 '专职'는 '장기적으로 한 직업에 종사한다'라는 뜻으로 직업의 종류를 가리키지 않는다. 그러므로 '전문직'을 '专职'으로 번역하면 정확하지 않다. 중국어에는 교육학에서 쓰이는 '专业性职业'이라는 용어가 있다. 이 용어는 일반적으로 '의사, 변호사와 같이 고등교육에서 특정 전공 교육을 받고 배운 지식을 활용해 전문적인 일에 종사하는 직업'을 가리키므로 한국어 '전문직'의 의미와 일치하다. 그리하여 '전문직'을 중국어 전문 용어 '专业性职业'으로 의역함으로 원문의 의미를 정확히 전달하고 원문 텍스트의 전문성과 과학성을 확보하였다.

원문 텍스트에 있는 전문 용어는 대부분 한자어이다. 이러한 전문 용어를 번역할 때 대응 한자대로 번역하면 중국어에서는 이러한 어휘가 쓰이지 않거나 혹은 다른 의미로 쓰이므로 중국어 독자들이 원문의 의미를 정확하게 이해할 수 없다. 그러므로 원문 용어의 의미를 정확히 파악하고 인터넷이나 전문 자료 검색을 통해 중국어에서 이미 사용되고 있는 전문 용어로 의역하는 것이 바람직하다. 이러한 번역은 학술 저서의 전문성과 과학성을 유지할 수 있을 뿐만 아니라 중국어 독자들의 원문에 대한 이해에도 도움이 되므로 소통 중심 번역 원칙에 부합하는 번역이라 할 수 있다.

3.1.2 문화 어휘

문화적 배경 지식이 없는 도착어 독자들은 원문 문화 어휘의 내포된 의미를 이해하기 어렵다. 그러므로 문화 어휘를 번역할 때 번역자는 어휘에 관한 문화적 배경 지식을 갖고 문화 어휘의 의미를 정확하게 이해해야 도착어 독자들에게 그 의미를 제대로 전달할 수 있다. 이 부분에서 분석할 문화 어휘는 한국에서만 사용되는 한국 여성 관련 사회 현상에서 나온 어휘이므로 사전에서 그 정확한 의미를 찾을 수 없고 중국어에서도 대응 표현을 찾기 어렵다. 아래 구체적인 사례 분석을 통해 문화 어휘 번역의 어려움과 해결 방안에 대해 살펴보고자 한다.

예문3:

【원문】

결국 취업에서 실패한 여성들은 실망하고 결혼을 대안으로 선택함에 따라 '취집'이라는 용어까지 생겨나게 된 것이다.

【번역문】

最终在就业中受挫的女性逐渐感到失望，从而选择结婚，因此韩国出现了"就婚"（以结婚代替就业）这一用语。

한국어에서 '취집'은 '취직 대신 시집'의 줄임말로 '여성이 취직하는 대신에 시집가는 것을 통해 경제적 안정을 꾀하는 일'을 말한다.[1] 중국어에는 '취집'과 비슷한 '毕婚族'라는 어휘가 있으므로 처음에는 '취집'을 '毕婚'으로 번역하였다. 중국어에서 '毕婚族'란 '졸업하자마자 바로 결혼하는 대학생'을 가리킨다. '취집'과 '毕婚'은 모두 '취업을 피하기 위해 결혼한다'라는 뜻을 가지고 있지만 의미가 똑같지는 않다. '취집'은 '졸업하면 바로 결혼한다'라는 의미를 포함하지 않고 '여성이 일정 기간 구직이나 취업을 한 뒤 결혼을 선택한다'라는 점에서 보면 '취업'을 '毕婚'으로 번역하는 것은 적당하지 않다. 그러므로 필자는 '취집'의

---

1 취집-나무위키(namu.wiki)

조어 형식을 참고로 하여 '취업'을 나타내는 '就'와 '결혼'을 나타내는 '婚'을 결합하고 '서술어+ 목적어' 구조의 '就婚'으로 의역하였다. 그리고 중국어 독자들이 '就婚'의 의미를 정확하게 이해할 수 있도록 주석을 추가함으로써 원문의 의미를 충분히 전달하였다.

예문4:
【원문】
　출중한 업적을 자랑하는 '알파걸' 이미지나 많은 사람들의 부러움을 산다는 '엄친딸' 등 두각을 나타내는 여성들의 경제력은 때로는 남성들보다도 더 높은 것으로 나타나고 있다.
【번역문】
　业绩出众的"阿尔法女孩",或是众人羡慕的"别人家的女儿",这些脱颖而出的女性她们的经济实力有时甚至会超过男性。

'엄친딸'은 '엄마 친구 딸'을 줄여 이르는 말로, 한국어에서 '집안, 성격, 머리, 외모 어느 하나 빠지지 않고 여러 가지 조건을 갖춘 완벽한 여성'을 가리킨다. 이 어휘는 부모들이 자식을 나무랄 때 친구의 자식과 비교하는 것에서 시작된 단어이다. 처음에는 '엄마 친구 딸'을 '妈妈朋友的女儿'로 직역하였다. 중국어 독자들은 이러한 번역문을 볼 때 축자적 의미로만 이해하지 원문이 나타내고자 하는 의미를 제대로 이해할 수 없다. 중국어에 '别人家的孩子'라는 인터넷 용어가 있는데 이는 부모들이 자식을 나무랄 때 자주 쓰는 표현으로 '동년배보다 훨씬 뛰어나고 여러 면에서 완벽함에 가까운 사람'을 가리킨다. 두 어휘는 의미상으로 매우 유사하지만 '엄친딸'이 가리키는 대상은 여성이고 '别人家的孩子'가 가리키는 대상은 남녀를 다 포함한다. 그러므로 필자는 '别人家的孩子'의 형식을 참고로 하여 '엄친딸'을 '别人家的女儿'로 번역하였다. 중국어 독자들은 '别人家的孩子'라는 표현에 익숙하므로 '别人家的女儿'라는 표현도 뭘 의미하는지 쉽게 이해할 수 있으므로 소통 중심 번역 원칙에 부합하는 번역이라 할 수 있다.

원문 텍스트에 있는 문화 어휘는 두 가지 유형으로 나눌 수 있다. 하나는 '취집'이나 '독박 육아'와 같이 한국의 고유한 사회, 문화에서 생긴 어휘로 중국어에 대응 표현이 없는 경우이다. 이러한 문화 어휘를 번역할 때 한자 그대로 번역하면 의미를 전달할 수 없으므로 문화 어휘의 의미를 풀이하여 설명하거나 또는 중국어에서 최대한 유사한 표현을 찾아 번역하는 것이 바람직하다. 다른 하나는 '엄친딸'과 같이 중국어에 비슷한 의미를 나타내는 표현이 있긴 하나 의미상 차이를 보이는 경우이다. 이러한 문화 어휘를 번역할 때에는 원문의 문화 어휘의 의미에 따라 중국어의 비슷한 표현을 형식이나 한자를 조정하여 원문의 의미를 최대한 전달할 수 있도록 번역하는 것이 바람직하다.

3.1.3 외래어

원문 텍스트에 나오는 외래어는 대부분 여성에 대한 사회 현상과 관련이 있는 영어 외래어이다. 이러한 외래어들 중 외래어 형태소를 조합하여 새로 만든 외래어, 즉 한국에서만 사용되는 외래어의 번역이 어려웠다. 이러한 외래어를 제대로 번역하려면 어휘의 의미, 사회적 배경 그리고 어휘가 긍정적 의미를 나타내는지 부정적 의미를 나타내는지도 정확히 파악해야 한다. 아래에 구체적인 사례 분석을 통해 외래어 번역의 어려움과 해결 방안에 대해 살펴보고자 한다.

예문5:

【원문】

<u>골드미스</u>는 멋진 취향과 세련된 생활 양식을 갖고 있다고 이상화되어 선망의 대상이 되고 있는데, 이러한 사회적 평가는 신문 기사들 제목만 보더라도 쉽게 감지된다.

【번역문】

<u>"黄金盛女"</u>有着优秀的品味和干练洒脱的生活方式，因此这一形象被理想化，成为人们羡慕的对象，这样的社会评价在新闻报道的标题中就可见一斑。

한국어에서 '골드미스'는 영어 'gold'와 'miss'로 구성된 어휘로 '학력이 높으며 직장이 안정되고 경제적으로 여유가 있는 미혼 여성'을 가리킨다. 중국어에도 '골드미스'와 의미가 비슷한 '剩女'라는 어휘가 있으므로 처음에는 '골드미스'를 '黄金剩女'로 번역하였다. 그러나 중국어에서 '剩女'는 '결혼 적령기를 넘기고도 시집가지 않는 여성'을 가리킴과 동시에 나이가 든 독신 여성들에 대한 사람들의 편견을 나타내는 부정적인 의미도 담고 있어 원문의 긍정적 의미를 나타내는 '골드미스'와 대립된다. 그러므로 '골드미스'를 '黄金剩女'로 번역하는 것은 적절하지 않다고 판단하여 '골드미스'의 의미에 해당하는 단어를 찾아보았다. 중국어에는 '剩女'와 발음이 똑같은 '盛女'라는 어휘가 있는데 '剩女'에서 유추해 생긴 어휘로 '풍부한 사회 경력과 넘쳐나는 자신감을 가진 여러 면에서 훌륭한 미혼 여성'을 가리키는 어휘로 한국어의 '골드미스'가 매우 유사하다. 그러므로 '골드미스'가 갖는 긍정적 의미를 강조하여 표현하기 위해 '黄金盛女'로 번역하여 원문 외래어가 갖는 긍정적인 의미까지도 전달함으로써 중국어 독자들이 원문의 의미를 정확하게 이해할 수 있도록 하였다.

예문6:

【원문】

서구에서 젊은 여성들의 소비 수준과 영향력으로 주목되는 '<u>칙릿파워</u>'를 한국의 골드미스들도 갖추고 있는 것으로 인정받는다.

【번역문】

在西欧，"小妞力量"（20~30岁年轻女性的影响力及消费能力）因年轻女性的消费水平和影响力而受关注，韩国黄金盛女们也被赞誉具备这样的"小妞力量"。

한국어 '칙릿파워'는 영어 단어인 'chick-lit'과 'power'로 구성된 한국에서만 사용되는 어휘이다. '칙릿'(chick-lit)은 '직장생활을 하는 20~30대 여성들을 겨냥한 영미 대중 소설'을 지칭하고 '칙릿파워'는 이러한 '칙릿'을 소비하는 20~30대 젊은 여성들의 영향력·구매력을 말한다. 그러므로 '칙릿파워'에서 '칙릿'은 단순히 '일종의 문학 유파'만을 가리키는 것이 아니라 영어 '칙'(chick)과 같은 의미로 '젊은 여성'을 가리킨다. '칙'(chick)이라는 단어는 중국어로 직역하면 '병아리'를 뜻한 '小鸡'로 번역한다. 그러나 '칙릿파워'를 '小鸡力量'으로 번역하면 경박한 느낌이 생길 수 있을 뿐만 아니라 중국어 독자들이 이 어휘는 여성와 관련이 있다는 것을 이해하기 어렵다. 그러므로 '小鸡' 대신 '소녀나 젊은 여성'을 가리키는 '小妞'를 사용하여 '칙릿파워'를 '小妞力量'으로 번역하였다. 또한 뒤에 주석을 추가하여 외래어의 정보를 보완함으로써 중국어 독자들에게 원문의 의미를 온전하게 전달하였다.

원문에 약 2/3의 외래어는 사전에서 찾을 수 있으므로 쉽게 번역할 수 있지만, 나머지 1/3은 외래어 형태소를 조합하여 새로 만든 한국에서만 사용되는 어휘로 중국어에는 대응 표현이 없다. 이러한 외래어를 번역할 때에는 어휘의 의미를 정확히 파악한 후 중국어 독자들이 이해하기 쉬운 표현으로 의역하는 처리 방법을 취해야 한다. 또한 위의 예문에서 제시한 바와 같이, 원문에 해당하는 중국어 단어를 선택할 때 어휘의 축자적 의미는 물론, 어휘에 담겨 있는 내포적 의미도 정확히 파악하여 번역문에서도 내포의를 전달할 수 있어야 한다. 이를 통해 중국어 독자들은 원문 독자와 같은 독서 효과를 얻을 수 있으므로 이러한 번역은 소통 중심 번역 원칙에 부합하는 번역이라 할 수 있다.

3.1.4 관용 표현

원문 텍스트에는 한국 여성들의 관념이나 현황과 관련된 관용 표현들이 많다. 이러한 표현들은 현재 한국 여성들의 결혼과 취업에 대한 관념을 독자들에게 전달하는 데 매우 중요한 역할을 한다. 그러므로 관용 표현을 자연스럽고 정확하게 번역하는 것은 중국어 독자들을 하여금 한국 여성들의 관념 변화를 이해하게 하는 데 도움이 될 수 있다. 아래 구체적인 사례 분석을 통해 관용 표현 번역의 어려움과 해결 방안에 대해 살펴하고자 한다.

예문7:

【원문】

　　오늘날 여성들은 '일은 필수, 결혼은 선택'이라는 신념이 강해서 결혼을 미루고 제대로 된 일자리에 진입하기 위해 온갖 노력을 기울이고 있지만, 대졸 여성 앞에 놓여 있는 노동 현실은 녹록지 않다.

【번역문】

　　如今女性们"工作是必选项，婚姻是可选项"的信念非常强烈，她们推迟婚姻，为了找到一份好工作而倾尽全力，但摆在大学毕业女性面前的就业情况却不容乐观。

　　한국어에서 '일은 필수, 결혼은 선택'이라는 표현은 '여성들에게 직장은 꼭 있어야 하지만 결혼은 없어도 된다'는 뜻을 나타낸다. 처음에는 이 표현을 원문의 형식을 참고로 하여 '工作是必须，结婚是选择'으로 직역하였다. 그러나 이러한 번역문은 중국어 표현 습관에 부합하지 않을 뿐더러 원문의 의미를 명확하게 전달할 수 없다. 필자는 번역문의 가독성을 고려하여 원문을 간결하고 순통한 중국어로 전환하기 위해 다시 '工作第一，结婚第二'로 의역하였다. 언어 표현상으로는 자연스럽고 순통하지만 원문의 의미를 정확하게 전달하기에는 부족하다. 중국어에서 '工作第一，结婚第二'라는 표현은 '일은 일차적 위치에 두고 결혼을 이차적 위치에 둔다'라는 의미를 나타내는데 '일과 결혼의 중요도'만 강조하므로 원문의 의미와 차이가 있다. 그러므로 위에 두 가지 번역문의 부족한 점을 보완하고자 '工作是必选项，婚姻是可选项'으로 번역하게 되었다. 즉 원문의 '필수'를 '필수직인 사항'을 뜻하는 '必选项'으로 전환하고 '선택'을 '선택적인 사항'을 뜻하는 '可选项'으로 전환하였다. 이러한 번역은 중국어 언어 습관에 부합할 뿐만 아니라 원문의 의미도 온전하게 전달할 수 있으므로 소통 중심 번역 원칙에 부합하는 번역이라 할 수 있다.

예문8:

【원문】

　　많은 여성들은 소비사회에서 제공되는 갖가지 몸만들기 수단과 외모 관리 방식을 수용하게 되었고 '노력하기 나름'이라는 담론들이 유포되면서 여성들은 더욱더 많은 시간과 자본을 외모 가꾸기에 투자하고 있다.

【번역문】

　　许多女性逐渐接受了消费市场提供的各种整形手段和外貌管理方式，并且社会上流传着"没有丑女人，只有懒女人"的言论，因此女性会在外貌管理上投入更多的时间和金钱。

　　원문에서 '노력하기 나름'이라는 표현은 '여자들의 외모는 외모 관리에 얼마나 투자했냐에 달려 있다'라는 뜻을 나타낸다. 그러므로 처음에는 '노력'과 '외모'의 관계를 강조하기 위해 '노력하기 나름'을 '越努力, 越美丽'로 번역하였다. 이 번역문은 '노력할수록 예뻐질 것이다'라는 뜻을 나타내는데 번역문을 통해 중국인 독자들은 '노력하다'가 구체적으로 어떤 노력을 의미하는지를 이해할 수 없으므로 원문이 전달하고자 하는 의미를 파악할 수 없다. 원문의 의미를 나타낼 수 있는 중국어 표현을 찾다가 '没有丑女人, 只有懒女人'이라는 표현이 원문의 의미와 아주 유사함을 발견하였다. '没有丑女人, 只有懒女人'은 '예뻐지고 싶은 생각을 가지고 외모 가꾸기에 투자하면 세상의 모든 여자들이 예뻐질 수 있다'라는 뜻을 나타낸다. 이는 여자들에게 자신의 외모 가꾸기에 투자하라고 권유할 때 많이 쓰는 말로 '노력하기 나름'이 문맥에서 나타내는 의미와 거의 일치한다고 할 수 있다. 그러므로 중국어에서 많이 쓰이는 '没有丑女人, 只有懒女人'으로 번역함으로써 원문의 의미를 정확하게 전달하여 중국어 독자들이 쉽고 정확하게 원문의 의미를 이해할 수 있도록 하였다.

원문 텍스트에 있는 대부분 관용 표현들을 번역할 때 원문의 형식에 따라 직역하면 의미 전달이 정확하지 않거나 번역문이 매끄럽지 않고 표현이 어색한 등 문제가 나타날 수 있으므로 의역법을 취해야 한다. 관용 표현의 번역에 있어서 의미 전달은 물론 번역문의 표현 형식도 매우 중요하다. 그러나 정확한 의미 전달을 확보하는 동시에 순통하고 자연스러운 표현 형식으로 번역해야만 원문의 진실성과 번역문의 가독성을 모두 확보하여 소통중심 번역 원칙에 부합하는 번역을 실현할 수 있다.

3.2 문장 번역

문장 번역은 도착어 독자들이 원문의 전체적인 내용을 이해하는 데에 직접적인 영향을 미칠 수 있다. 동문에 대한 적절한 처리 방식은 원문의 의미 전달에 있어서 중요한 역할을 한다. 아래 복문과 피동문 두 부분으로 나누어 사례 분석을 진행하고자 한다.

3.2.1 복문

단문이 둘 이상 모여 더 큰 문장으로 확대된 것을 '복문'이라고 한다. 복문이 구성되는 방식은 주로 두 가지가 있다. 하나는 문장이 다른 문장에 대해 종속적으로 연결되는 방식이고, 하나는 문장이 다른 문장을 문장 성분으로 내포하는 방식이다. 원문 텍스트에 나오는 번역하기 어려운 복문은 주로 복잡한 의미 관계를 포함한 내포문이다. 아래 구체적인 사례 분석을 통해 복문 번역의 어려움과 해결 방안에 대해 살펴보고자 한다.

예문9:
【원문】

①개인의 삶에 있어서 불안정성과 위험 요인이 점차 커지는 현대 사회에 ②계속 수행해 나갈 수 있는 ③안정된 일은 여성들에게 자신을 지탱할 힘을 제공하고 그 자리에 계속 머물 수 있께끔 동기 부여를 해준다.

【번역문1】

在个人生活的不稳定性和危险因素逐渐增大的现代社会，一份能够一直做下去的稳定工作可以给女性提供支撑自己的力量，并为了使她们能够一直留在这一岗位赋予动力。

【번역문2】

在现代社会，个人生活中的不稳定性和风险因素逐渐增大，一份长久稳定的工作可以为女性提供支撑自己的力量，并赋予她们坚守这一岗位的动力。

원문은 두 개의 관형절을 포함한 내포문이다. 관형절①은 부사어 '현대 사회'의 수식어이며, 관형절②는 '안정된 일'의 수식어이다. 처음에는 관형절①을 번역문1에서처럼 원문의 어순대로 번역하였는데 중국어에서는 긴 관형절로 부사어를 수식하는 표현을 잘 쓰지 않으므로 '번역문2'에 제시한 바와 같이 '현대 사회'를 문장의 화제로 전환하고 관형절①을 서술어로 번역함으로써 중국어의 표현 습관에 맞도록 하였다. 관형절②도 처음에는 번역문1에서처럼 관형절의 서술어를 그대로 살려 '能够一直做下去的'로 직역하여 뒤의 '稳定的工作'을 수식하도록 하였으나, 번역문이 매끄럽지 않고 어색하므로 '能够一直做下去的'와 같은 의미를 나타낼 수 있는 형용사 '长久'로 번역함으로써 번역문이 더욱 간결하고 명확하게 원문의 의미를 전달하도록 하였다. 복문③은 목적과 사동의 의미를 나타내는 연결 어미 '-께끔'으로 선후행절을 연결한 경우로 처음에는 번역문1에서처럼 '-께끔'의 의미를 살리기 위해 '为了使'로 번역하였으며, '그 자리에 계속 머물 수 있다'를 '能够一直留在这一岗位'로 직역하여 '赋予动力'의 선행절로 처리하였다. 이러한 번역문이 원문의 의미를 전달하는 데는 큰 문제가 없겠으나 번역문이 매끄럽지 않고 어색하다. 그러므로 목적과 사동을 나타내는 선행절을 '动力'의 관형절로 처리하고 '계속 머물 수 있다'를 동사 '坚守'로 번역함으로써 번역문의 간결성을 확보하였다. 이러한 번역은 원문의 의미를 충분히 전달할 수 있을 뿐만 아니라 문장이 간결하고 명확하므로 중국어 독자들이 원문의 의미를 더욱 쉽게 이해할 수 있는 데 도움이 된다.

예문10:
【원문】

①여성성을 상품화하고 남성 중심적인 가부장적 분위기를 수용하는 젠더 차별적인 ②노동 환경으로부터 탈피하지 않고는 ③여성들이 진정한 노동자로서 일의 보람을 느끼기는 매우 어렵다.

【번역문1】

如今的劳动力市场女性属性逐渐被商品化，充斥着男性为中心的父权氛围，若不能摆脱<u>性别歧视的工作环境，女性作为真正的职业女性将很难感受到工作的价值。</u>

【번역문2】

如今的劳动力市场充斥着男性为中心的父权氛围，女性属性逐渐被商品化，若不能摆脱<u>这种</u>带有<u>性别歧视</u>的工作环境，<u>女性将很难作为真正的职业女性，感受工作的价值。</u>

원문은 한 개의 관형절을 포함한 조건 복문이다. 관형절①은 '젠더 차별적인 노동 환경'을 수식하며 ②는 조건 종속절이고 ③은 주절이다. 관형절①은 병렬하는 두 개 부분으로 구성되고 원문의 뜻을 명확하게 전달하기 위해 관형절①을 분해하여 짧은 문장으로 전환하고, 문장의 순서를 중국어 언어 습관에 맞게 전환하였다. 또한 필자는 '차별적이다'라는 형용사의 품사를 전환하며 명사인 '性别歧视'로 번역하였다. '带有性别歧视的工作环境' 앞에 대명사 '这种'을 첨가하며 관형절①에서 서술된 내용을 지칭하기를 통해 번역문의 구조는 더 명확하게 될 수 있다. 또한 '번역문1'의 경우 처음에는 필자는 ③의 의미를 정확하게 이해할 수 못하고 번역문은 원문의 문맥에 맞지 않고 의미를 잘못 전달하였다. 그러므로 ③을 두 개의 짧은 문장으로 분해하여 정확한 의미를 전달하였다.

원문 텍스트에 나오는 복문은 대부분 긴 수식어를 포함하고 의미 관계가 복잡한 내포문이다. 문장에 긴 수식어가 있는 경우에는 일반적으로 문장 분해와 문장 구조 전환 등 기법을 활용하여 수식어를 복문의 종속절로 전환하여 번역하는 것이 일반적이다. 또한 중국어 언어 습관에 맞게 문장 성분 첨가 또는 삭제, 어순 전환, 문장 성분 전환 등 번역 기법을 활용하여 번역해야 한다. 즉 소통 중심 번역의 원칙에 따라 번역문의 정확성을 확보하는 동시에 도착어 독자들이 원문 독자와 같은 독서 효과를 얻을 수 있도록 중국어 언어 습관에 맞는 표현으로 전환해야 한다.

3.2.2 피동문

한국어는 피동 표지가 중국어보다 발달되었고 객관성을 높여 표현하고자 할 때 피동 표현을 많이 사용한다. 원문 텍스트에 나오는 피동문은 대부분 '-되다'로 실현된 피동문이므로 이 부분에서 '되다'를 피동 표지로 하는 피동문을 분석하고자 한다. 피동문 번역에서 필자는 어떤 경우에 원문을 능동문으로 전환하여 번역하고 어떤 경우에 피동문을 보류하여 번역해야 하는지를 판단하는 것이 어려웠다. 아래 구체적인 사례 분석을 통해 피동문 번역의 어려움과 해결 방안에 대해 살펴보고자 한다.

예문11:
【원문】
①남성에게 일이 필수이고 당연시되는 현실에서 남성들은 월급이 적더라도 ②일에 대한 정당성이 부여된다.

【번역문1】
对男性来说工作是必不可少的且被视为理所应当，在这样的现实中，即使男性收入低，他们的工作也会被赋予合理性。

【번역문2】
对男性来说工作是必不可少且理所应当的，在这样的现实情况下，即使男性收入低，社会也会认为男性工作是合理的。

원문은 '당연시되다'와 '부여되다'라는 두 개의 피동사가 서술어로 실현된 절을 포함한다. 처음에는 관형절①과 서술절②에 나오는 피동형을 그대로 유지하여 각각 '被视为理所应当'과 '被赋予合理性'으로 번역하였다. 그러나 중국어에서는 '被视为理所应当'과 같이 '被视为+형용사'와 같은 표현이 잘 쓰이지 않고, '被视为'를 삭제하여도 원문의 의미를 충분히 전달할 수 있으므로 '被视为'를 삭제하고 형용사 '理所应当'만 보류하여 번역하였다. 원문의 서술절②는 행위자가 문장에 명시되지 않은 피동문으로 실현되었지만, 원문이 나타내고자 하는 의미는 '현실 사회가 남성들이 일하는 것에 대해 정당성을 부여하고 있다'라는 것이다. 이처럼 남성과 여성의 일하는 것에 대한 사회적 차별화 현실을 더욱 명확하게 표현하기 위해 행위자를 나타내는 주어 '社会'를 첨가하고 '他们的工作也会被赋予合理性'을 '社会也会认为男性工作是合理的'로 바꾸어 피동형을 능동형으로 전환하여 번역하였다. 이러한 전환은 의미를 더욱 명확하게 전달할 수 있을 뿐만 아니라 중국어의 표현 습관에 맞는 표현이므로 중국어 독자들이 한국의 사회 현실을 명확하게 이해하는 데 도움이 된다.

예문12:
【원문】
또한 남성 중심으로 공고화된 동료 집단의 연결망으로 인해 여성들은 정보 교류나 지원 체계에서 체계적으로 배제되고 있다.

【번역문1】

　　此外，职场的关系网以男性为中心强化起来，因此在信息交流和支援体系中整体地排除了女性。

【번역문2】

　　此外，职场的关系网是以男性为中心强化起来的，因此女性整体被排除在信息交流或支援体系之外。

　　원문은 '여성들이 직장에서 어려움을 겪고 배제를 당하는 이유는 오늘날 한국의 노동 시장이 남성에 의해 지배되고 여성들은 피동적인 입장에 처하고 있기 때문이다'라는 의미를 나타낸다. 처음에는 번역문1에서처럼 능동문으로 번역하였다. 언어 표현상으로 보면 문장이 순통하고 중국어 표현 습관에도 맞지만 원문 내용에 대한 저자의 부정적인 태도를 전달할 수 없다. 중국어에서는 어떠한 내용에 대한 부정적인 태도를 표현할 때 피동문을 사용하는 경우가 있다. 그러므로 원문의 피동형 '배제되다'를 번역할 때 피동형을 보류하여 번역하면 한국 여성들의 피동적인 처지를 정확하게 드러낼 수 있으며, 중국어 독자들이 저자가 전달하고자 하는 부정적인 태도 이해할 수 있으므로 원문 독자와 같은 독서 효과를 얻을 수 있다.

　　원문 텍스트의 대부분 피동문은 번역할 때 피동태를 유지하면 번역문이 어색하고 중국어 표현 습관에 부합하지 않으므로 능동문으로 전환하여 번역해야 한다. 그러나 원문의 일부 피동문은 부정적인 태도를 나타내거나 피동 관계를 강조하는 역할을 하므로 피동태를 유지하여 번역하는 것이 더욱 바람직하다. 그러므로 중국어 언어 습관에 부합하는지, 원문 텍스트에서 부정적 의미나 강조의 의미를 나타내는지를 정확하게 판단하고 나서 번역 시 피동태 보류 여부를 결정해야 한다.

4. 결론

　　본 보고서는 이번 번역 실천 과정에 대한 소개와 총결산이다. 앞 부분에서 기술한 보고서는 세 장으로 구성되었다. 제1장은 번역 텍스트 내용 소개, 저자 소개, 번역의 의미, 텍스트 특징과 번역의 난점을 포함하였으며, 제2장은 번역 이론 소개와 번역 과정, 제3장은 사례 분석을 다루었다. 번역 텍스트 『여성노동과 페미니즘: 보호라는 이름의 차별과 배제의 논리』는 당대 한국 여성의 노동 현황을 분석한 학술 저서이다. 이 저서에 있는 어휘 유형은 풍부하고, 구조가 복잡한 문장이 많으므로 필자는 뉴마크의 소통 중심 번역 이론에 따라 다양한 번역 방법과 기법을 활용하여 번역 실천을 완성하였다. 아래에 이번 번역 실천의 문제 해결 방안과 번역 경험에 대해 정리하고자 한다.

필자는 어휘와 관용 표현의 번역 해결 방안은 세 단계로 나누었다. 첫째, 중국어에 대응 표현이 있는지를 확인하였다. 『여성노동과 페미니즘: 보호라는 이름의 차별과 배제의 논리』에 번역하기 어려운 어휘과 표현들은 대부분 여성과 관련된 것이다. 그러므로 여성노동이나 결혼 등 여성학에 관한 논문을 찾아 읽고, 일부분 어휘의 중국어 대응 표현을 논문에서 직접 찾을 수 있다. 논문을 읽으면서 원문 의미에 접근하거나 관련된 중국어 어휘나 표현들을 정리하였다. 이를 통해 대응 표현을 찾아보는 동시에 뒤의 번역을 위해 유용한 자료를 제공할 수 있다. 둘째, 대응 표현을 직접 찾을 수 없는 경우에는 어휘의 의미를 통해 키워드를 총결하며, 인터넷에서 키워드를 검색하여 관련 표현을 찾았다. 셋째, 중국어에 대응 표현이 전혀 없는 경우에는 어휘나 표현의 의미를 정확히 파악하고 주관적인 능동성을 발휘하여 원문의 의미를 충분히 전달할 수 있는 표현 형식으로 의역하였다.

문장을 번역할 때는 정확성을 확보하는 동시에 도착어 독자들의 독서 효과를 고려해야 한다. 문장 부분에서 주로 복문과 피동문의 번역을 분석하였다. 원문 텍스트에 복문이 많으므로 번역할 때 원문의 언어 구조에서 영향을 받기 쉽고, 번역문의 가독성을 낮출 경우가 많다. 그러므로 복문을 번역할 때 주로 분해법과 전환법을 적용하여 문장의 구조와 어순을 중국어의 표현 습관에 맞게 번역하였다. 피동문을 번역할 때 일반적으로 능동문으로 전환하는 것이 중국어 표현 습관에 부합한다. 그러나 일부 피동문은 피동 관계를 강조하거나 부정적인 의미를 담고 있으므로 피동태를 유지하여 번역하는 것이 더욱 바람직하다.

필자는 이번 번역 실천을 통해 학술 텍스트의 번역 경험을 쌓게 되었으며 자신이 자료를 찾는 능력과 번역 실력이 아직 부족한 점을 알게 되었다. 앞으로 한국어와 중국어의 표현 능력과 번역 실천 능력을 향상하기 위해 더욱 노력할 것이다.

참고문헌

1. 단행본

[1] 黄国文. MTI 毕业论文写作指南 [M]. 北京: 外语教学与研究出版社, 2012.
[2] 杰里米·芒迪. 翻译学导论: 理论与应用 (第3版) [M]. 北京: 外语教学与研究出版社, 2012.
[3] 정호정, 『제대로 된 통역·번역의 이해』, 한국문화사, 2008.

2. 정기 간행물

[1] 陈婧. 文本类型翻译理论与翻译标准的再讨论 [J]. 宜宾学院学报, 2005(01).
[2] 陈冰. 浅论学术翻译中的译者主体性 [J]. 英语广场 (学术研究), 2014(12).

[3] 黄维德, 钱熠萌. 国外未充分就业研究述评 [J]. 人口与经济, 2016(02).

[4] 路阳. 学术文本翻译的基本策略探究 [J]. 北方文学, 2019(14).

[5] 蒲永锋, 马文婷, 马芳武. 新时代学术著作翻译的组织与管理 [J]. 科技传播, 2021(20).

[6] 童路明. 女性主义、性别视角与当代女大学生就业问题 [J]. 河南社会科学, 2010(6).

[7] 温鑫. 彼得纽马克的翻译理论在不同类型文本中的应用 [J]. 太原城市职业技术学院学报, 2010(08).

[8] 叶继元. 学术图书、学术著作、学术专著概念辨析 [J]. 中国图书馆学报, 2016(01).

[9] 杨爽. 浅析媒体对女性的语言歧视 [J]. 戏剧之家, 2019(08).

3. 학위 논문

[1] 우지영, 「한국사회의 젠더 불평등과 여성의 성형문화」, 국민대학교 석사학위논문, 2019.

[2] 单丽.《神秘的力量》韩汉翻译实践报告 [D]. 山东大学硕士学位论文, 2021.

[3] 姜丹. 中韩被动句比较研究 [D]. 黑龙江大学硕士学位论文, 2012.

『중국 민속 이야기』 중한 번역 실천 보고서

李春月[1]

1. 번역 소개

본장에서는 어떠한 배경에서 『중국 민속 이야기』를 번역하게 되었는지, 어떤 번역 의의가 있는지를 설명하고자 한다. 그리고 『중국 민속 이야기』의 작가와 출판사, 텍스트 내용에 대해 구체적으로 소개하고자 한다.

1.1 번역 배경

2000년 10월 중국공산당 제15기 전국대표대회에서 중국 정부는 처음으로 '문화 수출(文化走出去)' 전략을 제기하였다. 이른바 '문화 수출'이란 중국의 각종 문화를 상품화하여 해외에 진출시키는 것을 의미하는 바, 그 가운데는 출판물, 음악 저작물, 영상 저작물 등이 포함된다.

류치바오(刘奇葆) 중국 공산당 중앙정치국 위원은 베이징에서 열린 제22기 국제서적박람회에서 "출판은 문화 전파의 교량이고 서적은 심리적 의사소통의 수단이다. 따라서 앞으로 더 많은 우수한 중국 서적을 해외에 수출하여 끊임없이 중화 문화의 국제적 영향력을 강화해야 한다"[2]라고 강조한 바 있다. 이와 같이 중국 정부는 서적을 '문화 수출'의 중요한 매개물로 간주하면서, 중국 문화를 다룬 서적들을 외국어로 번역하여 해외로 수출하는 데 주력하고 있다. 그 대표적인 사례를 살펴보면 2011년 상하이신문출판사발전유한회사(上海新闻出版社发展有限公司)에서 출판한 서적 『문화 중국(文化中国)』은 명절, 예술, 문화유산 등 여러 가지 중국 문화와 관련된 주제들을 소개하였는데 2018년까지 영어, 프랑스어, 독일어, 이탈리아어, 폴란드어 등 12가지 언어로 번역하여 43개 나라에 수출[3]함으로써 해외 독자들의 중국 문화에 대한 이해를 도와주었다.

이러한 중국의 '문화 수출' 전략이라는 시대적 배경 하에, 필자는 중국의 전통문화를 다룬 서적 『중국 민속 이야기』를 번역 실천 텍스트로 선정하여 한국어로 번역함으로써 중국

---

[1] 山东大学外国语学院朝鲜语系研究生
[2] 共产党员网（www.12371.cn）, "出版是文化传播的桥梁，书籍是心灵沟通的载体，要推动更多优秀中国图书走向世界，不断增强中华文化的国际影响力。"
[3] 张怡琼. 外语版 "文化中国" 丛书出版与全球销售推广[J]. 新闻出版对外贸易优秀项目专刊, 2019.

전통문화의 해외 수출 특히 한국에로의 전파에 다소 도움이 되었으면 하는 바람이다.

1.2 번역 의의

중국 전통문화를 소개한 『중국 민속 이야기』라는 서적을 한국어로 번역하는 것은 아래와 같은 중요한 의의가 있다.

첫째, 『중국 민속 이야기』를 번역하는 것은 중국 정부가 현재 추진하고 있는 문화 정책에 부합한다. 현재 중국에서는 '일대일로(一带一路)' 전략과 함께 '문화 수출(文化走出去)' 전략을 실시하면서 중국의 문화를 적극적으로 해외에 전파할 것을 제창하고 있다. 『중국 민속 이야기』를 살펴보면, 중국의 여러 가지 전통문화를 소개한 서적이다. 따라서 '문화 수출' 전략을 실시하고 있는 시대적 배경 아래 서적 『중국 민속 이야기』를 번역하면 중국의 전통문화를 해외에 널리 알릴 수 있고 세계 문화 다양성을 보완하는 데에도 도움이 된다.

둘째, 『중국 민속 이야기』 번역을 통해 한국 어린이들이 중국의 전통문화를 이해하는 데에 도움이 될 뿐만 아니라 한중 문화 교류와 협력에도 도움이 될 수 있다. 본 서적은 중국의 전통문화와 관련한 구체적인 정보를 체계적으로 소개하고 있는데 한국 어린이들은 본 서적의 번역본을 통해 중국의 전통문화를 보다 깊이 있게 이해하고 나아가 중국 전통문화에 보다 많은 관심을 가질 수 있다. 또한 한국 학부모들이 어린이들에게 서적을 읽어 줄 경우에는 학부모들도 함께 중국의 전통문화를 이해할 수 있다. 이와 같이 어린이는 물론이고 어른들까지 폭넓은 독자층을 통해 향후 한중 문화 교류를 촉진하는 데에도 기여할 수 있다. 다시 말하면 '문화 수출'이라는 시대적 배경 아래 『중국 민속 이야기』를 번역하면 중국의 여러 가지 전통문화와 관련한 정보를 한국 국민들에게 널리 알릴 수 있을 뿐만 아니라 한중 양국의 다양한 문화적 교류도 촉진할 수 있는 문화적 기반을 다질 수 있다.

셋째, 역자 개인의 측면에서 보면, 『중국 민속 이야기』를 번역하면서 역자는 중국 전통문화에 대해 폭넓고 깊이 있게 이해함으로써 중국 문화에 대한 자부심과 자긍심을 고취할 수 있다. 또한 자체적으로 텍스트 유형을 분석하고 텍스트 특징에 따라 수업 시 배웠던 스코포스 이론을 번역 실천에 활용시키는 과정을 통해 풍부한 번역 경험을 쌓을 수 있으며 번역 실천 과정에서 자신의 미흡한 부분을 발견하고 보완함으로써 번역 실력을 향상시키는 데에도 도움이 된다고 본다.

1.3 작품 소개

『중국 민속 이야기』는 2018년에 발행한 총 열 권으로 이루어진 교육 독본 "어린이를 대상으로 한 중화 전통문화 이야기(写给儿童的中华传统文化故事)" 시리즈 중 하나이다.

본 서적의 작가에 대해 살펴보면 작가 류징위(刘敬余)는 중국의 유명한 아동 작가이다. 류징위는 언어, 문학, 문화, 역사, 지리 등 다양한 분야의 서적을 집필하였는데 총 300여 편이나 된다. 구체적으로 살펴보면 『한자 스토리 (汉字的故事)』, 『제자규 (弟子规)』와 같은 언어 관련 서적, 『영웅 인물 스토리(英雄人物的故事)』, 『레이펑의 스토리(雷锋的故事)』와 같은 역사 관련 서적, 『중화 동요(中华童谣)』, 『문학 명필 작품집(文学名家作品精选)』과 같은 문학 관련 서적들이 있다. 그 가운데서 『12가지 띠 스토리(十二生肖的故事)』, 『성어 스토리(成语故事)』등 서적은 전국 우수 교사인 왕원리(王文丽), 전국 모범 교사인 쉐파건 (薛法根)과 같은 유명 인사들이 추천하는 도서로 선정되었다. 중국 문화의 계승과 발전, 확산에 크게 기여한 류징위는 2020년에 '2020년 우수 중국 문화 공작자(2020 优秀中国文化工作者)'라는 칭호도 수여받았다.

본 서적의 출판사는 베이징교육출판사(北京教育出版社)인데 베이징출판사출판그룹(北京出版集团)의 계열사로서, 1983년에 설립되었다. 본 출판사는 교육 서적을 주로 출판하는데 일반 교육서적, 직업 교육 서적, 성인 교육 서적 등이 이에 포함된다. 이 밖에도 이론 서적이나 학술 전문 서적도 출판하고 있는데 매년 평균 3000여 종류의 서적을 출판하고 있으며, 출판한 서적의 시장 점유율·제품 판매율은 모두 중국 교보 도서(教辅图书) 시장에서 앞자리를 차지하고 있다.[1]

본 서적의 구체적인 내용에 대해 살펴보면, 총3장으로 구성되었다. 제1장 세시 절기 부분에서는 중국의 다양한 명절에 대해 소개하고 있고, 제2장 전통 풍습 부분에서는 중국의 풍습을 설명하고 있으며, 제3장 민간 신앙 부분에서는 중국의 신앙에 대해 다루고 있다. 그중 제2장에서는 '混沌', '羊肉泡馍'와 같은 중국 전통 음식에서부터 '舞狮', '踩高跷'와 같은 중국의 전통 공연에 이르기까지 여러 가지 중국 전통 풍습에 얽힌 이야기들을 소개하고 있으므로 어린이들로 하여금 음식, 공연 등 여러 분야의 중국 전통 풍습을 이해하게 할 수 있을 뿐만 아니라 나아가 어린이들의 중국 전통문화에 대한 더 많은 관심도 불러일으킬 수 있다. 따라서 본 번역 실천에서는 『중국 민속 이야기』의 제2장을 발췌하여 번역하고자 한다. 제2장의 원문은 2만 6000여 자이고 번역문은 5만 6000여 자이다.

2. 번역 과정

본장에서는 텍스트 분석을 통해 번역이 어려운 부분들을 살펴보고, 본 번역 실천의 지도 이론으로 삼은 스코포스 이론 활용에 대해 짚어 보면서 번역 어려움을 해결할 수 있는 방안

---

[1] 北京教育出版社 (beijiaocm.com), "北京教育出版社年均出版图书3000多种, 重点教辅出版品牌有《1+1轻巧夺冠》《课堂直播》《哈佛英语》《金题金卷》《名师1+1导读方案》《作文桥》《无障碍阅读学生版》《168故事系列》《金牌奥赛》等, 市场占有率、产品动销率均稳居全国零售教辅图书市场第一方阵。"

을 제시하고자 한다. 그리고 본장의 마지막 부분에서는 번역 준비에서부터 번역 과정, 수정, 마무리까지 번역 실천의 전체적인 흐름에 대해 살펴보고자 한다.

2.1 텍스트 분석

본 텍스트의 제2장 부분을 살펴보면, 중국의 25가지 전통 풍습과 관련한 정보를 소개하고 있으므로 본 텍스트는 정보적 텍스트에 속한다. 정보적 텍스트를 번역할 때에는 반드시 원문의 정보를 효과적으로 번역문에 옮겨 정보 전달 목적을 달성해야 한다. 본 텍스트의 25가지 전통 풍습에서 일부 전통 풍습은 이미 한국인들도 익숙히 알고 있을 수 있지만, 반면에 한국인들에게 여전히 낯선 전통 풍습도 적지 않다. 특히 한국 어린이인 경우 더욱 중국 전통 풍습에 낯설 수 있다. 따라서 이와 같은 전통 풍습을 간단하고 이해하기 쉬운 어휘나 표현으로 번역함으로써 한국 어린이들로 하여금 중국 전통 풍습과 관련한 정보를 거부감 없이 받아들일 수 있도록 하는 것이 본 텍스트 번역의 어려운 점이라 할 수 있다. 또한 본 텍스트는 이야기로 집필되었기에 주인공의 표정이나 행동, 심리 등을 묘사한 표현들이 생동하다. 이와 같이 원문 중 표현의 생동감을 번역문에 반영하여야 하는 것도 본 번역의 어려운 점이라 하겠다. 상술한 바와 같이 본 텍스트는 목표 독자, 집필 방식, 텍스트 내용 등 방면의 특징을 갖고 있으므로 번역할 때 간단하면서도 생동한 어린이 맞춤형 어휘와 표현을 선택하여 번역해야 한다. 아래 번역의 어려움을 어휘, 구, 문장 세 측면으로 나누어 구체적으로 살펴보고자 한다.

본 텍스트의 어휘를 살펴보면 중국의 여러 가지 전통 풍습을 소개하고 있으므로 많은 문화 고유어들이 등장한다. 문화 고유어들은 음역할 경우 한중 양국의 문화적 차이로 인해 한국 독자들이 쉽게 이해하고 받아들이기 어려울 수 있다. 또한 텍스트의 목표 독자가 어린이이므로 생동한 의성어·의태어를 많이 사용하였는데, 중국의 의성어·의태어는 한국어에서 대응하는 의성어·의태어를 찾기 어려운 경우가 많다. 중국어의 사자성어 역시 일부는 한국어에 대응하는 고사성어가 있지만 일부는 대응하는 고사성어가 없다. 이와 같이 한국어에 대응하는 어휘가 공백인 경우에도 번역이 어렵다. 따라서 문화적 차이 또는 언어 공백으로 인해 직역이 불가능한 문화 고유어나 사자성어 등 어휘를 번역할 때에는 중국어 어휘의 내포의를 파악하고, 파악한 정보를 간단하고 이해하기 쉬운 한국어로 바꾸어 번역함으로써 어린이들의 수용 가능성을 제고시키고자 한다. 동시에 의성어·의태어와 같이 생동한 어휘는 최대한 감각적인 표현으로 번역함으로써 어린이들이 보다 재미있게 독서할 수 있도록 하고자 한다.

본 텍스트의 구를 살펴보면 수식구(偏正短语), 보충구(补充短语) 등 다양한 종류의 구들이 등장한다. 구는 얼핏 보기에는 번역하기 쉬워 보이지만 구의 종류와 구조에 따라 주의를 돌려 번역해야 하는 부분이 달라진다는 점에서 난도가 높다. 예를 들어 본고에서 중점적으로 다룬 '형용사+ 的+ 명사' 구조의 수식구는 꾸며 주는 역할을 하는 형용사 번역이 까다롭다. 반면 '동사+ 得+ 보어' 구조의 보충구는 내용을 더하는 역할을 하는 보어의 번역이 상대적으로 어렵다. 따라서 여러 가지 유형의 구를 번역함에 있어 우선 구의 종류를 정확히 파악하고, 그 종류에 따라 구의 관형이나 보어 성분이 전달하고자 하는 내용 및 기대 효과를 적절한 방법으로 번역문에 옮기고자 한다.

본 텍스트의 문장을 살펴보면 텍스트가 이야기 형식으로 구성되면서 많은 대화문들이 등장한다. 대화문은 인물의 성격이나 태도, 지위 등을 간접적으로 보여 주는 문장으로, 인물의 이미지를 부각시키는 역할을 하므로 문자 표면의 의미를 직역할 경우 기대하는 발화 효과를 어린이들에게 전달하기 어렵다. 따라서 대화문을 번역함에 있어 발화의 효과에 주의를 돌려 번역함으로써 어린이들이 독서 과정에 감정을 이입할 수 있도록 하고자 한다. 그밖에 흐름문은 여러 개의 쉼표로 구성되면서 연결 어미가 명확하게 드러나 있지 않은 문장이다. 이와 같은 흐름문을 한 개 문장으로 직역할 경우, 어린이들이 문장 맥락을 파악하기 어렵고 원문의 내용을 이해하지 못할 수 있다. 따라서 흐름문은 문장 맥락 관계에 주의하여 번역함으로써 번역문의 가독성을 높이고자 한다.

상술한 바와 같이 어린이를 목표 독자로 한 『중국 민속 이야기』를 번역하려면 어휘, 구, 문장 등 측면에서 여러 가지 어려움이 따른다. 따라서 이와 같은 문제를 해결하기 위해 페르미어의 스코포스 이론을 활용하고자 한다. 아래 스코포스 이론과 상응하는 세 가지 원칙에 대해 살펴보고, 번역 과정에 세 가지 원칙을 어떻게 활용할 것인지에 대해 분석해 보고자 한다.

2.2 스코포스 이론 활용

스코포스는 목표(aim) 또는 목적(purpose)을 뜻하며 1970년대에 페르미어(Hans J. Vermeer)가 번역의 목적과 번역 행위(action oftranslating)를 설명하기 위해 번역학에 도입하였다.[1] 스코포스란 역자가 번역 목적을 강조하는 이론으로, 즉 텍스트가 누구를 위하여 어떤 기능을 수행하는지를 파악한 기초에서 번역해야 하며, 역자는 번역 목적에 따라 대응하는 번역 방법을 선택할 수 있다. 이처럼 '스코포스 이론'은 원문이라는 틀의 억압에서 벗어나 원문보다 수용 독자를 더 중요시하는데 의미가 있으므로 번역 학계에서는 '독자 중심의 번역 이론'으로 인정받고 있다. 스코포스 이론에 의하면 번역의 과정은 주로 세 가지 원칙인 '목적성 원칙(skopos rule)', '연관성 원칙(coherence rule)', '충실성 원칙

---

[1] 정연일, 남원준, 『번역학 입문』, 한국외국어대학교출판부, 2001:106.

(fidelity rule)'을 준수한다.

첫째, '목적성 원칙'이란 스코포스 이론의 가장 핵심적인 원칙으로 "번역의 방법과 결과는 번역의 목적을 어떻게 설정하느냐에 따라 결정되고 역자는 능동적인 번역 텍스트 생산자로 여겨진다"[1]는 것을 말한다. 다시 말해 모든 텍스트는 텍스트 자체만의 목적을 갖고 있고 번역에 있어서 반드시 원천 텍스트가 보유하고 있는 기대 목적을 만족시켜야 하며, 이때 역자는 번역 과정에서 적절한 개입과 조절을 통해 텍스트 목적에 알맞은 번역 방법을 선택할 수 있다. 따라서 본 번역 실천에서는 어휘와 구, 문장을 번역함에 있어 목적성 원칙에 따라 알맞은 번역 방법을 선택하고자 한다.

다음 '연관성 원칙'이란 "도착 언어가 수신자의 상황에 합치되는 것으로 해석될 수 있어야 한다"[2]는 것을 의미한다. 즉 역자는 수용 독자의 지식 수준이나 언어 습관 등을 고려하여 자연스러운 표현을 사용하여 번역문을 완성함으로써 번역문의 가독성을 높여야 한다. 본 텍스트 같은 경우, 목표 독자가 어린이이므로 어른에 비해 독해 능력과 이해 능력이 떨어진다. 따라서 본 번역 실천에서는 '연관성 원칙'에 따라 문맥 관계가 복잡하고 이해하기 어려운 원문은 간단하고 생동한 어휘, 짧고 간결한 문장을 사용해 번역함으로써 어린이들의 수용 가능성을 높이고자 한다. 또한 독자들의 언어 습관을 감안하여 중국어 원문의 구조적 틀에 얽매이지 않고 '순서 전환', '성분 추가' 등 방법으로 번역함으로써 어린이들의 독서 부담을 줄이고자 한다.

마지막으로 '충실성 원칙'이란 "출발 언어와 도착 언어의 정보가 서로 합쳐져야 한다"[3]는 것을 의미한다. 즉 역자가 수용한 원문의 정보와 역자가 해석한 원문의 정보, 목표 독자를 위해 기호화한 정보가 서로 합치해야 한다는 것이다. 여기서 지적해야 할 점은 스코포스 이론의 '충실성 원칙'은 원문에 대한 '절대 충성'이 아닌 역자의 이해 정도와 의도하는 번역 목적에 달려 있다는 것이다. 따라서 본 번역 실천에서는 '충실성 원칙'에 따라 무엇보다도 원문을 정확히 이해하는 데에 중점을 두고자 한다. 원문의 어휘와 구, 문장을 통해 원문을 자세히 분석하고, 해석한 내용을 기반으로 번역문을 완성하고자 한다. 그러나 원문에 대한 지나친 '절대 충성'으로 인해 딱딱하거나 부자연스러운 번역문이 발생하는 현상을 방지하기 위해 상황에 따라 원활하게 번역 방법을 선택하고자 한다. 즉 문자 표면에 지나치게 얽매이지 않고 필요에 따라 풀이하여 '의역'함으로써 어린이들이 원문의 내용을 보다 쉽게 이해할 수 있도록 하고자 한다.

정리해 보면 『중국 민속 이야기』의 제2장 전통 풍습 부분은 어린이를 대상으로 한 정보

---

[1] 이근희, 『번역의 이론과 실제』, 한국문화사, 2015:86.
[2] 정연일, 남원준, 『번역학입문-이론과 적용』, 한국외국어대학교출판부, 2006:107.
[3] 정연일, 남원준, 『번역학입문-이론과 적용』, 한국외국어대학교출판부, 2006:107.

적 텍스트로 어린이들에게 중국 전통 풍습에 관한 정보를 전달하려는 목적을 갖고 있다. 따라서 번역 목적을 강조하는 페르미어의 스코포스 이론을 활용하고자 한다. 구체적으로 살펴보면 '목적성 원칙'에 따라 '대체', '의역' 등 알맞은 번역 방법을 선택하여 번역함으로써 정보 전달의 목적을 달성하고자 한다. 또한 '연관성 원칙'에 따라 '문장 나누기', '성분 추가' 등 방법으로 보다 자연스럽고 매끄러운 번역문을 완성함으로써 번역문의 가독성을 높이고자 한다. 마지막으로 '충실성 원칙'에 따라 원문의 내용과 효과를 충실히 번역문에 옮겨 줌으로써 목표 독자들이 원문을 읽을 때의 효과를 번역문에서 똑같이 느낄 수 있도록 하고자 한다.

2.3 번역 실천 과정

본 번역 실천 과정은 주로 준비 단계, 번역 단계, 번역문 수정 단계, 마무리 단계 네 단계를 거쳐 완성하였다.

먼저 준비 단계에서는 원문을 읽으면서 『중국 민속 이야기』 제2장의 대체적인 내용을 파악하였다. 텍스트 내용을 보면 주로 중국의 전통 풍습을 둘러싸고 집필되었는 바 전통 놀이, 전통 음식 등 전통 풍습과 관련한 문화 고유어들이 많이 등장한다는 특징이 있다. 따라서 전통 풍습을 다룬 국내외 서적이나 연구 자료 등을 찾아보았다. 이를테면 『중국민속기행(中国民俗采英录)』[1], 『탄탄 중국 문화 시리즈(中国非物质文化遗产图画书大系)』[2] 등 서적의 중국어 원본과 한국어 번역본, 연구 논문 「한중 번역에서의 문화소 번역 전략」[3], 「中国文化走出去与文化负载词的翻译」[4] 등을 통해 중국 전통 풍습에 관한 정보를 얻고, 다양한 번역 방법들을 살펴보았다. 그밖에 어린이들의 독서 흥취를 자극할 수 있는 생동한 어휘, 어린이들에게 친근한 표현, 아동 도서에서 자주 사용하는 '-아요/어요' '-답니다'와 같은 문장의 종결 어미 등을 학습함으로써 어린이들이 보다 재미있게 번역문을 읽을 수 있도록 노력하였다. 동시에 한국국립국어연구원 표준어대사전이나 한중외래어사전, 현대중국어사전 등 사전과 바이두백과(百度百科), 네이버백과, 위키백과와 같은 사이트를 통해 정보를 검색하고 자료를 수집하였다.

번역 단계에서는 텍스트를 여러 차례 자세히 읽으면서 1차 번역을 진행하였다. 번역 과정에 자료 수집이 필요한 문화 고유어, 사전을 통해 확인이 필요한 사자성어, 난해하거나 문맥

---

[1] 丘恒兴. 中国民俗采英录[M]. 湖南: 湖南文艺出版, 1987.(남종진 역, 『중국풍속기행』, 프리미엄북스, 2000).
[2] 保冬妮. 中国非物质文化遗产图画书大系[M]. 济南: 明天出版社, 2018. (『탄탄 중국문화시리즈』, 여원미디어, 2021).
[3] 금지아, 「한중 번역에서의 문화소 번역 전략」, 『한국번역학회』, 2015:7-26.
[4] 郑德虎. 中国文化走出去与文化负载词的翻译[J]. 上海翻译, 2016:53-56.

관계가 복잡한 흐름문 등 번역이 어려운 부분들은 표기해 두었다. 그리고 1차 번역 과정에서 나타난 번역 어려움들을 어휘, 구, 문장 차원으로 나누어 하나의 문서로 정리하였다. 1차 번역이 끝난 후에는 정리한 문서를 기반으로 문화 사전, 연구 자료, 인터넷 등을 통해 번역이 어려운 문제들을 분석하고 해결 방안을 모색하였다. 그리고 2차 번역 과정에서는 1차 번역 과정에서 의문이 있었던 어휘, 구, 문장 차원의 문제들을 중점적으로 해결하고, 그밖에 자체적으로 번역하기 어려운 어휘나 표현은 동기들이나 지도 교수님의 도움을 받도록 하였다.

번역문 수정 단계에서는 먼저 원문과 번역문을 어휘 대 어휘, 문장 대 문장으로 대조하면서 오역된 부분이 없는지, 누락된 번역이 없는지 확인하며 1차 수정을 마무리했다. 특히 본 텍스트에는 전통 풍습과 관련한 정보가 많기 때문에 문화 고유어 번역을 중점적으로 살펴보았다. 그리고 2차 수정 단계에서는 한국어 언어 습관에 부합하는지, 어색한 번역이 없는지 등에 중점을 두고 수정 작업을 하였다. 마지막 3차 수정 단계에서는 번역문만 읽으면서 독자들에게 오해를 불러일으킬 만한 번역이 없는지, 문맥이 매끄러운지 등에 대해 살펴보았다.

마지막 마무리 단계에서는 자체 수정을 마친 후, 자신의 번역문에 익숙해져 번역 오류를 찾아내지 못하는 문제를 방지하기 위해 동기들과 서로 검토하고 의견을 나누었다. 그밖에 원어민 선생님의 도움을 받아 번역 투가 강한 문장을 수정하였다. 마지막으로 교수님의 피드백을 받음으로써 보다 완성도 높은 번역문을 완성하였다.

3. 번역 사례 분석

제3장에서는 스코포스 이론을 기반으로 번역이 어려운 문제점들을 둘러싸고 사례 분석을 하고자 한다. 주로 어휘와 구, 문장 세 가지 차원에서 고찰하는데 구체적으로 어휘 번역은 문화 고유어와 의성어·의태어, 사자성어로 나뉘고, 구 번역은 수식구와 보충구로 나뉘며, 문장 번역은 흐름문과 대화문으로 나뉜다.

3.1 어휘 번역

중국어와 한국어는 언어 체계가 다를 뿐만 아니라 문화적 차이도 존재한다. 따라서 번역 과정에 출발 언어권의 어휘를 목적 언어권에서 반드시 찾아낸다는 것은 사실 불가능한 일이다. 따라서 어휘를 번역함에 있어 무엇보다도 출발어의 내포의를 충분히 이해한 다음 어린이들이 이해하기 쉽고 재미있게 받아들일 수 있는 어휘로 번역하고자 한다. 아래 문화 고유어와 의성어·의태어, 사자성어 세 측면으로 나누어 어휘 사례들을 살펴보도록 하겠다.

3.1.1 문화 고유어

문화 고유어에 대하여 김도훈은 "한 언어를 사용하는 공동체가 보편적으로 인식하고 공유하는 사회·문화적 배경에서 생성되어 사용하는 어휘 및 표현"[1]이라고 정의했다. 이러한 어휘는 출발어 독자들에게는 익숙하지만 목적어 독자들이 이해하기 어렵다는 특징이 있다. 본 텍스트에서도 문화 고유어들이 많이 나오는데 '混沌', '羊肉泡馍'와 같은 전통 음식에서부터 '舞狮', '踩高跷'와 같은 전통 공연에 이르기까지 여러 가지가 있다. 본고에서는 주로 전통 음식, 전통 공연 등을 둘러싸고 사례 분석을 하고자 한다. 이와 같은 문화 고유어를 번역함에 있어 필자는 먼저 스코포스 이론 가운데 원문에 대한 충성을 강조하는 충실성 원칙에 따라 문화 고유어의 내포의를 파악하고자 한다. 다음 번역 목적에 따라 번역 방법을 달리해야 함을 강조하는 목적성 원칙에 근거하여 알맞은 번역 방법을 선택하고자 한다. 즉 본 텍스트의 목적은 어린이들로 하여금 문화 고유어가 내포한 정보를 거부감 없이 받아들일 수 있도록 하는 것이다. 따라서 가능한 한 한국어 가운데 내포의가 비슷한 문화 고유어를 찾아 대체하는 방법으로 번역하고자 한다. 그리고 대체가 불가능한 경우에는 창작의 방법으로 어린이들이 이해하기 쉬운 새로운 어휘를 만들어 냄으로써 어린이들이 번역문에 대한 수용 가능성을 높이고자 한다. 구체적인 번역 사례 분석은 아래와 같다.

예문1:
【원문】
　　从此, 绍兴一带的人们不管生男生女, 家家户户都要酿数坛好酒, 在儿女出生的时候埋下。如果是儿子, 就等儿子学业有成时取出招待宾客, 这就叫作"状元红"; 如果是女儿, 则等女儿出嫁那天取出招待宾客, 称为"女儿红"。

【번역문】
　　그때부터 소흥 일대의 사람들은 남자 아기든 여자 아기든지를 막론하고 집집마다 좋은 술을 몇 단지씩 빚어 아기가 태어나면 땅에 묻어두었어요. 그리고 아들을 낳게 되면 아들이 과거에 급제하는 날 꺼내 손님들에게 접대했는데 이 술을 '장원급제술'이라고 불렀어요. 만약 딸을 낳게 되면 딸이 시집가는 날 꺼내 손님들에게 접대했는데 이 술은 '딸출가술'이라고 불렀답니다.

　　'状元红'과 '女儿红'은 중국의 전통술들이다. 한국어를 살펴보면 어떤 일을 축하할 때 마시는 '축하주' 또는 누군가를 환영할 때 마시는 '환영주' 등 특수한 날 마시는 다양한 술들이 있는데, 이와 같은 술들은 대부분 술을 마시는 이유에 한자어 '주(酒)'를 붙여 이름 짓는다. 그러나 어린이들은 '주'와 같은 한자어를 이해하는데 어려울 수 있다. 따라서 정보 전달 목적을 강조하는 목적성 원칙에 따라 술의 용도를 풀이하여 명사형으로 번역한 후, 고유

---
[1] 김도훈, 「번역에 있어서의 문화 고유어의 중요성 및 번역 전략」, 『영어영문학21』, 2012: 117.

어 '술'을 결합하여 합성어로 번역하였다. 즉 '状元红'은 장원에 급제하였을 때 마시는 술이므로 '장원급제술'이라고 번역하고, '女儿红'은 딸이 시집갈 때 마시는 술이므로 '딸출가술'이라고 번역하였다. 이와 같이 새로운 표현을 '창작'하여 번역함으로써 어린이들에게 전통 술들이 갖고 있는 내포의를 충분히 전달할 수 있는 동시에 낯선 어휘에 대한 거부감도 줄일 수 있도록 하였다.

예문2:

【원문】

　　踩高跷是民间很常见的一项表演技艺，在各种节庆场合，很多地方都会以踩高跷作为助兴表演，为节目增添喜庆的气氛。

【번역문】

　　나무다리춤은 민간에서 흔히 볼 수 있는 일종의 공연 기예랍니다. 중국의 많은 지역에서는 각종 축제 행사 때 나무다리춤 공연으로 흥을 돋우고 경사스러운 분위기를 더하지요.

　　'踩高跷'는 중국의 전통 공연이다. '踩高跷'를 '채고교'로 음역할 경우, 중국어에 익숙하지 않은 어린이들은 번역문을 낯설게 느끼면서 문화 고유어의 의미를 이해하기 어려울 뿐만 아니라 심지어 독서 흥취도 잃게 된다. 따라서 번역에 있어서 반드시 원천 텍스트가 보유하고 있는 기대 목적을 만족시켜야 한다는 목적성 원칙에 따라 새로운 어휘를 '창작'하여 번역하였다. 본 예문의 목적은 '踩高跷'의 공연 도구와 공연 방법 등 정보를 어린이들이 이해하기 쉽게 소개하는 것이다. 따라서 문화 고유어 '踩高跷'가 나무를 이용하여 '가짜 나무다리'를 만든 후, 나무다리에 올라서 춤을 추는 공연의 일종이라는 내포의를 기반으로 '나무다리춤'이라고 번역하였다. '나무다리춤'은 어린이들에게 '나무로 만든 다리'라는 공연 도구를 보다 직접적으로 소개하는 동시에, '춤'이라는 공연 방식까지 알려 줄 수 있으므로 독자들이 '踩高跷'에 대해 폭넓게 이해하는 데 도움이 된다.

　　상술한 바와 같이 중국의 문화 고유어는 한국어에서 대응하는 어휘를 찾기 어려운 경우가 많다. 따라서 문화 고유어를 번역함에 있어 우선 문화 고유어가 내포한 정보를 충분히 이해하고, 이를 근거로 자국화 번역 책략에 따라 번역하였다. 한국어에 중국어 문화 고유어와 비슷한 내포의를 가진 어휘가 있을 경우에는 '대체'의 방법으로 번역하고, 불가능한 경우에는 역자가 새로운 표현을 '창작'함으로써 어린이들이 번역문에 대한 수용 가능성을 높였다. 사례 분석에서 제기한 예제 외에도 '猜灯谜'는 '등롱 수수께끼 풀이'로, '寿桃'는 '장수 복숭아'로 번역함으로써 어린이들이 문화 고유어를 보다 쉽게 이해하고 거부감 없이 받아들일 수 있도록 하였다.

3.1.2 의성어·의태어

의성어와 의태어는 아동문학 작품에 자주 등장하는 바, 운율감과 생동감을 부여함으로써 글의 재미를 더하는 역할을 한다. 중국어의 의성어·의태어를 번역할 때에는 한국어에서 같은 의미와 효과를 가진 의성어·의태어를 찾아 번역할 수 있지만, 대응하는 의성어·의태어를 찾기 어려운 경우도 적지 않다. 본 텍스트는 어린이를 목표 독자로 집필한 서적이므로 특히 인물의 행동이나 태도, 심리 등을 묘사한 생동한 의성어·의태어들이 많다. 따라서 필자는 의성어·의태어를 번역함에 있어 원문에 대한 충성을 강조하는 충실성 원칙에 따라 먼저 원문에서 나오는 의성어·의태어가 원문 독자들에게 전달하고자 하는 의미와 효과를 분석하였다. 다음 의도한 번역 목적을 달성해야 함을 강조하는 목적성 원칙에 따라 가능한 한 한국어에서 대응하는 의성어·의태어를 찾아 번역함으로써 원문의 생동감을 유지하고 불가피한 경우에는 관용구 또는 기타 성분으로 '대체'하거나 '의역'하여 의미 전달에 중점을 두고자 한다. 구체적인 번역 사례 분석은 아래와 같다.

예문3:
【원문】

　　王少忙挑起花灯，<u>笑嘻嘻</u>地说："啊，老爷莫犯猜疑，我这四句诗是个谜，谜底就是'针'，你想想是不是。"

【번역문】

　왕소는 얼른 꽃등을 들고 <u>히죽히죽</u> 웃으며 말했어요. "그럴 리가요. 오해세요. 이 네 구절의 시는 수수께끼일 뿐입니다. 답은 '바늘'이지요. 제 말이 틀렸습니까?"

　　위에 제시한 예문은 왕소라는 젊은이가 나리에게 업신여김을 당한 후 복수하며 만족스러워하는 장면을 묘사하고 있다. 예문의 의태어 '笑嘻嘻'는 '미소 짓는(해죽이 웃는) 모양'을 뜻하므로 '해죽이'라고 번역할 수 있다. 그러나 '해죽이'는 한국어에서 여자 아이 또는 갓 태어난 아기의 웃음을 묘사할 때 사용하므로 남자인 젊은이를 묘사하는 데에 사용할 수 없다. 따라서 목표 독자들의 언어 습관을 고려하여 음성 모음으로 바꾸어 '히죽이'로 번역하였다. 그러나 '히죽이'는 원문의 의태어 '笑嘻嘻'에 비해 표현이 생동하지 못하다는 점에서 아쉬움이 있다. 따라서 번역의 목적을 강조하는 목적성 원칙에 따라 'ABB' 구조인 '笑嘻嘻'를 'ABAB' 구조인 의태어 '히죽히죽'으로 번역함으로써 원문 중 의태어의 의미와 생동감을 모두 번역문에 옮겼다.

예문4:

【원문】

黄母暗暗出了小院，命家奴把梁马唤到正房，假惺惺地问起吃纸和笔的缘由。

【번역문】

계모는 몰래 마당을 나와 노비더러 양마를 안채로 불러들이도록 했어요. 그리고 계모는 능청맞게 종이와 붓을 먹은 이유를 물었어요.

위에 제시한 예문에서는 계모가 꾀를 내어 고의로 사위 양마를 굶주려 놓고서도 이를 전혀 모른 척하며, 오히려 양마를 불러 종이와 붓을 먹는 황당한 행위를 저지른 이유를 묻고 있는 장면을 묘사하고 있다. 여기서 의태어 '假惺惺'은 '진심인 척하는 모양 또는 그럴 듯하게 꾸미는 모양'을 뜻하므로 "겉으로만 착한 척하다"라는 의미를 나타내는 '위선을 떨다'로 번역할 수 있다. 그러나 '위선을 떨다'라는 표현은 어린이들이 이해하는 데에 어려울 뿐만 아니라 '가식'의 정도를 과장하여 묘사한 느낌이 있다. 따라서 원문의 의미를 독자들에게 효과적으로 전달해야 함을 강조하는 목적성 원칙에 따라 "속으로는 엉큼한 마음을 숨기고 겉으로는 천연스럽게 행동하는 태도가 있다"라는 의미를 갖고 있는 형용사 '능청맞다'로 '대체'하여 번역하였다. 형용사 '능청맞다'는 원문의 '가식'의 정도를 적절하게 보여 주었을 뿐만 아니라 어린이들이 수용 가능한 어휘라는 점에서 바람직한 표현이라고 생각한다.

상술한 바와 같이 가급적으로 도착 언어권에서 대응하는 의성어·의태어를 찾아 번역하고, 불가피한 경우에는 관용구 또는 기타 성분으로 '대체'하거나 '의역'하여 번역하였다. 그 밖에 특히 인물의 성별이나 성격에 따라 음성 모음과 양성 모음을 구별하여 번역하는 데에 주의하였다. 예를 들어 의태어 '闪闪'은 야만적이고 욕심 많은 수퇘지를 묘사하였으므로 양성 모음 '반지르르'가 아닌 음성 모음 '번지르르'로 번역하였고, 의태어 '蹑手蹑脚'는 사악한 요괴의 걸음걸이를 묘사하였으므로 양성 모음 '살금살금'이 아닌 음성 모음 '슬금슬금'으로 번역함으로써 인물의 이미지를 보다 효과적으로 독자들에게 전달하였다.

3.1.3 사자성어

중국어 사자성어는 사람들이 오랜 세월 동안 습관적으로 사용하여 온 것으로, 대부분 네 글자로 구성된다.[1] 중국어의 일부 사자성어는 한국어의 고사성어로 음역이 가능하지만, 반면 대응하는 고사성어가 없어 음역이 불가능한 사자성어도 적지 않다. 따라서 필자는 원문에 대한 충성을 강조하는 충실성 원칙에 따라 먼저 사자성어가 내포한 의미를 파악하였다. 그리고 한국어에 동일한 의미와 효과를 가진 고자성어가 있는 경우에는 대응하는 고자성어

---

1 中国社会科学院语言研究所词典编辑室. 现代汉语词典[M]. 北京：商务印书馆，2005:160.

로 번역하고, 불가능한 경우에는 번역의 목적을 강조하는 목적성 원칙에 따라 '대체', '의역' 하는 방법으로 번역함으로써 독자들에게 사자성어의 내포의를 전달하는데 중점을 두었다. 구체적인 번역 사례 분석은 아래와 같다.

예문 5:
【원문】
　　夫妻俩悲恸欲绝，不忍心将孩子埋葬，便给孩子穿上厚厚的棉衣，在山上的树林里找了一块平地，铺上厚厚的一层干草，把孩子放在干草上，又哭了一会儿，才恋恋不舍地回了家。
【번역문】
　부부는 가슴이 찢어지는 것 같았어요. 그들은 도무지 아기를 땅에 묻을 엄두가 나지 않았어요. 그래서 부부는 아기에게 두툼한 솜옷을 입힌 후 산 숲속 평지를 찾아 마른 풀을 한 층 두껍게 깔고는 아기를 그 위에 올려놓았어요. 부부는 또 한참을 통곡한 후에야 아쉬움을 뒤로하고 집으로 돌아올 수 있었어요.

　　위에 제시한 예문의 사자성어 '悲恸欲绝'는 '마음이 극도로 아프고 슬픈 정도가 최고치에 도달했음'을 의미하므로 '마음이 아프다'로 번역할 수 있다. 그러나 '마음이 아프다'라는 표현은 사자성어의 의미는 전달할 수 있지만 원문 중 자식을 잃은 부모의 비통한 마음을 효과적으로 독자들에게 전달하기에는 아쉬운 느낌이 있다. 한국어 관용구 가운데 '가슴이 찢어지다'는 "슬픔이나 분함 때문에 가슴이 째지는 듯한 고통을 받다"라는 뜻으로 사자성어 '悲恸欲绝'의 슬픈 정도를 더욱 두드러지게 보여줄 수 있으므로 본 예문에 잘 어울린다. 이와 같이 의도한 번역 목적을 달성해야 함을 강조하는 목적성 원칙에 따라 관용구로 '대체'하여 번역하면 사자성어의 의미뿐만 아니라 보여 주고자 하는 효과까지 독자들에게 전달할 수 있다.

예문6:
【원문】
　　一天，荷花去荷花池边淘米，突然一阵凉风吹来，荷叶竟像有生命似的，纷纷倒向两边，让出一条水路来，一个小孩坐在盆里漂了过来，这个小孩正是荷花朝思暮想的孩子。
【번역문】
　그러던 어느 날이었어요. 연화가 연못가에 가서 쌀을 씻는데, 갑자기 서늘한 바람이 불어오더니 연잎들이 살아 있기라도 하듯 연달아 양편으로 젖혀지면서 이윽고 한 갈래의 물길이 생겼어요. 그리고 세숫대야 하나가 물길을 따라 떠내려왔어요. 대야 속에는 아기 하나가 앉아 있었는데, 그 아기는 다름 아닌 연화가 꿈속에서도 그리워하던 아들이었어요.

위에 제시한 예문의 사자성어 '朝思暮想'은 '그리워하다'라는 뜻을 갖고 있다. 원문에서는 엄마가 아기를 잃어버린 후 하루 종일 생각하는 모습을 사자성어 '朝思暮想'을 사용하여 묘사하고 있는데, 동사 '그리워하다'로 번역할 경우 부모의 절박하고 간절한 마음을 전달하기에 표현이 약한 느낌이 있다. 따라서 '朝思暮想'의 '朝思(아침저녁)'이라는 부분에 주의하여 잠이 들어 잠잘 때까지 그리워하다는 뜻을 갖고 있는 '꿈속에서도 그리워하다'로 번역하였다. 이와 같이 번역의 목적을 강조하는 목적성 원칙에 따라 사자성어를 '의역'함으로써 '그리워하다'라는 의미와 '그리움이 극치에 도달'한 효과를 모두 독자들에게 전달하는 목적을 달성하였다.

상술한 바와 같이 사자성어를 번역함에 있어 한국어 중 고사성어로 번역이 가능한 경우에는 일대일로 음역하여 사자성어의 네 글자 구조를 유지하였다. 그러나 목표 언어권에 대응하는 고사성어가 없는 경우에는 관용구 등 기타 성분으로 '대체'하여 번역하였다. 그리고 '대체'도 불가능한 경우에는 사자성어의 내포의를 풀이하여 '의역'함으로써 사자성어의 뜻과 효과를 번역문에 옮겼다. 상술한 예제 외에도 '掌上明珠'는 속담 '금이야 옥이야'로 '대체'하여 번역하였고, '风尘仆仆'는 '산전수전을 다 겪다'로 '의역'하였다. 이와 같이 비록 사자성어의 구조는 보존하지 못했지만 사자성어의 의미와 효과를 독자들에게 전달함으로써 번역문의 가독성을 제고시키고 어린이들의 독서 재미를 더하였다.

3.2 구 번역

丁声树는 구(短语)는 둘 이상 단어의 결합을 가리킨다고 하면서, 주술구(主谓短语), 동빈구(动宾短语), 수식구(偏正短语), 보충구(补充短语), 연합구(联合短语) 다섯 가지로 나누고 있다.[1] 본 텍스트를 번역하는 과정에 역자는 수식구와 보충구 두 가지 종류의 구를 번역함에 있어 어려움이 많았다. 의미적으로 보았을 때 수식구와 보충구는 마침 반대되는 바, 수식구는 핵심 내용이 구의 앞부분에 위치하는 반면 보충구는 핵심 내용이 구의 뒷부분에 위치한다.[2] 따라서 수식구는 구의 앞부분인 관형어 번역에 주의해야 하는 반면, 보충구는 구의 뒷부분인 보어의 번역이 상대적으로 중요하다. 아래 구체적인 사례 분석을 통해 구를 번역하는 과정에서의 번역 어려움과 해결 방안에 대해 살펴보도록 하겠다.

3.2.1 수식구

중국어 수식구(偏正短语)는 '관형어+중심어(定中)' 구조와 '부사어+중심어(状中)' 구

---

1 李向华. 现代汉语专题实用教程[M]. 上海：学林出版社，2019:101.
2 张斌. 中华学生语法修辞词典[M]. 上海：上海辞书出版社，1997:56.

조로 구분할 수 있는데,[1] 본고에서는 '관형어+ 중심어' 구조의 수식구만을 연구 대상으로 삼고자 한다. '관형어+ 중심어' 구조의 수식구 가운데 관형어는 명사, 형용사 등이 될 수 있는데 체언인 중심어의 앞에 위치하면서 중심어의 속성이나 재료 등을 묘사한다.[2] 본고에서는 주로 '형용사+ 的+ 명사' 구조의 수식구를 둘러싸고 사례 분석을 하고자 한다. 그러나 본고의 '형용사+ 的+ 명사' 구조의 수식구 가운데 형용사 대부분은 직역이 불가능하다. 따라서 먼저 원문 중 관형어의 수식 대상과 수식 효과를 파악한 다음 의도한 번역 목적을 달성해야 함을 강조하는 목적성 원칙에 따라 형용사 또는 부사로 전환하는 등 방법으로 번역함으로써 원문의 의미와 효과를 독자들에게 모두 전달하고자 한다. 구체적인 번역 사례 분석은 아래와 같다.

예문7:

【원문】

  部落中的男男女女，手中都拿着石头磨制的镰刀，在阳光下欢快地挥舞，收割着饱满的谷子。

【번역문】

  부족 사람들은 남녀 할 것 없이 모두들 각자 돌을 갈아 만든 낫을 들고 내리쬐는 햇볕 아래서도 신명나게 알알이 여문 곡식들을 수확하였어요.

  위에 제시한 예문의 '饱满的谷子'는 수식구로서, '형용사+ 的+ 명사' 구조를 하고 있다. 여기서 형용사 '饱满'의 글자 표면의 의미를 살펴보면 '가득 차다, 포만하다'라는 뜻을 갖고 있으므로 '잘 여문 곡식'이라고 번역할 수 있다. 그러나 '잘 여문 곡식'이라는 표현은 어린이들이 읽기에 생동감이 떨어진다. 따라서 번역 목적을 달성해야 함을 강조하는 목적성 원칙에 따라 부사 '알알이'를 사용하여 '알알이 여문 곡식'으로 번역하였는데, '알알이'는 "한 알 한 알마다"라는 뜻으로 원문의 '속이 가득 차다'라는 의미와 잘 어울릴 뿐만 아니라 곡식의 알찬 모습까지 눈앞에 보는 듯이 묘사하여 어린이들로 하여금 번역문을 재미있게 읽을 수 있도록 하였다.

예문8:

【원문】

  于是人们便为玉兔准备了很多的衣服和座椅，玉兔每到一处就换一身衣服，一会儿穿着那嫩的衣服，一会儿又穿着女人的衣服，一会儿骑着马，一会儿骑着鹿，走遍了京城的每一个角落。

---

[1] 윤유정,「중국어 '定中' 수식구 중심어 출몰(隐现) 오류 분석」,『외국학연구』제37집, 2016:170.
[2] 屠爱萍. 对外汉语句子构建教与学[M]. 延吉：延边大学出版社，2018:184.

【번역문】

그래서 사람들은 옥토끼를 위해 많은 옷과 걸상들을 준비해 주었어요. 옥토끼는 가는 곳마다 다른 옷으로 갈아입었어요. 때로는 산뜻한 옷으로 또 때로는 여성 옷차림을 했으며, 말을 타는가 하면 가끔은 노루를 타기도 하면서 경성 구석구석을 누비고 다녔어요.

위에 제시한 예문의 '嫩的衣服'는 수식구로서, '형용사+ 的+ 명사' 구조를 하고 있다. 여기서 꾸며 주는 역할을 하는 관형어 '嫩'은 '색깔이 엷다'라는 뜻을 갖고 있다. 그러나 '엷은 색깔의 옷'으로 직역할 시 표현이 딱딱하고 번역문의 생동감이 떨어진다. 관형어 '嫩'은 독자들에게 옷을 입었을 때 청순하고 야들야들한 '봄처녀' 이미지를 연상시키는 효과를 갖고 있다. 한국어 가운데 형용사 '산뜻하다'는 "보기에 말쑥하고 깔끔하다"라는 의미로 원문 중 '嫩'의 뜻과 잘 어울린다. 따라서 번역의 목적을 강조하는 목적성 원칙에 따라 '산뜻한 옷차림'으로 번역함으로써 원문의 의미와 효과를 충분히 번역문에 옮겼다.

상술한 바와 같이 본 텍스트의 수식구는 대부분 '형용사+ 的+ 명사' 구조를 갖고 있다. 여기서 핵심은 관형어의 번역이다. 관형어를 직역할 경우 관형어가 보여 주고자 하는 효과를 번역문에 옮기기 어렵다. 따라서 수식구를 번역함에 있어 먼저 수식구 가운데 관형어가 꾸며 주고 있는 대상과 기대 효과에 대해 자세히 파악한 다음, 관형어를 형용사 또는 부사를 사용하여 번역함으로써 수식구가 갖고 있는 의미와 효과를 가능한 한 독자들에게 모두 전달하였다.

3.2.2 보충구

중국어 보충구 (补充短语)는 핵심 부분인 중심어와 보충 역할을 하는 보어(补语) 두 부분으로 이루어지는데, 앞 부분인 중심어는 형용사 또는 동사가 될 수 있다.[1] 본고에서는 주로 '동사+ 得+ 보어' 구조의 보충구를 연구 대상으로 삼고자 한다. '동사+ 得+ 보어' 구조의 보충구를 번역할 시 보어의 번역이 상대적으로 중요한데, 왜냐하면 보어의 의미 지향에 따라 '동사+ 得+ 보어' 구조가 나타내는 의미가 상태, 결과, 정도 등[2]으로 달라지기 때문이다. 따라서 보충구를 번역함에 있어 먼저 원문에 대한 충성을 강조하는 충실성 원칙에 따라 보어의 의미 지향을 정확히 파악하는 데에 주의를 돌리고자 한다. 다음 기대하는 번역 목적을 달성해야 함을 강조하는 목적성 원칙에 따라 부사를 사용하여 번역하거나 또는 생동한 표현으로 '의역'하는 등 알맞은 방법으로 번역함으로써 원문의 보어가 보충하고자 하는 내용 및 기대 효과를 번역문에 적절히 옮기고자 한다. 구체적인 번역 사례 분석은 아래와 같다.

1　周建设. 现代汉语教程[M]. 北京：人民教育出版社，2014:244.
2　윤유정, 「'得'자 상태보어구문의 문법화 연구」, 박사논문, 2009:4.

예문9:

【원문】

没想到，这碗泡馍极具肉汤的香味，赵匡胤接过泡好的馍，大口吃了起来，<u>吃得全身发热</u>，头上冒汗，饥寒全消。

【번역문】

그런데 이게 웬일이겠어요? 마른 빵이 양고기 국물의 구수한 향을 푹 머금은 게 아니겠어요? 이를 받아든 조광윤은 허겁지겁 먹기 시작했어요. 그러자 <u>온몸이 후끈후끈해지더니</u> 이마에서 땀방울이 송골송골 맺히며 허기와 추위가 감쪽같이 사라졌어요.

위에 제시한 예문의 '吃得全身发热'은 '동사+得+보어' 구조의 보충구이다. 여기서 보어 '全身发热'의 글자 표면의 의미는 '온몸에 열이 나다'이다. 그러나 '열이 나다'라는 표현은 음식을 먹은 후 몸이 더워진 상황에 자주 사용하지 않는다. 더구나 예문 전체를 살펴보면, '头上冒汗(이마에 땀이 맺힐)'이라는 표현으로 단순히 더운 상태를 넘어서 땀이 맺힐 정도임을 강조하고 있다. 한국어에서는 이와 같은 상황에 일반적으로 '후끈후끈'이라는 표현을 자주 사용한다. '후끈후끈'은 "몸이나 쇠 따위가 뜨거운 기운을 받아서 잇따라 갑자기 달아오르는 모양"을 뜻하므로 원문의 의미와 잘 어울린다. 따라서 번역의 목적을 강조하는 목적성 원칙에 따라 부사 '후끈후끈'을 사용하여 '온몸이 후끈후끈해지더니'로 번역함으로써 보충구의 보어 성분 '全身发热'이 강조하고자 한 더워진 정도를 부각시켰을 뿐만 아니라 한국어의 언어 습관에도 어울리도록 하였다.

예문10:

【원문】

传说很久很久以前，有一对老鼠夫妇，他们生了一个宝贝女儿，就把她视作掌上明珠，捧在手里怕掉了，含在嘴里怕化了，<u>疼爱得不知道如何是好</u>。

【번역문】

전하는 바에 의하면 옛날 옛적에 쥐 부부가 딸을 하나 낳았다고 해요. 부부는 아기를 금이야 옥이야 하며 바람 불면 날아갈까 만지면 부서질까 <u>끔찍이 아꼈어요</u>.

위에 제시한 예문의 '疼爱得不知道如何是好'는 '동사+得+보어' 구조의 보충구이다. 여기서 동사 '疼爱'는 '몹시 아끼다, 사랑하다'라는 의미를 나타내고 보어 성분인 '不知道如何是好'는 앞의 동사를 강조하고 있다. 따라서 부사 '매우'를 사용하여 '매우 아꼈어요'로 번역할 수 있다. 그러나 원문에서는 '疼爱'의 '疼(아플 정도로)'과 보어의 '不知道如何是

好(어찌할 바를 모르다)' 등으로 부모가 자식을 사랑하는 정도를 반복하여 두드러지게 강조하고 있으므로 '매우 아꼈어요'라고 번역할 경우 표현이 단조롭고 부모가 딸을 소중하고 귀하게 여기는 모습을 강조하는 정도가 원문에 비해 다소 약한 느낌이 있다. 한국어 중 부사 '끔찍이'는 '정성이나 성의가 보통 이상을 넘어 몹시 대단하고 극진하게'라는 뜻으로 원문의 '不知道如何是好(어찌할 바를 모르다)'의 정도를 부각시킬 수 있다. 또한 한국어에서는 '끔찍이 아끼는 자식'이라는 표현도 자주 사용하므로 한국어 언어 습관에도 맞다. 이와 같이 보충구 '疼爱得不知道如何是好'를 원문의 의도한 목적을 번역문에 옮겨야 함을 강조하는 목적성 원칙에 따라 부사 '끔찍이'를 사용하여 번역함으로써 원문의 보어가 보충하고자 하는 내용과 효과를 모두 독자들에게 전달하였다.

상술한 바와 같이 본 텍스트의 보충구는 대부분 '동사+得+보어' 구조를 하고 있다. 여기서 핵심은 보어의 번역이다. 보어를 직역할 경우 보어가 보충하고자 하는 내용을 독자들에게 전달하기 어렵다. 따라서 보충구를 번역함에 있어 원문 중 보어의 의미와 역할에 대해 자세히 파악한 후, 번역 목적을 강조하는 목적성 원칙에 따라 부사로 번역하거나 생동한 표현으로 바꾸어 번역하는 등 알맞은 번역 방법을 선택하여 번역함으로써 보충구가 보충하고자 하는 내용 및 기대 효과를 가능한 한 효과적으로 번역문에 옮겼다.

3.3 문장 번역

문장 번역은 어휘나 구 번역에 비해 상대적으로 까다롭다. 문장을 번역할 때에는 어휘적 차원을 넘어 문법의 정확성, 문장의 가독성이나 언어적 풍격과 특징 등을 종합적으로 고려하여 번역해야 한다. 아래 흐름문과 대화문 두 측면으로 나누어 문장 사례들을 살펴보도록 하겠다.

3.3.1 흐름문

중국어의 '흐름문(流水句)'이란 구체적인 구형(句型)이나 구식(句式)이 없고 여러 개의 쉼표(逗号)나 구단(句段)으로 이루어진 평서문을 가리킨다.[1] 따라서 흐름문은 원문의 문맥 관계 파악이 어려울 뿐만 아니라 한국어로 번역하는 데에도 어려움이 크다. 따라서 본고에서는 흐름문을 둘러싸고 사례 분석을 하고자 한다. 스코포스 이론의 연관성 원칙에 따르면 번역문은 자연스럽고 문장 맥락이 매끄러워야 한다. 따라서 흐름문을 번역함에 있어 필자는 연관성 원칙에 따라 '문장 나누기' 방법으로 난해한 흐름문을 짧은 문장으로 나누고, 필요에 따라 '순서 전환' 등 방법을 활용함으로써 번역문을 보다 읽기 편하면서도 목표 독자들의 언어 습관에 맞게 번역하고자 한다. 구체적인 번역 사례 분석은 아래와 같다.

---

1 王懿. 文化语言学视域下汉韩长句翻译研究[J]. 复旦外国语言文学论丛, 2015(01):95.

예문11:
【원문】
　　在婚礼上，裁缝突然想起自己当年埋下的好酒，心中非常惭愧，心想这酒只有在女儿出嫁这天喝才对得起女儿，便赶紧挖了出来，打开酒坛的盖子，一阵浓郁的酒香飘了出来，霎时间，整个屋子都弥漫着怡人的酒香，让人闻了几乎要醉了。

【번역문】
　　결혼식 날이 되자 재봉사는 순간 자신이 그해 묻어 두었던 술이 생각나 너무나 부끄러웠어요. 딸이 시집가는 오늘에도 이 술을 마시지 않는다면 딸아이의 얼굴을 볼 면목이 없지! 재봉사는 얼른 묻어 두었던 술을 꺼내 술 단지의 덮개를 열었어요. 진한 술 향기가 풍겨져 나오더니 순식간에 온 집안이 그윽한 술 향기로 가득찼고 사람들은 그 향기에 취해 버릴 정도였어요.

　　위에 제시한 예문은 여러 개의 쉼표로 이루어진 전형적인 흐름문이다. 원문의 이야기 흐름을 보면 시간의 순서에 따라 기술되면서 삽입이나 뒤바뀐 내용이 없다. 즉 주인공인 재봉사와 술 단지를 둘러싸고 이야기가 전개되는데, 대체로 "재봉사가 술 단지를 묻었던 과거의 자신을 회억-재봉사가 술 단지를 보며 진행된 심리 활동-재봉사가 술 단지를 파내는 과정-재봉사가 술 단지를 개봉한 결과" 네 부분으로 구성된다. 따라서 번역문의 가독성을 강조하는 연관성 원칙에 근거하여 이야기 흐름에 따라 '문장 나누기' 방법으로 흐름문을 네 개의 짧은 문장으로 번역하였다. 그러나 "心想这酒只有在女儿出嫁这天喝才对得起女儿"는 재봉사의 심리 활동을 묘사한 부분으로, 재봉사가 딸이 시집가는 날까지 술 단지의 술을 마시지 않는다면 아버지로서 당당할 수 없을 것 같다고 생각하면서 반드시 술을 개봉하리라는 재봉사의 다짐을 보여 준다. 따라서 가정법 조건문을 활용하여 "딸이 시집가는 오늘에도 이 술을 마시지 않는다면 딸아이의 얼굴을 볼 면목이 없지!"와 같이 심리 묘사로 바꾸어 번역함으로써 독자들로 하여금 재봉사의 생각을 직접 듣고 있는 것 같은 효과를 느끼게 하였다. 이와 같이 먼저 이야기 흐름에 따라 흐름문을 여러 개의 짧은 평서문으로 나누어 번역함으로써 어린이들의 독서 부담을 덜었다. 그리고 인물의 심리를 묘사한 부분은 심리 묘사로 바꾸어 번역문의 생동감을 더해 줌으로써 어린이들의 독서 흥취도 불러일으켰다.

예문12:
【원문】
　　王灵官心中十分奇怪，便回到天庭，把人间祥和安乐、祈求新年如意的情况一一回禀玉帝，玉帝听后大为震动，这才明白原来自己是受三尸神蒙蔽，差点犯下大错，就命人将三尸神捉拿归案，永远禁锢在天牢之中。

【번역문】

　속으로 이상하다고 생각한 왕령관은 천궁으로 복귀해 인간 세상의 평화와 안락, 그리고 희망찬 새해를 기원하는 모습까지 빠짐없이 옥황상제에게 보고했어요. 옥황상제는 듣고 나서 가슴이 철렁했어요. 그제야 자신이 하마터면 삼시신의 꾀에 넘어가 큰 실수를 저지를 뻔했다는 것을 깨닫고 삼시신을 체포하여 평생 감옥에 가두어라 명하였어요.

　위에 제시한 예문은 전형적인 흐름문이다. 예문에는 '왕령관'과 '옥황상제' 두 개의 주어가 등장하므로 먼저 두 인물을 기준으로 '문장 나누기' 방법으로 번역할 수 있다. 그러나 옥황상제를 묘사한 부분인 "玉帝听后大为震动，这才明白原来自己是受三尸神蒙蔽，差点犯下大错，就命人将三尸神捉拿归案，永远禁锢在天牢之中。"에서는 옥황황제와 관련된 술어 '震惊'과 '明白', '命令'이 연속 나오는데, 한 개 문장으로 직역할 경우 여전히 읽는 데 부담이 되므로 또다시 '문장 나누기' 방법을 활용하여 짧은 문장으로 나누었다. 그 밖에 "왕령관은 속으로 이상하다고 생각하며 천궁으로 복귀해……"를 '순서 전환' 방법을 활용하여 "속으로 이상하다고 생각한 왕령관은 천궁으로 복귀해……"와 같이 '관형절을 안은 문장'으로 번역함으로써 한국어의 언어 습관에 맞게 번역하였다. 이처럼 흐름문을 번역할 때에는 인물이나 동사를 기준으로 '문장 나누기' 방법을 활용하여 짧은 문장으로 나누고, 필요에 따라 '순서 전환' 방법을 활용하여 번역함으로써 자연스러우면서도 부담 없이 읽을 수 있는 번역문을 완성하였다.

　상술한 바와 같이 흐름문은 번역하는 데에 어려움이 크다. 따라서 우선 이야기 흐름이나 등장하는 인물 등에 따라 '문장 나누기' 방법을 활용하여 번역함으로써 어린이들이 흐름문을 이해하는 부담을 줄였다. 다음 한국어의 언어 습관을 고려하여 '순서 전환' 방법을 활용함으로써 보다 자연스러운 번역문을 완성하였다. 마지막으로 심리를 묘사한 부분은 심리 묘사로 전환함으로써 인물의 생각을 직접 듣고 있는 것 같은 생동감을 부여하였다.

3.3.2 대화문

　대화문은 인물의 성격이나 태도를 나타내는데, 본 텍스트는 이야기로 구성되었기에 많은 대화문이 등장한다. 신혜정은 "대화문은 작품의 이야기 전개와 인물 성격 묘사에 중요한 역할을 한다"[1]라고 지적하였다. 따라서 필자는 대화문을 번역할 때 원문에 대한 충성을 강조하는 충실성 원칙에 따라 원문 중 발화 상황, 발화자의 이미지, 발화의 대상, 발화의 목적 등을 파악하는데 중점을 두었다. 다음 번역의 목적을 강조하는 목적성 원칙에 따라 호칭, 종

---

[1] 신혜정,「소설 대화문 번역의 단락구성 연구 – 오만관 편견의 대화문 중간삽입 지시문을 중심으로」,『인문사회』217권4호, 2016:95.

결 어미에 변화를 주는 외에도 '의역' 등 알맞은 방법으로 자연스러운 대화문으로 번역함으로써 발화 효과를 번역문에 옮기고 인물의 이미지를 부각시키는 목적을 달성하고자 한다. 구체적인 번역 사례 분석은 아래와 같다.

예문13:

【원문】

　　黄母一听，可急了：" 贤婿呀，得中之后可别忘了岳母哇！"

【번역문】

　　이 말을 들은 계모는 마음이 급해졌어요. "우리 사위님, 성공하시게 되면 이 장모 잊으시면 안 됩니다."

위에 제시한 예문은 줄곧 얕잡아 보던 사위가 초능력을 갖고 있다는 사실을 알게된 후 장모가 태도를 급전환하여 아부하고 있는 대화문이다. 따라서 발화자인 장모의 태도를 번역문에 체현하기 위해 사위를 부르는 호칭인 '贤婿'를 직역하기 보다는 '-님'을 붙여 '사위님'으로 번역하는 것이 바람직하다. 또한 장모가 사위에게 "내가 너를 유별나게 생각하고 있다"라는 주관적인 사상을 주입시키려고 노력하고 있으므로 한국어에서 집단주의 문화를 나타낼 때 사용하는 대명사 '우리'를 추가해 '우리 사위님'으로 번역하였다. 그리고 장모가 자신을 지칭할 때 사용한 대명사 '岳母'는 지칭 대명사 '이'를 사용하여 '이 장모'로 번역하였는데, 이는 자신을 낮추어 부르는 '이 장모'와 사위를 높여 부르는 '우리 사위님'이 대응 관계를 이루면서 장모의 굽신거리는 이미지를 더욱 부각시킬 수 있다. 이 밖에 명령형 반말체가 아닌 상대 높임의 종결 어미 '-ㅂ니다'와 높임의 선어말 어미 '-시'를 사용하여 '성공하시게 되면 나를 잊으시면 안 됩니다"로 번역함으로써 사위에 대한 장모의 '존경'의 태도를 부각시켰다. 이와 같이 기대하는 번역 목적을 달성해야 함을 강조하는 목적성 원칙에 따라 호칭과 종결 어미, 선어말 어미 등에 변화를 주어 번역함으로써 장모의 아부하는 태도와 비열한 이미지를 부각시켰다.

예문14:

【원문】

　　笑面虎看罢，气得面红耳赤，暴跳如雷，嚷道："好小子，胆敢来骂老爷！"

　　王少忙挑起花灯，笑嘻嘻地说："啊，老爷莫犯猜疑，这四句诗只是个谜，谜底就是'针'，你想想是不是。"

【번역문】

　　글귀를 읽은 나리는 화가 나 얼굴이 붉으락푸르락해서는 펄펄 뛰며 소리쳤어요. "이놈, 감히 이 나리를 욕보였겠다!"

왕소는 얼른 꽃등을 들고 히죽히죽 웃으며 말했어요. "그럴 리가요. 오해세요. 이 네 구절의 시는 수수께끼일 뿐입니다. 답은 '바늘'이지요. 제 말이 틀렸습니까?"

위에 제시한 대화문의 중국어 담화 표지 '啊'는 성조가 달라짐에 따라 보여 주고자 하는 의미도 달라진다. 원문은 나리가 왕소를 의심하자 왕소가 반문하면서 오해라고 변명하고 있는 장면이다. 따라서 이때 사용하는 '啊'는 2성조로 놀라움과 '내가 왜 나리를 모욕하겠습니까?'라는 반문의 의미를 담고 있으므로 "그럴 리가요"로 '의역'할 수 있다. 또한 "老爷莫犯猜疑"의 표면적 의미는 "나리 의심을 거두세요"이지만 구어체로 사용하기에 표현이 딱딱하다. 따라서 대화문의 효과를 고려하여 "오해세요"로 바꾸어 번역함으로써 한국어 대화문의 언어 습관에 맞게 번역하였다. 그 밖에 "你想想是不是"의 표면적 의미는 "생각해 보세요. 아니 그렇습니까?"이다. 그러나 발화는 명료하고 간결해야 하므로 상대방이 발화자 자신의 의견에 동의할 것을 요구함을 나타내는 간단한 표현 "제 말이 틀렸습니까?"로 번역하였다. 이처럼 번역의 목적을 강조하는 목적성 원칙에 따라 문자 표면의 의미에 얽매이지 않고 발화문에 함축된 의미를 '의역'함으로써 독자들에게 발화자의 태도와 발화의 목적을 보다 효과적으로 전달하였다.

상술한 바와 같이 대화문은 이야기에 나오는 인물에 대해 전면적으로 파악할 수 있는 중요한 요소이다. 따라서 호칭, 종결 어미 등에 주의를 돌려 번역하는 외에도 발화의 상황에 따라 직역이 불가능한 표현은 '의역'함으로써 독자들에게 인물이 취한 태도와 이미지를 부각시키고, 발화의 목적과 발화의 효과를 가능한 한 모두 번역문에 옮기기 위해 노력하였다.

4. 맺음말

본 번역 실천에서는 '문화 수출'이라는 시대적 배경 하에 중국의 전통문화를 다룬 서적 『중국 민속 이야기』를 발췌하여 번역하고, 번역 과정에 번역이 어려운 부분들을 둘러싸고 번역 보고서를 작성하였다.

『중국 민속 이야기』를 한국어로 번역하는 과정에 한중 양국의 언어와 문화 차이로 인해 어휘와 구, 문장 등 방면에서 여러 가지 번역 어려움이 있었다. 본 텍스트를 분석해 보면 목표 독자가 어린이이고, 서적을 집필한 주요 목적이 중국의 전통문화를 전파하는 것이라는 점에서 '번역의 목적'을 강조하는 페르미어의 '스코포스 이론'을 지도 이론으로 삼았다. '스코포스 이론'은 세 가지 원칙을 준수하는데, 먼저 '목적성 원칙'에 근거하여 알맞은 번역 방법을 선택함으로써 번역문의 정보를 독자들에게 적절히 전달하는 목적을 달성하였다. 또한 '연관성 원칙'에 근거하여 문장을 보다 매끄럽게 번역함으로써 번역문의 가독성을 제고하였다. 그 밖에 '충실성 원칙'에 근거하여 원문의 내용과 효과를 충실히 번역문에 옮김으로써 목표 독자들이 원문을 읽을 때의 효과를 번역문에서 똑같이 느낄 수 있도록 하였다.

사례 분석에서는 스코포스 이론의 세 가지 원칙에 따라 구체적으로 어휘와 구, 문장 세 가지 측면으로 나누어 예문을 분석하였다. 우선 어휘 번역에 있어 문화 고유어는 내포한 문화 배경을 충분히 이해한 후 '대체' 또는 '창작'의 방법으로 번역하였다. 의성어·의태어는 목적어 언어권에서 되도록 상응하는 의성어·의태어를 찾아 번역하고 불가피한 경우에는 관용구 또는 기타 성분으로 '대체'하였다. 사자성어는 고사성어로 번역하고, 대응하는 고사성어가 없는 경우에는 의미 전달에 중점을 두어 '대체', '의역'하였다. 다음 구를 번역함에 있어 수식구는 관형어가 꾸미고자 하는 대상과 수식 효과에 주의하여 형용사와 부사를 사용하여 번역하였다. 반면 보충구는 보어의 보충 내용이나 효과에 주의하여 부사를 사용하여 번역하거나 생동한 표현으로 바꾸어 번역하는 등 방법으로 보다 재미있게 번역하였다. 마지막으로 문장 번역에서 대화문을 번역함에 있어 호칭이나 종결 어미, 담화 표지 등에 주의하여 번역함으로써 발화 목적과 발화 효과를 독자들에게 전달하였고, 평서문 가운데서도 번역이 어려운 흐름문은 원문을 충분히 이해한 후 짧은 문장으로 나누어 번역함으로써 어린이들의 독서 부담을 덜었다.

이번 번역 실천을 통해 역자는 중국의 전통 풍습 나아가 중국 전통문화와 관련한 정보를 폭넓고 깊이 있게 이해함으로써 중국 문화에 대한 자긍심을 고취할 수 있었다. 동시에 이론 지식을 학습하는데 그치는 것이 아니라 번역 책략과 번역 방법을 실제 번역 실천 과정에 활용하면서 자신의 번역 실력을 제고하는 계기가 되었다. 이와 동시에 자신의 번역 경험이 부족하고 이론 지식이 튼튼하지 못한 등 미흡한 부분들도 확인할 수 있었다. 따라서 앞으로 부단히 이론 지식을 학습하고 번역 경험을 쌓음으로써 번역 과정에 어떤 어려움에 부딪치더라도 원활하게 문제를 해결할 수 있는 능력을 키울 것이다. 그리고 바라건대 향후 이론 학습과 번역 실천 과정에 미흡한 부분을 점차 보완해 나감으로써 번역 학계와 한중 양국의 문화 교류에 조금이나마 도움이 되었으면 좋겠다.

참고문헌

1. 중국어 자료

단행본

[1] 陈凯华. 功能翻译理论及其应用翻译探研 [M]. 北京: 冶金工业出版社, 2018.

[2] 陈小慰. 翻译与修辞新论 [M]. 北京: 外语教学与研究出版社, 2013.

[3] 李向华. 现代汉语专题实用教程 [M]. 上海: 学林出版社, 2019.

[4] 屠爱萍. 对外汉语句子构建教与学 [M]. 延吉: 延边大学出版社, 2018.

[5] 周建设. 现代汉语教程 [M]. 北京：人民教育出版社, 2014.

정기 간행물

[1] 边裕涵，李英子. 浅谈形似、意似、神似指导下的中韩拟声词翻译：以《活着》为例 [J]. 韩国语教学与研究，2021(01).

[2] 穆雷，邹兵. 翻译的定义及理论研究：现状、问题与思考 [J]. 中国翻译，2015(03).

[3] 王磊，蒲轶琼. 试论汉语长句的断句及翻译 [J]. 安阳工学院学报，2006(02).

[4] 王懿. 文化语言学视域下汉韩长句翻译研究 [J]. 复旦外国语言文学论丛，2015(01).

[5] 郑德虎. 中国文化走出去与文化负载词的翻译 [J]. 上海翻译，2016(02).

2. 외국어 자료

단행본

[1] 김도훈, 『번역과 언어』, 한국문화사, 2010.

[2] 이근희, 『번역의 이론과 실제』, 한국문화사, 2015.

[3] 이승재, 『문화층위와 문화소: 번역에 대한 문화적 접근』, 한국번역학회, 2012.

[4] 정연일·남원준, 『번역학 입문』, 한국외국어대학교출판부, 2006.

정기 간행물

[1] 금지아, 「한중 번역에서의 문화소 번역 전략」, 『한국번역학회』, 2015.

[2] 김도훈, 「번역에 있어서의 문화 고유어의 중요성 및 번역 전략」, 『영어영문학21』, 2012.

[3] 신혜정, 「소설 대화문 번역의 단락구성 연구 – 오만관 편견의 대화문 중간삽입 지시문을 중심으로」, 『인문사회』, 2016.

[4] 윤유정, 「중국어 '定中' 수식구 중심어 출몰(隐现) 오류 분석」, 『외국학연구』제37집, 2016.

[5] 이근희, 「텍스트의 기능과 어린이의 인지능력을 고려한 그림동화 번역전략」, 『동화와 번역』, 2009.

短篇小说《金星女》韩汉翻译实践报告

吴林鸿[1]

1. 引言

1.1 选题意义

随着中韩两国经贸和人员往来的扩大,两国各领域的交流与合作不断深入。文学作为反映社会现实、表现人类内心世界的一门特殊的艺术,逐渐成为沟通中韩两国人民心灵的桥梁。20世纪90年代,中韩文坛涌现出了一大批关注女性命运的女性作家,中韩两国的女性文学得到了长足的进步。90年代韩国女性作家以女性特有的人生体验,以女性特有的视角,以极具个性的叙述语言掀起了女性文学的又一次高潮。女性作家聚焦女性作为人的独立性,开始思考反省自我存在的意义、传统婚姻旧观念、女性必须寄生于男性,以及在社会上差别对待女性等问题。这一变化在作品中通过诸多方面得以体现。女性成长小说作为最能反映这一社会动向的文学体裁,贴近女性的内心,彰显社会矛盾,同时表现出了女性维护独立自主意识的强烈意志,具有较高的研究价值。

殷熙耕是20世纪90年代女性成长小说最具代表性的作家之一,其短篇小说《金星女》以女性叙事的角度,展现了90年代韩国女性纷乱复杂的内心世界以及应对生存困境的不同方式。作者在小说中刻画了四位不同的女性形象,她们在人生旅途中做出了截然不同的选择。作者用细致的语言表现出女性孤独、无助、不安的内心世界,用女性独特的叙述视角和发散性思维,传达出女性真实的生存体验,揭露了女性无奈的悲惨命运。表现出女性主义的关怀及强烈而不受束缚的女性自我意识,启发读者成熟的女性意识,认为女性在男性中心的社会里可以争取个人的自由,要求社会倾听女性的声音,认可女性的思考和能力,引发读者对自己生活和人生的反省与思考,具有一定的社会功能。笔者希望通过此次翻译实践活动增进读者对韩国90年代女性心理、思想及社会现状的了解。另外,了解中韩文化上的差异,能减少跨文化交际中的误解,促进中韩交流的顺畅与和谐。

---

[1] 山东大学外国语学院朝鲜语系研究生

1.2 翻译任务介绍

《金星女》的作者是韩国著名女性作家殷熙耕,被誉为韩国当代文坛代表性作家之一。1959年生于全罗北道高昌郡,毕业于淑明女子大学国语国文系,之后在延世大学获得文学硕士、博士学位。1995年中篇小说《二重奏》入选《东亚日报》"新春文艺",由此登上文坛。之后开始从事文学创作,成为自由作家。代表作有《鸟的礼物》《妻子的箱子》《汉城兄弟》《搭讪》等。1995年其长篇小说《鸟的礼物》荣获"文学村小说奖",1997年小说集《搭讪》获得第10届"东西文学奖",1998年短篇小说《妻子的箱子》获得第22届"李箱文学奖",2001年以中篇小说《我曾经住过的房间》获得韩国小说家协会主办的第26届"韩国小说文学奖"。殷熙耕的作品大多描述20世纪90年代后期资本主义背景下的女性,她擅长以细致入微的手法挖掘被遮蔽的女性心理、思想和欲望。

《金星女》是一篇短篇小说,在2014年获得第14届"黄顺元文学奖",该小说收录在韩国文艺中央出版社于2014年出版的第14届黄顺元文学奖获奖作品集《金星女》中。小说以第三人称的视角展开,以回忆和现实穿插交织的形式,鲜活地展现了韩国90年代的女性形象。通过细腻地描绘主人公的经历和心理活动,揭示了女性的心理、思想和欲望,发人深省。小说以姐姐宥里的自杀为开端,唤起了妹妹万里对过去人生的回忆和思考。作者在小说中刻画了四种女性人物形象,分别为封建礼教的捍卫者——姐姐宥里,找寻自我的觉醒者——妹妹万里,故步自封的厌世者——万圭的母亲,以及追求自由的反抗者——小贤的母亲。四位女性有相似的生活经历,但在人生的十字路口,各有不同的选择。在此次翻译实践中,笔者将该小说的全文进行了翻译,该小说原文有33 000字,中文译文有21 000字左右。

该小说作者用细致的语言表现出女性内心深处的孤独,揭示了被遮蔽的女性心理、思想和欲望,表现出女性主义的关怀。同时揭示了社会中人与人之间交流中断的现状及女性问题,引起读者对自己的生活和人生进行反省。

2. 翻译文本分析

2.1 文本分析

"翻译活动是人类一项历史悠久的跨文化交流活动。随着历史的不断发展,翻译逐渐担负起了促进世界各族人民相互对话、相互交流、相互理解、共同发展的重任。"[1]忠实和通顺是翻译的必要条件，文本分析是翻译任务中最重要的环节之一。因此，译者在翻译之前需要通读原文，理解原文意义，了解原文语言风格。

本次翻译实践活动所选择的文本是《金星女》。在翻译中，笔者认为有以下四个翻译难点：

第一，该小说以第三人称的视角展开，作者语言凝练，描写细致，依托场景的变换与主人公之间的对话，生动地表现出人物的神态、心理与感情。文本中对人物的对话、动作和行为描写占据了较大篇幅，翻译时需要仔细斟酌，令人物的对话充满个人特征、肖像描写具有画面感、动作描写具有动态感。力求完美再现小说中的人物形象，使人物的思想、心理活动及作者的感情在经过翻译后仍能被传达。翻译时要求译者不仅要忠实于内容，还须还原原文的语言风格。

第二，文本中包含大量文化负载词。由于中韩两国的文化背景不同，韩语中的词汇在汉语中存在语义缺失的现象。在翻译时，如何克服两国之间的文化差异，如何将目的语文化中词义空缺的部分进行弥补，是译者要反复考虑的问题。译者不仅需要对源语文本所包含的文化背景知识有清晰的把握，更要对源语文化圈和目的语文化圈的社会文化有清晰的认识，掌握转换两种文化的能力。在涉及文化时，笔者在奈达功能对等理论指导下，以"异化"为主、"归化"为辅，努力让目的语读者与源语读者达到相同的阅读体验。

第三，用词风格层面，该书作者文学底蕴深厚，在文中使用了许多拟声拟态词来提高语言的生动性、可读性。汉语中也存在着一定数量的拟声拟态词，但较韩语而言并不发达，有时很难在汉语中找到与韩语的拟声拟态词完全对等的词汇进行翻译，这是翻译的又一大难点。笔者在翻译这类词汇时，结合上下文的语境，考虑目的语读者的阅读习惯，灵活运用直译、意译、转换法等翻译技巧相结合的方法，在忠实于源语文本内容的基础上，力求重现原文生动灵巧的语言色彩。

第四，作者在文本中常用许多长难句，具体表现在被动句和长定语从句中。韩语的语言特征使得长定语句和长状语句能清晰地表达复杂的逻辑关系，而这却并不符合汉语的语言特征。因此，如何将复杂的长难句言简意赅、逻辑清晰地转换表达出来，使目的语读者得到与源语读者相同的阅读体验，也是译者要注意的重难点。

2.2 翻译理论介绍

译者应当在一定的翻译理论指导下，选择恰当的翻译策略，运用适当的方法进

---

1 许钧. 翻译概论[M]. 北京：外语教学与研究出版社，2009:前言.

行翻译实践。在这次翻译实践中，译者选择了凯瑟琳娜·莱斯的文本类型翻译理论和尤金·A·奈达的功能对等理论作为本次小说翻译的理论基础。

凯瑟琳娜·莱斯是德国功能学派的代表人物之一，她于1971年出版的《翻译批评：潜力与制约》一书中，提出了系统且具有启发性的文本类型学观点，建立起文本类型和翻译方法之间的紧密联系。她根据文本生产者的意图、修辞目的以及文本在实际使用中行驶的功能等因素，将文本划分为信息型文本、表达型文本以及操作型文本等三大类型，提出应根据不同类型的文本而采用不同的翻译方法。她指出表达型文本是表达出文本发出者精心组织好的内容，强调文本的创造性构建和语言的美学层面，在翻译时需要将源语文本所要表达的情感表现出来。本次翻译实践的翻译对象是短篇小说，根据凯瑟琳娜·莱斯的文本类型翻译理论，短篇小说《金星女》属于表达型文本。因此，在翻译的过程中，译者需要在尊重源语文本的基础上，传达源语文本的内容和思想情感。不单单是情节的记叙，而是在翻译时注意在目的语文本中再现源语文本中的艺术性和文学性，传达出源语文本的意境和神韵，使目的语读者的反应与源语读者的反应尽可能一致，给目的语读者带来美的感受。

尤金·A·奈达是美国语言学家、翻译家、翻译理论家。奈达从语言学的角度出发，根据翻译的本质，提出了著名的"动态对等"翻译理论，1986年，他深化"动态对等"的概念，提出了功能对等理论。奈达将"翻译"定义为"从语义到问题在目的语中用最近似的自然对等值再现源语的信息"[1]，提出了翻译的四个标准：传达信息；传达原作的精神与风格；语言顺畅自然，符合目的语规范和惯例；读者反应类似。[2]在面对语义空白、直译形式会造成源语文本意义不明晰或语句不流畅等问题时，译者可以为了忠实于源语文本内容而在一定程度上改变源语文本的形式。强调读者反应，主张意义上的对等以及源语文本风格的再现，追求目的语文本和源语文本所传达的精神和风格一致以及目的语读者与源语读者的反应相一致。此外功能对等理论强调，在准确传达、传递源语文本意义的同时，也要重现其美学价值，给读者良好的阅读体验。因此，笔者选择了奈达的功能对等理论为指导，来进行此次翻译任务。

2.3 翻译实践过程

翻译是一项复杂的跨文化交际活动，要求译者不仅要熟悉源语言的表达方式和文化习惯，更要了解目的语的表达方式和文化习惯。此次翻译可分为译前准备、翻

---

1 廖七一. 当代西方翻译理论探索[M]. 南京：译林出版社，2000:88.
2 同上。

译实践过程、译后修改三个阶段。

第一阶段是译前准备阶段。译前准备是翻译过程中的一个重要的环节，充分的准备工作能够让后期的翻译、校对甚至翻译报告的撰写事半功倍。笔者在译前做了如下准备工作。首先，笔者学习了相关的翻译理论知识。翻阅了《翻译学概论》《中韩翻译理论与技巧》《韩汉翻译研究》《文化与翻译》等理论书籍，并查阅了有关翻译理论的论文，对中西方的翻译理论做了一定程度的学习。其次，笔者对该小说作者进行了检索，了解了作者的成长经历与写作风格。随后在翻译之前细读原文，从内容、形式、语言风格等层面把握文本内容，对小说内容有一个初步的了解。另外，在阅读的过程中，将小说中的难词、生词和一些难以理解的文化负载词等进行标注，以便后续翻译工作顺利进行。

第二阶段是翻译实践过程阶段。该阶段进行的是初稿翻译。在通读全文后，笔者按照译前制订的翻译任务进度表进行翻译，完成初译。在翻译过程中，将需要润色和修改的句子做了标记，准备进行二次修改。

第三阶段是译后修改阶段。在初稿翻译结束之后，将上一阶段标记的句子进行了二次翻译。对照原文和译文初稿，检查译文有无错别字和错译、漏译现象，确保译文准确表达出原文内容。再次通读译文，检查译文是否存在句子杂糅、不通顺的情况，使译文尽可能地通顺流畅。

3. 翻译案例分析

奈达的功能对等要求"译文读者对译文所做出的反应与原文读者所做出的反应基本一致"[1]，但中韩两国的文化背景、语言使用的思维方式不尽相同，尤其韩语中的拟声拟态词和文化负载词很难在汉语中找到完全对等的词汇，难以让目的语读者完全体会到源语读者的阅读感受。因此，本次翻译实践活动的难点就在于如何处理带有文化特征的词汇和长难句，如何使译文在忠实于原文内容的同时保持形式上的美感，以及如何让目的语读者有源语读者的阅读体验。本章节就针对源语文本的特点，从词汇、惯用语、句子等三个方面出发，在奈达功能对等理论的指导下，分析如何处理源语文本中的翻译难点。

3.1 词汇的翻译

《金星女》是韩国女作家殷熙耕的短篇小说，属于文学作品。作者以女性作家特有的敏锐和细腻，运用风趣、生动却又严谨的语言刻画韩国女性的生活和思

---

1 赵丹丹. 浅论奈达的功能对等理论[J]. 文学教育，2011(03):54-55.

想。文本中既包含着韩语语言系统中较为发达的汉字词和拟声拟态词,又涵盖了承载着韩国文化的文化负载词。本章节以文本中具有代表性的汉字词、拟声拟态词、文化负载词为例,以奈达的功能对等理论为指导,分析该类词汇的翻译技巧和翻译方法。

3.1.1 汉字词的翻译

汉字词是以汉字为基础衍生出来的词汇,在韩语的词汇体系中大部分以名词的形式存在。在朝鲜半岛的三国时代,随着用汉字标记人名、地名等,很多汉字词汇入韩语中。高丽时代以后,日常用语中也使用汉字词,如今,汉字词在韩语中占一半以上。汉字是表意文字,因此经常被用来阐明复杂的概念或表达抽象的内容。此外,汉字词相对于固有词能够更明确具体地传达语义,因此,在专业领域或正式的文书中较多使用。汉字词的翻译是翻译的一大难点。根据奈达功能对等理论,翻译时不应只追求文字表面的死板对应,而应在两种语言之间达到功能上的对等,包括语义、风格和文体上的对等。因此,笔者在翻译过程中,立足功能对等理论,结合上下文语境,力求再现源语词汇信息与特色。

例1:

【原文】

다른 날 같으면 요가를 마치고 간단한 아침을 먹었겠지만 아무런 의욕도 입맛도 없었다.

【译文】

往常她做完瑜伽后都会简单吃个早餐,可今天却没有任何食欲。

作者为了突出主人公今日心情的变动,提到了主人公平常的行为顺序。如果按照汉字词本身所带的汉字音直译,只能翻译成"意欲",显然这不符合原文想要表达的"胃口""吃饭"的含义。而在韩中词典里,画线词所对应的词义有"欲望""热情""兴趣"等,将这些词带入这里的语境也明显不够恰当。因此,笔者在翻译时采用了意译,将原文中的汉字词所表达的"想吃饭的欲望"意译为"食欲",这样便于读者理解,也能还原原文的含义,做到原文与译文的双重对等。

例2:

【原文】

"전국노인요가대회"라는 행사의 출연자에게 지급되는 얼마 안 되는 사례비 때문에 노파들 사이에 경쟁이 벌어졌다.

【译文】

"全国老年人瑜伽大赛"会向<u>参赛者</u>提供寥寥无几的<u>奖金</u>，大妈们却因为这点钱而明争暗斗。

作者在此处是想描写大妈们因为一点点奖金而把这个比赛看得非常重要。在画线词中，"행사"直译为"行事"，词典中意为"活动"；"출연자"直译为"谢礼费"，词典中意为"酬金"。在这里如果按照汉字音进行直译，显然译文不符合中文的表达习惯，难以让译文读者领会原文含义；如果用词典中的意思对应，则会得到"'全国老年人瑜伽大会'向活动的出演者支付寥寥无几的酬金，因为这个酬金大妈们进行竞争"这一译文，显然，这也不够符合中文简洁明了的语言特征。因此，笔者在翻译时，采取了意译，因为原文中提到的活动为一个比赛，所以笔者将原文中"活动的出演者"按照原句的深层含义改为"参赛者"，将"谢礼费"改换为"奖金"，以此来追求译文的简洁明了、通俗易懂。

3.1.2 拟声拟态词的翻译

拟声拟态词数量繁多、构词复杂、用法多样，这是韩语的一大特点。拟声拟态词也是中韩翻译中的一大难点。据2015年韩国国立国语院的统计，韩语拟声拟态词有10,800多个，从数量上看是汉语的十几倍。拟声拟态词将语音与语义直接结合，可以表达自然界和人的声音，还可以表达状态、容貌及情感，体现了韩语特有的魅力，在韩国文学作品中发挥着不可或缺的作用。在《金星女》中，作者描写人物的行为和风景的时候，使用了很多拟声拟态词。可是汉语中拟声拟态词的数量较少，翻译时出现了语义空缺的现象，韩语中的大部分拟声拟态词在汉语中很难找到语义完全对等的词汇，具有一定的不可译性。但是如果省略不译，文章的生动性、趣味性、文学性将会大打折扣。于是笔者在翻译时，考虑到目的语读者的阅读习惯，采取了归化的翻译策略，并根据奈达的功能对等理论，运用了意译的翻译方法和减译、转换等翻译技巧相结合的方式，力求带给目的语读者与源语读者相同的阅读体验，达到功能对等。

例3：

【原文】

바람이 불 때마다 바닥의 마른 나뭇잎들이 시멘트 바닥을 스치는 스산한 소리를 내며 <u>우르르</u> 위로 날아오른 뒤 어둠 저편으로 굴러갔다.

【译文】

每当起风的时候，掉落在地面上的干枯树叶，掠过水泥地面时发出飒飒的响声，<u>一窝蜂</u>飞舞到空中，滚落在漆黑的街道上。

"우르르"在韩语词典中的释义为"人、动物、事物等突然大量聚集的样子""堆放的物品突然倒塌、倾倒的声音或样子"。在这个例句中"우르르"是拟态词，形容堆积在水泥地上的落叶随风飞散在空中的模样。可是汉语中没有形容很多树叶随风飞上空中的拟态词。因此笔者根据奈达的功能对等理论，综合原文场景，最终选择了"一窝蜂"一词。"一窝蜂"在汉语中的意思是一个蜂巢里的蜂倾巢出动，形容人多声杂，乱哄哄地一拥而上。奈达认为，"意义是最重要的，形式其次"。显然，在小说翻译中，最重要的是再现原文信息，因此，笔者根据奈达的功能对等理论，大胆舍弃形式对等，仅保留拟声拟态词的内在含义，力求达到译文与原文内容上的对等。

例4:
【原文】
<u>쩝쩝</u> 소리를 내고 입가에 음식을 묻히고 또 국물을 흘리고 <u>허겁지겁</u> 먹는 모습도 거슬렸다.
【译文】

吃饭时发出<u>吧唧吧唧</u>的声音，嘴角粘着食物残渣，洒落汤水、<u>狼吞虎咽</u>的样子也很碍眼。

小说中的女主人公万里常年独自生活，习惯了一个人吃饭。她不喜欢跟性格大大咧咧或穿着邋遢的人共餐，因为他们不遵守吃饭的基本礼仪，进食不太雅观。例4是对这些人吃饭动作的描写，其中，"쩝쩝"是拟声词，形容吃饭发出的不雅声音，汉语中正好有语义和用法与其完全对等的"吧唧吧唧"，因此翻译为"吧唧吧唧"。"허겁지겁"是拟态词，形容举止慌乱、不稳重，通常可译为"仓皇地""慌张地""惊慌失措地"，但在例4中，"허겁지겁"描写了吃饭的动作又快又急。在汉语中，形容吃东西又猛又急的样子时，使用"狼吞虎咽"这一成语。因此，笔者根据奈达的功能对等理论和原文的内容，运用转换法的翻译技巧将拟态词翻译为成语，使译文生动形象，淋漓尽致地再现了原文的内容。

如上所述，在翻译拟声拟态词时，最重要的是要克服目的语文本语言环境与源语文本语言环境不相对等的情况。当在目的语中找不到与源语相对等的词汇时，为保证目的语文本的忠实度、语言的可读性，笔者多采用归化的翻译策略，并灵活采用意译的翻译方法和转换法、增译法等翻译技巧对源语文本进行处理。根据奈达的功能对等理论，虽然表层的形式不能达到完全对等，但为了将内容正确地传达给读者，不得不进行形式的改变，来实现译文在目的语环境中的交际功能。此外，笔者认为，拟声拟态词生动地表现着原文描述的动作、状态，在翻译时更需要注意其语感上的美感，尽量选择汉语中合适的拟声拟态词进行翻译，来提高语言的文学性，增强读者的阅读体验。

3.1.3 文化负载词的翻译

文化负载词指"标志某种文化中特有事物的词、词组和习语。这些词汇反映了特定民族在漫长的历史进程中逐渐积累的、有别于其他民族的、独特的活动方式"。[1]文化负载词承载着各民族的文化内涵，在翻译时会碰到以下两种情况：一是"某一文化负载词在源语文化和目的语文化中概念意义与文化意义基本相同"[2]，二是"某一文化负载词在源语文化与目的语文化中概念意义或文化意义不同"。[3]第一种情况可直接采取直译的方法进行翻译，第二种情况则要根据具体情况来选择合适、恰当的翻译技巧，以意译的方法进行转换。译者在翻译文化负载词时，需要了解两种语言的文化背景，考虑如何弥补目的语文化中词义空缺的部分。

中韩两国文化背景不同，物质文化的焦点各异，这反映了人类在生活中创造的表现社会、物质文化特征的词汇之间存在着语义空缺的现象。因此，笔者在翻译时立足于奈达的功能对等理论，采用异化的翻译策略，让读者走近韩国文化，并采取直译、意译相结合的翻译方法和音译、加注等翻译技巧，使目的语读者正确了解源语词汇的内涵，力求达到译文与原文功能上的对等。

例5：

【原文】

봄햇살이 내리쬐는 기와집 마루에 나란히 앉아 종아리를 대롱거리며 뻐꾸기처럼 노래 부르던 소녀들.

【译文】

并肩坐在洒满阳光的瓦房厅板上，晃动着小腿，像布谷鸟般欢声歌唱的少女们。

"마루"是韩国传统建筑——韩屋独有的结构之一，其词义在汉语中是缺失的，

---

1 廖七一. 当代西方翻译理论探索[M]. 南京：译林出版社，2000:232.
2 王恩科. 文化负载词翻译技巧选择探讨[J]. 重庆商学院学报，2002(04):83-85.
3 王恩科. 文化负载词翻译技巧选择探讨[J]. 重庆商学院学报，2002(04):84.

所以需要通过加注的方式进行额外说明。"마루"指的是在韩屋内部及屋外周围用木头铺成的空间，离地面有一定高度，且外墙设计为开放式、易于开合的结构，常作通风、乘凉或祭祀之用。词典中对其的汉语解释为"地板"，但地板一般指"建筑物地面的表层，由木板或其他地面材料做成"，并不是原文韩屋中所指的"空间"之意，与原文中的"마루"有很大的差异。对此，笔者立足于奈达的功能对等理论，采用了词典中"厅板"的译法，使用加注法进行补充说明，还原原文内容，这样便于译文读者正确理解原文内涵。笔者在翻译过程中时刻遵循奈达的功能对等理论，在介绍韩国文化的同时，尽量运用简单易懂又不失流畅的语言来传达原著作者表达的意思，尽量减少文化差异带来的误解，最终目的是要实现译文和中国读者的语内交际。

例6：
【原文】
　　완규와 현. 마리는 잠시 머릿속으로 둘의 촌수를 헤아려 보았다. 한쪽은 죽은 오빠의 외손자이고 한쪽은 죽은 언니의 손자이니 육촌쯤 되는 걸까.

【译文】
　　万圭和小贤，玛丽在脑子里算了一下两个人的寸数。万圭是逝去的哥哥的外孙，而小贤是死去的姐姐的孙子，两个人应该是六寸关系。

　　中国古代用"丧服制"来区分亲属的亲疏远近，将其总体上分五等，讲究"亲者、近者其服重"，而"疏者、远者其服轻"；日本跟中国类似，在明治三年颁布的《新律纲领》中规定"五等亲"制度。相较于中国的"丧服制"和日本的"五等亲"，韩国人采用了更为复杂的"寸数"制度，以此确定亲属关系。所谓"寸数"，又叫"计寸法"，是一种衡量亲人亲疏关系的计算方法。这种"寸数"制度用"寸"为单位，计算本人"我"与亲戚之间的亲疏远近，进而指称对方。"寸数"以"我"本人或"夫妻"作为出发点，因为"我"与丈夫或妻子，无远近之分，故夫妻间的"寸数"为零。即便现在，韩国人称呼自己的丈夫或妻子还用"자기（自己）"，中文一般把这个词翻译成"亲爱的"，但如果按照韩文原意来表示，这个词就是"称呼自己"之意，表示夫妻的亲密无间。比夫妻关系远一层的亲人，首先是与"我"有着深厚的血缘关系的父母，他们的称呼是"一寸"，其次是比父母远一点的亲人，他们是亲兄弟姐妹，被称为"二寸"，接下来是比一奶同胞更远的亲戚，就是叔伯子侄，他们是"三寸"，再远一些的是堂兄弟，他们是"四

寸"，以此类推。

"寸数"作为韩国独有的用来表达亲属关系的计算方法，从公元12世纪的高丽王朝一直沿用至今。"寸数"制度之所以在韩国形成，且延续了七百多年，是因为这项制度不仅扎根于文化土壤，而且面向现实需求，在精神和实践两个层面都有独到之处，自然拥有强大的生命力。韩国在实现城市化之前，保持着农业宗亲社会的状态，人们认为六寸以内不分家，且八寸以外虽不是至亲关系，但仍有宗亲关系，并且共同祭祀五代以上祖宗的宗亲。

在原文中，万圭是万里哥哥的外孙子，小贤是万里姐姐的亲孙子。万圭的妈妈是万里哥哥的女儿，他们是父女关系；小贤的爸爸是万里姐姐的儿子，他们是母子关系，根据韩国的"计寸法"计算，父女关系和母子关系是一寸。万里和哥哥、姐姐是兄弟姐妹，他们之间是二寸。万里的哥哥是万圭妈妈的舅舅，万里的姐姐是小贤爸爸的姨妈，他们之间是叔伯子侄、姨母子侄关系，因此他们之间是三寸。万圭的妈妈和小贤的爸爸是堂兄妹关系，因此他们之间是四寸，以此类推，万圭和小贤应该是六寸。笔者翻译此句时，采用异化的翻译策略，运用加注法的翻译技巧，加以说明。旨在帮助译文读者理解原文内容，并更好地了解韩国独有的"寸数"文化。

如上所述，文化负载词因承载着各民族的文化，不同语言之间会出现词义缺失或词义相近的情况。两个民族之间的文化焦点越不同，语言中语义重叠的词汇就会越少。针对文化负载词，笔者认为，最重要的是，要以奈达的功能对等理论为指导，保证原文内容正确转换到译文语言中。如果源语文化中的词汇能在目的语文化中找到意思相同的词语，译者需要采取直译；如果源语文化中的词汇在目的语文化中概念意义不同，译者需要通过加注的方法进行补充说明；如果源语文化中的词汇在目的语文化中概念意义缺失，译者需要采取异化的翻译策略，保留原文的民族文化色彩，让读者靠近原文、自主领略原文语言中的文化魅力。但无论使用何种翻译策略、何种翻译方法，都需要达到译文与原文在内容上对等的目标，不能破坏译文的跨文化交际功能。

3.2 惯用语的翻译

此次翻译实践文本是一篇短篇小说，文学色彩非常浓厚，作者在小说中运用惯用语，提升了读者的审美体验。但是中韩两国文化背景存在差异，使得韩语中常见的惯用语并不能一一与汉语对应。如何能克服差异，实现译文与原文的功能对等，也是译者在翻译时着力考虑的问题。在翻译惯用语时，笔者主要通过以下两种方式处理：首先，考虑将其译为汉语中与之形式相近、意义相同的惯用语；其次，若汉语中无相对应的惯用语，则考虑前后脉络和语言风格，将其译为符合小说内容、具有一定文学色彩的词汇。

例7：
【原文】
　　얼마 안 가 그는 돈을 주고 줄을 대어서 서울에 있는 공군 공병대에 입대했다.
【译文】
　　没过多久，他拿钱走了后门，加入了位于首尔的空军工兵部队。

　　在韩语中，惯用语格外发达，广泛用于日常生活中。例文中的"줄을 대다"是韩语中经常使用的惯用语，意思是"善于打通关系"，这里是指主人公花钱通过一些不正当的手段加入了首尔的空军工兵部队。汉语中有能够对应此意的惯用语，就是"走后门"。因此，为了重现原句中惯用语所表现出的文学性，并准确地传达内容，笔者采用了"走后门"这一译法，更加生动地表现了主人公利用金钱为自己谋利的行为，也增强了文学美感。

例8：
【原文】
　　우리 엄마 엄청 길눈 어둡거든. 하숙집을 못 찾아서 동네를 한 시간씩 헤매고 그랬나 봐.
【译文】
　　我妈妈一点都不认路，可能是因为找不到寄宿的地方，才在村子里徘徊了一个小时吧。

　　例8中画线部分是韩语中的常见惯用语，表示"找不到路"之意。原文中未使用"길을 못 찾다"，而是使用了惯用语"길눈 어둡다"，这无疑是为了提升原文读者的审美体验。因此在翻译时，笔者使用了"不认路"这一译文，将原文中原来是肯定句的形式转换为否定形式进行翻译，强调了妈妈不会找路、找不到路而徘徊不前的状态，给予目的语读者与源语读者最对等的阅读体验。

3.3 句子的翻译

　　汉语和韩语分属于两个不同的语系，其句式结构的特征各异。韩语属黏着语，语法关系主要靠助词来表达，因此韩语中各成分的位置或排列顺序较为自由，每一成分前的修饰语往往较长，而汉语"主要依靠语序、虚词等语法手段来表示语法关系和语法意义"[1],即须通过固定的虚词和语序才能正确清晰地表达句子含义,每一成分前的修饰语往往较短且各成分的位置较为固定。这种语言间的差异使得韩语中常见的被动句、长定语从句和长状语从句不适用于汉语,翻译时不能拘泥于形式的对等而进行硬译和死译。本章节就以奈达的功能对等理论为指导,重点讨论韩语句子中被动句、长定语从句的处理方法。

3.3.1 被动句的翻译

本文所讨论的韩语的被动句,指的是广义上受事充当主语的句子,含有"이, 히, 리, 기""-되다""-게 되다""-아/어/여 지다"等的句子都包括在内。原文作者在陈述客观事实时,为避免过于浓重的个人主观色彩,多使用被动句来保证文本的客观性。但汉语中的被动句常表示主语"被谓语动词代表的动作处置"的含义,语气上多有"不如意"的色彩。在进行韩汉翻译时,如果把韩语的被动语态全部直译成汉语,译文会出现翻译腔严重的问题。因此,在翻译时,要以奈达的功能对等理论为指导,在忠实于原文内容的同时保持译文语言的自然流畅,提高译文读者的阅读体验。

例9:

【原文】

그곳은 밤새 가로등이 밝혀져 있었고 이층 서재에서 창문을 열면 훤히 내다보이는 친숙한 장소였다.

【译文】

那个地方整夜路灯都亮着,是一个打开二楼书房的窗户就能一览无遗的熟悉的地方。

例9中以"밝혀지다"一词表达了"路灯照亮那个地方",如果直译成"那个地方整夜都是被路灯照亮的",则译文显得拗口难懂,翻译腔严重。因此,笔者在翻译时采用转换法,将其转换成主动句,明确句子表述的主体,并以主谓形式转换原文的内容,这样虽然形式上与原文并不对等,但增强了译文语言的流畅性和可读性,实现了译文在目的语语境中的交际功能。

例10:

【原文】

할아버지 학생들이 공부를 싫어했기 때문에 가르칠 필요는 없이 강사료만 챙기게 되자 주변 할머니들로

---

1 吴仑真. 韩、汉语法对比研究之研究[D]. 上海交通大学硕士学位论文, 2013.

부터 원성이 자자했다.

【译文】

  爷爷辈的学生们不喜欢学习，老师不需要教课就<u>能拿到酬劳</u>，这样一来却引起了周围奶奶们的强烈不满。

  原文中以被动语态客观讲述了主人公得到酬劳的情形。若直译成"爷爷辈的学生们不喜欢学习，所以不需要教课酬劳就能被拿到，这样一来却引起了周围奶奶们的强烈不满"，能看出译文强调这个被处置的动作。但原文中的"챙기게 되다"强调的是主语的状态和结果，并不是汉语被动句中"被处置"的含义。因此，笔者在翻译时，将原文中的被动语态用转换法译成主动，添加了"拿工资"的动作主体"老师"，并转换为主谓关系，使语义更为明晰，在一定程度上保留原文形式、忠实于原文内容的同时稍作改动，以达到译文和原文的功能对等。

  如上所述，笔者在进行翻译实践时，以奈达的功能对等理论为指导，注重还原原文的内容，对原文的形式做了一定程度的修改。笔者认为，翻译时要考虑到韩汉两种语言的语言习惯，在保证准确翻译内容的基础上，按照译文的语言习惯对文章进行适当调整，以奈达的功能对等理论为指导，灵活采用增译法、减译法、转换法、倒置法等翻译技巧来增强译文的可读性，提升译文读者的阅读体验，达到译文读者与原文读者获得相同阅读体验的翻译目标。

3.3.2 长定语从句的翻译

  韩语属于黏着语，所以主要依靠助词和词尾来表达其语法关系，加之韩语中谓语在句末出现，因此，韩语中习惯通过长定语来表示复杂的语义关系，且长定语的存在不仅不会使修饰语和中心语难以分辨，而且还会增强句子的逻辑性，使句意更加清楚明晰。但与之相反，汉语以"主谓宾"的语序和虚词来实现语法关系，这要求句子中各个成分顺序固定，且汉语"倾向在文章开头就提示明确的中心词语，而修饰中心词语的内容更习惯置于其后"[1]，即使用"中心语+修饰语"的形式。这使得汉语各成分前的修饰语较为精炼，若修饰语过长，译文的翻译腔严重，读者会感觉句子表意不明、逻辑难懂。因此，在翻译时，译者需要考虑到韩汉两种语言的特性，以奈达的功能对等理论为指导，对原文的长定语从句做形式上的转换。此文本属于小说，原作者使用了不少长定语从句，笔者将选取其中较为典型的例子，分析

---

1 王艳丽. 以修饰语成分为中心浅析中韩文体差异及翻译策略[J]. 东方翻译，2018(02):19-25.

这类句子的翻译方法。

例11:
【原文】
미모를 타고난 데다 정기적으로 피부 관리를 받고 최신 명품의 충실한 고객인 언니는 나이보다 열 살은 젊어 보였다.

【译文】
姐姐天生貌美，加上定期接受皮肤护理，还是知名品牌当季新品的忠实顾客，看起来要比她实际年龄小十岁。

作者在描述姐姐的人物形象时，使用了一个长定语句。例文中的画线部分是"姐姐"的修饰语，具体描绘了姐姐的外貌状态。如果按照原文直译，则会得到"天生貌美，加上定期接受皮肤护理，还是知名品牌当季新品的忠实顾客的姐姐，看起来要比年龄小十岁"这一译文，该译文杂糅难懂，且核心信息难以分辨。因此，笔者在翻译时采取倒置法、转换法等翻译技巧，优先满足内容的对等和译文的通顺，将原文的长定语转换成"主谓句"，并按照中文语序，将核心词汇及句子主语"姐姐"提到句子最前面，明确句中的核心信息。笔者通过转换法和倒置法，将原文翻译成适合汉语语言习惯的译文，便于读者理解，实现了奈达功能对等理论中的让译文读者和原文读者达到相同阅读体验的目标。

例12:
【原文】
한창 형편이 어려울 때와 부도가 나서 남편이 객지로 몸을 숨겼던 시기의 사진이 물론 없었다.

【译文】
那时家境正好困难，又破产了，丈夫躲到外地，当然没有那时的照片。

例12中的画线部分是"照片"一词的长定语，解释"照片"的具体内容。如果按照原文直译，则会得到译文"那时家境正好困难又破产，丈夫躲到外地时期的照片当然没有"，该译文杂糅难懂，且核心信息难以分辨。因此，笔者在翻译时采取增译法、转换法、分译法等翻译技巧，将原句子分成两个，先将定语部分转换为主谓句，而后再翻译句子的核心内容"没有那时的照片"，通过增添"那时"一词连接起两个句子。笔者通过以上翻译技巧，将原文的长定语句稍做转换，优先满足内容的对等和译文的通顺，实现了让译文读者和原文读者达到相同阅读体验的目标。

从上述例子可见，韩汉两种语言的语言习惯不同，在翻译时需要以汉语语言习惯为主，需要避免出现冗长繁杂的定语。针对原文中较短的定语，笔者采用直译的方法，在内容和形式上保持译文和原文双重对等；针对原文中较长的定语，笔者综合使用分解法、倒置法、转换法、重组法等翻译技巧，将长定语分解成几个小短句，并将原文中的定语成分转化为汉语中的状语，同时按照汉语的语言习惯调整语序，在忠实于原文内容的基础上，提高译文语言的逻辑性、准确性、可读性，让译文读者读起来不觉晦涩难懂、逻辑混乱，达到译文与原文的功能对等。

4. 结语

本次翻译实践任务选择了韩国知名女性作家殷熙耕的短篇小说《金星女》，撰写了翻译实践报告。该小说以第三人称的视角展开，作者语言凝练，描写细致，依托场景的变换与主人公之间的对话，生动地表现出人物的神态、心理与感情。在翻译小说时，译者需要仔细斟酌，注意小说中体现人物个性的语言，人物塑造的描写以及小说的文体风格。不仅需要忠实地传达源语文本的内容，也需要通顺地组织目的语文本的语言，注意还原源语文本的语言风格，力求完美再现小说中的人物形象，使人物的思想、心理活动及作者的感情在经过翻译后仍能被传达，使目的语读者能够获得与源语读者相同的阅读体验。

该小说作者文学底蕴深厚，在文中使用了许多汉字词、拟声拟态词和文化负载词，如何处理在汉语中语义空缺的此类词汇是本次翻译实践的难点之一。同时，被动句、长定语从句的处理也是本次翻译实践中需要仔细斟酌的重难点。笔者在着手进行翻译任务前，进行了充足的译前准备，查阅了大量相关书籍和资料，对原著作者和韩国文化有了一定的了解。对文本进行分析时，选择了适合此文本的翻译理论和翻译策略。对于翻译中出现的重难点，笔者灵活运用直译法、意译法、转换法、增译法等翻译技巧，找到了最符合汉语语言习惯的译文，使译文与原文达到功能对等。另外，以翻译时感受到的重难点为基础，笔者从词汇、惯用语、句子三个层面分析了翻译技巧和翻译方法，撰写了此次翻译实践报告，完成了本次实践活动。

通过本次翻译实践，笔者积累了一定的翻译经验，增强了外语理解能力和母语写作能力。同时，认识到了自身的不足之处，比如，母语写作能力还有待提高，汉语文学词汇匮乏，平时文学类书籍读得少，等等。在今后的学习工作中，笔者会在认真学习理论知识的同时，通过大量实践来提高自己的翻译能力、拓宽知识面，不断提升自身专业素养，为成为一名优秀的译员而不懈努力。

参考文献

1. 专著、译著

[1] 廖七一. 当今西方翻译理论探索 [M]. 南京：译林出版社，2000.

[2] 刘军平. 西方翻译理论通史 [M]. 武汉：武汉大学出版社，2009.

[3] 穆雷. 翻译研究方法概论 [M]. 北京：外语教学与研究出版社，2011.

[4] 金永寿，全华民. 汉朝朝汉翻译基础 [M]. 延吉：延边大学出版社，2011.

[5] 吴玉梅. 汉韩翻译教程 [M]. 上海：上海外语教育出版社，2016.

[6] 朱立元. 当代西方文艺理论 [M]. 上海：华东师范大学出版社，2014.

[7] 许钧. 翻译概论 [M]. 北京：外语教学与研究出版社，2009.

[8] 许渊冲. 翻译的艺术 [M]. 北京：五洲传播出版社，2006.

[9] 谭载喜. 翻译学 [M]. 武汉：湖北教育出版社，2005.

2. 期刊论文

[1] 宫文蕾. 浅析奈达功能对等理论 [J]. 海外英语，2018(15).

[2] 李民. 韩汉翻译研究：理论与技巧 [J]. 当代韩国，2014(02).

[3] 王恩科. 文化负载词翻译技巧选择探讨 [J]. 重庆商学院学报，2002(04).

[4] 王呈梅. 韩语长句翻译技巧探析 [J]. 考试周刊，2016(52).

[5] 王懿. 文化语言学视域下汉韩长句翻译研究 [J]. 复旦外国语言文学论丛，2015(01).

3. 学位论文

[1] 吴仑真. 韩汉语法对比研究之研究 [D]. 上海交通大学硕士学位论文，2013.

[2] 朴恩淑. 中韩语篇对比与翻译研究 [D]. 复旦大学博士学位论文，2012.

《金班长的诞生》（节选）韩汉翻译实践报告

鹿韶楠[1]

1. 绪论

1.1 选题背景

近年来，人们对儿童读物的重视程度不断提高。目前，国内部分儿童文学作品存在教育性突出、趣味性弱的特点。我国儿童需要优秀的文学作品满足其心理需求，在读书的过程中接受教育，享受读书带来的快乐。

原文主人公是星田小学四年级学生与新来的班主任，讲述了新来的班主任制定了严格的班长竞选规则，四年级同学依此竞选班长的故事。这一主题在中韩两国都是相通的，目的语读者能够接受其中表达的价值观，即快乐阅读的同时接受教育。

原文语言生动、活泼、形象，儿童读者阅读时不觉得晦涩无趣。笔者在翻译时必须考虑到特殊的阅读目标群——儿童，应保证语言简单易懂、句式简短，富有生趣。这要求笔者在翻译过程中须用心斟酌用词，转换句式。对笔者来讲，这是一次提高翻译水平的好机会。

鉴于以上几点，笔者选择了《金班长的诞生》（『김반장의 탄생』）作为本次翻译实践的文本。

1.2 作品介绍

《金班长的诞生》是由"나무생각"于2015年出版的一本儿童文学作品，作者为赵敬姬（조경희），目标读者年龄为8～12岁。本书围绕着新班主任带来的班长选举制度，生动讲述了发生在星田小学四年级学生与学生之间、学生与老师之间趣味横生的故事。本书共有十三个章节，笔者仅翻译前四个章节，韩语原文约1万字，中文译文7000多字。

从题材来看，《金班长的诞生》属于儿童文学。本书通过一个人——新班主任，用一件事——班长竞选，活灵活现地刻画了十个四年级同学的形象，生动地叙述了竞选过程。最终在老师的推动下，星田小学四年级的同学明白了竞选应该公

---
[1] 山东大学外国语学院朝鲜语系研究生

平、公正的道理。本书从第一视角，而非全知视角进行叙述，使读者借书中人物之眼慢慢了解人物、故事情节，具有很强的代入感。阅读此书的小朋友将跟随文中"我"的视角和书中的小朋友一同明白"选举无小事""应该用正当的手段获取利益"等深刻的含义。

从语言上来看，本书使用了大量的短句，简单易懂。作者熟练运用比喻、拟人、夸张的修辞，行文引人入胜，吸引读者注意力，引发阅读兴趣。另外，作者灵活利用拟声拟态词、口语化表达方式，内容生动活泼，趣味横生，儿童文学语言色彩强烈，文学性强。

1.3 重难点分析

《金班长的诞生》一书叙述的故事贴近生活，句式简短，语言生动活泼且简单易懂。拟声拟态词是儿童文学翻译中常见的韵律表达方式，在篇幅有限的儿童文学书籍中，拟声拟态词能够用简单的文字塑造活灵活现的人物形象，传达丰富的情感，描绘细腻生动的画面。原文作者善用拟声拟态词，生动地塑造了性格鲜明且迥异的老师和学生的形象。中韩拟声拟态词不能一一对应，翻译中的一大问题便是如何翻译这些拟声拟态词，鲜活地展现人物形象及动作，保证译文的趣味性。原文作者利用发音相似但含义不同的特点，设计了文字游戏，如何用中文准确地表达出词汇的含义，又不丧失文字游戏的趣味性是翻译中的一个难点。

此外，文化差异也是翻译过程中需要注意的一个大问题。首先，作品中出现了表达韩国社会特有现象的词汇，中文中没有与此对应的词汇，这时笔者需要先了解词汇中包含的信息，后用中文表达出原文词汇中所含的信息。其次，作品为了贴合儿童的阅读、理解能力，使用了大量的比喻句，由于文化背景不同，比喻句中本体和喻体的搭配，喻体的象征意义不尽相同。因此在翻译过程中如何将其转换为目的语读者能接受、理解的意象十分关键。最后，熟语是一个民族悠久历史中流传下来的蕴含着人民生活智慧的表达方式，原文中熟语的意象具有强烈的韩国文化特色。考虑到此文本的目的语读者年龄较小，未形成独立成熟的价值观，阅读理解能力有限，译者要恰当处理这种文化差异，将其译为适合中国儿童阅读的作品。

2. 翻译介绍

2.1 翻译过程

首先，了解文本的大体内容，确定翻译文本，之后阅读全文，通过阅读，把握整体故事情节，掌握人物性格。在此基础上，笔者将自己要翻译的前四章制成电子版，再次阅读。在此过程中，笔者标注出了翻译的重难点。

其次，阅读相关专业书籍，了解翻译儿童文学作品的注意事项，加深对儿童文学翻译的了解。在有专业知识的基础上，了解真正的儿童文学语言，阅读儿童读物，从中汲取多样的语言表达方式和文字处理方式。阅读儿童文学翻译实践报告，了解翻译过程中会遇到的难点，学习解决方式。

翻译过程中，先自译自查。笔者将文本转化为电子版后开始翻译。遇到难点时，查找资料，进行初步处理，将其标注，以方便后期自我审校时重点处理。初翻结束后，对译稿进行校对。初次校对时一字一句核对原文，检查是否有错别字、格式错误、语法错误、用词不当等问题。初次校对结束后，脱离原文通读译文，检查上下文连接是否连贯流畅。最后是他人审校，找没有韩语背景的人通读全文，确认是否有难以理解的地方，进行最后修改。

2.2 理论介绍

针对翻译文本，笔者选择了弗米尔的目的论作为理论指导。弗米尔是翻译学教授和著名的翻译理论家，是德国功能派翻译理论的杰出贡献者，他的目的论是功能派翻译理论的奠基理论。

目的论有三个原则，分别是目的性原则、连贯性原则、忠实性原则。目的性原则是最优先原则，翻译的目的根据接受者不同，会有所不同。翻译过程中，译者所采取的翻译方法和翻译策略都是由翻译行为所要达到的目的决定的。在弗米尔看来，翻译行为是一种有意图、有人际关系的跨文化交际行为，翻译是一种"结果文本"。作为译者，要保证"结果文本"在目的语中与原文具有同样的功能。连贯性原则是指译文必须符合文内连贯的要求，即译文要有可读性。译者应该使行文流畅，再造一个对于目的语读者有意义的文本，使译文与目的语语境融为一体。忠实性原则是指要实现互文连贯，即目的语与原文文本之间的连贯。互文连贯存在与否将取决于以下三者是否保持一致：一是文本作者想要表达的最初原文文本的信息，二是译者如何解读信息，三是译者如何为目的语读者对信息进行编码。如果这三者之间互为贯通，那就遵循了忠实性原则。译文绝不能脱离原文的表达范围。译者作为连通原文和译文之间的桥梁，需要了解原文作者想要传递的信息，要能理解、接收这些信息，要能正确处理信息并使其为目的语读者服务。

目的论三原则中，目的性原则居核心地位，连贯性原则和忠实性原则属于目的性原则，而忠实性原则又属于连贯性原则，三原则是一种层级下降的关系，当连贯性原则和忠实性原则与目的性原则有冲突时，应根据目的性原则对译文进行调整。弗米尔所阐述的目的性原则中，其中一条便是"翻译的目的根据接受者不同，会有所不同，译者应该用最适当的翻译策略来达到目的语文本意欲达到的目的"。由此可见，目的论极为重视目的语读者，强调译者的作用，认为译者需要根据目的语读者的情况决定翻译策略及方法。本翻译文本与其他类型文本最大的差异点在于目的语读者的特殊性。儿童读者年龄小，阅读及理解能力弱，注意力不集中，对不同文化尚未形成正确认识。因此，本次翻译需要时刻注意根据特殊的目的语读者，调整翻译策略与方法，通过译者介入将文本中难以理解的因素最小化，实现让儿童享受阅读乐趣的目的。本次翻译中翻译目的处于第一位，这与目的论理念一致，同样强调译者的主动性，译者要根据读者特点选择合适的翻译策略、方法、技巧，消除目的语读者在阅读过程中的障碍，让他们享受文本带来的快乐。

3. 案例分析

本章节中从词汇、句子两个层面分别对拟声拟态词、文化负载词和人名，比喻句和熟语展开了详细分析。

3.1 词汇

为使文本生动形象，吸引读者的阅读兴趣，原文文本使用了较多的拟声拟态词。中韩拟声拟态词并不完全对应，如何用中文表达拟声拟态词所传达的含义，表现出拟声拟态词为文章增添的生动感，不令译文文本丧失文学性是翻译过程中的一个难点。本作品的世界观与现实世界一致，文中讲述了生活化的故事，其中有许多韩国人日常生活中经常使用且具有韩国文化内涵特色的词汇。根据弗米尔目的论中对文化素翻译的要求，译者需要让译文文本在目的语中具备与原文相同的功能。如何实现这一目的，是笔者在翻译时重点考虑的内容。本次翻译中出现的另一个难点是作品中人物姓名的翻译。翻译韩文人名时，一般情况下会首选韩文对应的汉字。原文中班主任与同学开玩笑，给班里同学起了外号。作者在为人物起外号时，利用与名字相似的发音，实现了语义的转变。笔者翻译时需从儿童视角出发，将发音变换与语义变换联系起来，保证译文简单易懂，不能给儿童读者阅读造成阻碍。

3.1.1 拟声拟态词

根据《标准国语大词典》给出的定义，拟声词指模仿人类或事物声音的话，拟态词指模仿人类或事物模样以及动作的话。韩国学界将拟声词及拟态词归属于象征副词,现有的《高中语法》教科书中,将拟声词归类于拟声副词。本文按此标准对拟声拟态词进行了统计。笔者翻译的文本部分中共有11个拟声词,41个拟态词。拟声词中10个有直接对应的中文拟声词,且表达效果相同。拟态词共41个,其中双音节词占比最高,有21个,其次是四音节词,有15个,四音节拟态词中ABAB型最多,有10个。在篇幅有限的儿童文学类书籍中,拟声拟态词能够用最少的文字传达最饱满的情绪,刻画生动的人物形象。

例1:

【原文】

마이크를 사용하지 않았는데도 최강철, 아니 산적 선생님의 목소리가 쩌렁쩌렁 울렸다.

【译文】

崔钢铁,不,是山贼老师。他明明没用话筒,但他的声音却像雷声一样轰隆隆地在我耳边炸开。

"쩌렁쩌렁"是形容声音大、声调高的拟声词,中文里没有与其对应的拟声词。原文开头孩子们将崔老师比喻为山贼,后续描写外貌时,再次着重描写了其黑乎乎的眉毛和乱糟糟的胡子。原文通过正面及侧面描写,生动刻画出了崔老师粗犷的外貌,表达了孩子们害怕的情感。例1发生在崔老师第一次与"我们"近距离接触时,描绘了"我"对崔老师声音的感受,意在进一步加深崔老师粗犷的形象,表现"我"害怕老师的心理。若是译为"他声音洪亮"或者"他声音嘹亮",趣味性及表现力均有损失,且情感偏积极,与原文不符。因此在翻译时,笔者运用了增译的翻译技巧,将声音具象化,比喻为雷声。一方面使用比喻句生动形象,具有趣味性,另一方面打雷的声音对小孩子有一定震慑力,符合原文崔老师的形象及"我"的心理感受。

例2:

【原文】

유치원도 끝났는지 민서가 교실 안으로 고개를 쭈뼛쭈뼛 내밀었다.

【译文】

幼儿园也放学了,敏书小心翼翼地将头探进我们班。

例2中的"쭈뼛쭈뼛"是"주뼛주뼛"的强调型,有"因为害羞而犹豫"的意思,

中文里没有与其对应的拟态词。联系上文语境，原文中"我"因为听班主任讲他蓄胡子的故事没能及时去幼儿园接"我"的弟弟，于是弟弟便来班里找"我"。幼儿园小朋友第一次到一个陌生的场合，不免会有些害怕。当弟弟伸着头找"我"，面对熟悉的哥哥以及不熟悉的同学和老师时，心理状态应该是既害羞又害怕。"小心翼翼"是一个神态词，生动地表现出弟弟在当时情境下的羞涩与谨慎。"小心翼翼"作为成语，将人物状态刻画得活灵活现，该词收录在人教版五年级语文课本中，属于小学阶段学习的词汇，难度低，易于理解。

例3：
【原文】
　　그러자 병만이가 산적 선생님의 뒤를 졸랑졸랑 따라갔다.
【译文】
　　山贼老师一出教室，兵满就屁颠屁颠地跟上去了。

"졸랑졸랑"形容人比较轻浮、调皮的样子。例3的上文中，班主任宣布班长竞选的规则后，只有兵满举手想要竞选，并觉得班主任的竞选规则很麻烦。虽然老师驳回了兵满举手表决选举班长的想法，但兵满心中仍坚信自己会当选班长。此时的兵满信心满满、意气扬扬，所以他非常愿意跟老师去拿登记表，"졸랑졸랑"地跟了上去。"屁颠屁颠"本意是形容小孩子走路一蹦一跳开心的样子，也引申为"服从""不违抗"的意思，与原文想要传达的含义一致。"屁颠屁颠"与"졸랑졸랑"同属于ABAB型叠词，这样翻译保留了原文的音韵美，画面感强，满足了儿童的审美需求。

　　翻译拟声拟态词时，若目的语中有对应的拟声拟态词，选择直译为佳，若没有对应的拟声拟态词，则应使用意译的翻译方法，理解好人物在当时情境下的情感，分析原文欲表达的效果，应用增译、转换等翻译技巧，准确传达原文信息，保持表达效果与原文一致。但在意译时，笔者认为应做到以下三点，一是须保证基本的含义正确，二是进一步保证人物形象及情感表现饱满，三是在前两者达成的基础上保证译文的趣味性。据统计，本次翻译部分原文中共出现了29个叠词拟态词，其中四音节ABAB型拟态词有10个。叠词朗朗上口，有节奏感，能够增加文章的渲染力及表现力。在翻译叠词时，若能将原文中的韩文叠词译为中文叠词，可以最大程度地保留原文的表达效果。

3.1.2 文化负载词

关于文化负载词的定义十分多样,其中廖七一认为文化负载词是指标志某种文化中特有事物的词汇,这些词汇反映了特定民族在悠久的历史进程中逐渐积累的、有别于其他民族的、独特的活动方式。奈达在《翻译科学探索》中将语言中的文化因素分为五类,分别是生态学类、物质文化类、社会文化类、宗教文化类和语言文化类。《金班长的诞生》这本书讲述了发生在生活中的形形色色的故事,语言通俗日常,有许多受传统文化影响形成的表达习惯,这些表达习惯中包含着韩国特有的文化。本次翻译实践报告遵循廖七一对文化负载词的定义,按照奈达的文化因素分类,将本文中出现的文化负载词归类至社会文化类文化负载词。

例4:
【原文】
  <u>종례 시간</u>이 되자 규리는 도전장을 내밀듯이 산적 선생님한테 아침에 한 질문에 대해 따졌다.
【译文】
  <u>放学前,班会刚开始</u>,圭丽就向山贼老师发起了挑战,追问早上提出的问题。

例句原文中出现的"종례 시간"是指放学之前班主任与班级同学打招呼,叮嘱注意事项或传达通知的时间。"종례 시간"中包含两个信息点:一是时间信息,指放学前的一段时间;二是内容信息,指这段时间内班主任会与同学们打招呼,叮嘱注意事项等。在NAVER词典中,这个词被翻译为"课后礼""放学礼""课后会""放学总结"等。由于中韩两国社会文化之间存在差异,中国老师偶尔会在放学前与同学们交流,但中文中并没有像"종례 시간"一样固定的词汇。"课后礼"等词语都不是目的语读者日常生活中常见的词汇,对于儿童读者来说,理解困难。如何让儿童读者理解这个词代表的时间信息和内容信息是笔者落笔的重点。首先是内容信息,结合原文内容可知,"종례 시간"的内容主要是选举班长。中国选举班长等班干部的时间通常被称为"班会",为了补充"종례 시간"中所包含的时间信息,笔者在"班会"前增加了时间条件——放学前,目的语读者可以根据自己的生活经验快速了解原文表达的所有信息。

例5:
【原文】
  자, 투표용지를 나누어 줄 테니 병만이가 우리 반 반장이 되는 것에 찬성하는 사람은 찬성 칸에 <u>동그라미</u>를 표기하고 반대하는 사람은 반대 칸에 <u>동그라미</u>를 표기하도록 해라.

【译文】

好了,接下来老师会为大家发放选票,同意兵满做我们班班长的话就在赞成下面画<u>对号</u>,不同意的话就在反对下面画<u>对号</u>。

韩国文化中用圆圈表示"正确""答对",用斜线表示"答错"。在中国,表示答对时用对号,表示答错时用叉号。这种文化差异只有了解或学习过韩国文化的人才明白,对于小孩子来说,这种没有接触过的符号体系会给他们带来混乱,他们无法获取"圆圈"的隐含义。若词汇中隐含着文化差异,翻译时,译者应发挥主动性,用目的语文化中有相同隐含义的词汇进行替换,消除阅读障碍,实现交际目的。

本文的目的语读者年龄较小,对文化差异接受能力差,因此译者在翻译文化负载词时应首选归化策略。译者应选择翻译方法中的套译法,借用目的语中的词汇替换原文词汇,采用转换的翻译技巧,进行文化层面的转换,提高译文的可接受性,向目的语的文化规范靠拢。

3.1.3 人名

文学作品会塑造丰富多样的人物形象,翻译这些人物姓名时通常采用音译的方法。韩文人名有对应的汉字,翻译时译者可以从韩文对应的汉字中挑选合适的字。但本次翻译的原文文本中,作者为增添趣味性,设计了两个文字游戏。在这种情况下,翻译人名时需要谨慎考虑,尽量将"原名"与"外号"自然地联系起来,重现原文的文字游戏。

例6:

【原文】

"<u>오, 병맛</u>이라고?"

【译文】

"<u>五瓶满?</u>"

例6中是文中人物的外号,他实际姓名为"오병만",中文译为"吴兵满"。因为"오, 병맛"与"오병만"发音相似,新来的班主任老师便借此给第一个提问题的吴兵满起了一个外号。"오, 병맛"意为"真是无厘头"。笔者一开始按中文含义,将其译为"无厘头",通过添加注解,解释说明二者韩语发音相似。但这种翻

译方式抹杀了原文中直观的文字游戏，影响了阅读流畅性，破坏了目的语读者的阅读体验。原书用插图将班主任取的外号具象化，如图1所示。因此笔者在翻译时，更倾向于与原文插图对应，译出图中形象，保留发音之间的关联。图1左边图像代表吴兵满，用一个瓶子来代表他的形象。因此，笔者保留"瓶"的形象，取"五"和"吴"的谐音，将其翻译为"五瓶满"。

例7：

【原文】

"너구리라고?"

【译文】

"卢狐狸？"

例7是文中另一位人物的外号，她的实际姓名为"노규리"，译为"卢蕙丽"。与例6相同，笔者一开始将"너구리"译为"小浣熊"，并为其添加注解。后来，根据目的论的目的性原则，笔者在翻译时力求向图片内容靠近，努力使译文符合儿童的理解能力，提高译文趣味性。图1右边是一只貉，又称"狸"。笔者考虑到"狸"发音与"丽"一致，决定保留"狸"字，将其三个字的外号译为"卢狐狸"。一开始，笔者根据韩文对应的汉字，将"노규리"译为"卢圭丽"。但因为"狐"与"圭"语音联系较差，于是笔者采用了改译的翻译方法，以与"狐"发音类似的"蕙"字取代了原本的"圭"字，加强了语音联系，构成了更完整的文字游戏。

图1 例6、例7参考图

本文属于现实主义题材，目的语读者是中国儿童，翻译目的是使中国的儿童读者享受阅读带来的快乐。根据目的论的目的性原则，实现翻译目的是第一位的。舍弃原文中精心设计的文字游戏，就意味着降低了目的语文本的趣味性，这不符合目的性原则。再现原文信息属于忠实性原则，当忠实性原则与目的性原则冲突时，应首先遵循目的性原则。

3.2 句子

《金班长的诞生》一书中，描写人物形象、神态、心理时都用到了比喻句。比喻句使行文充满童趣，人物形象生动饱满。熟语用词固定，语义结合紧密，含义与情感色彩约定俗成。本部分将从转换比喻句及熟语中出现的意象入手，进行分析。

3.2.1 比喻句的翻译

比喻是文学作品中常用的修辞手法，不仅能够生动形象地表现出外貌、动作、神情，而且还能提高文本的趣味性与文学性，是吸引读者阅读兴趣的重要手段。中韩两国历史、社会文化存在差异，相同喻体在中韩两国文化中的含义不尽相同。为解决这一难题，可以在理解原文本体、喻体搭配使用时所表达的含义的基础上，用中文语境中含义类似的搭配进行替换。

例8：

【原文】

갑자기 산적 선생님의 얼굴이 돌덩이처럼 굳어졌다.

【译文】

突然，山贼老师脸上像变了天似的乌云密布。

例句原文中将"脸"喻为"石头"，旨在表达班主任脸色发生变化，描写班主任生气的神态，画线部分可直译为"脸硬得像石头一样"。中文里"脸硬得像石头一样"代表"脸肿得像石头一样硬"，并没有生气这一层隐含义。中文常用天气来表现情绪、状态突然改变，如"风雨欲来山满楼""阴晴不定"等。因此在翻译这句话时，笔者转变喻体，用"乌云密布"来说明班主任脸色突变，神情阴沉。通过转变喻体使目的语读者明白原文想要表达的隐藏义。

例9：

【原文】

피리 부는 사나이처럼 병만이가 앞장을 서고 나머지 아이들은 생쥐 떼처럼 그 뒤를 따랐다.

【译文】

兵满像大将军一样站在前面，我们像群小兵一样紧紧地跟在他后面。

  例句原文将兵满喻为"吹笛人"，将四年级其他同学喻为"老鼠"。"吹笛人"与"老鼠"之间的联系源于格林童话中的 *The Pied Piper of Hamelin*，在韩国被译为"피리 부는 사나이""하멜른의 피리 부는 사나이"，在国内被译为"彩衣吹笛人""哈默林的吹笛人""哈梅尔的吹笛人"。这个故事在韩国流传广泛，家喻户晓，原文读者能够准确掌握本体与喻体之间的关系，四年级同学被辣海鲜面诱惑，眼巴巴地跟在兵满身后的样子被生动形象地呈现在原文读者面前。在中国，这个故事的绘本销量低，流传不广泛，若按例句原文直译，目的语读者可能会不明白为什么"吹笛人"后面会跟着"老鼠"，也可能想象不出四年级同学跟在兵满身后的神态。笔者在翻译时致力于降低阅读难度，还原人物神态。兵满此时要请四年级的同学去吃免费的辣海鲜面，他站在前面，在四年级同学眼中形象高大，因此笔者将兵满喻为"大将军"，将四年级同学喻为跟随"大将军"的"小兵"，使用了增译的翻译技巧，添加了"紧紧地"一词，来表现四年级同学急迫的心情与神态。

  笔者翻译的部分比喻句多，大部分比喻句中的本体、喻体所表达的含义中韩互通，但仍有部分比喻句须有文化背景，才能理解本体和喻体之间的联系以及二者搭配所表达的含义。中韩之间存在社会文化差异，本体与喻体搭配所表达的含义必然有不互通的情况。这种情况下，应准确分析原文想要表达的含义，在中文里寻找相匹配的意象，若是无法达到与原文相同的表达效果，可以使用增译的翻译技巧，进行补充，使描写更加具象化，帮助儿童理解阅读。

3.2.2 熟语的翻译

  熟语是语言长期发展流传下来的人们约定俗成的一种表现形式。熟语有着强烈的地区特点，体现了某一文化环境下人们的思维方式。在理解原文熟语时，我们要将其放在源语文化背景下去理解，在翻译时，需要转变思维方式，考虑目的语文化背景下的表达方式。

例10：

【原文】

다빈이가 좋아서 펄쩍펄쩍 뛰었다. <u>웬 떡이냐</u> 싶은 모양이었다.

【译文】

这不是<u>天上掉馅饼</u>嘛，多彬蹦蹦跳跳地追了上去。

例10中的"웬 떡이냐"是一个韩国熟语，通常用于表示"收到了意想不到的惊喜""遇到了意料之外的好事"。"떡"是韩国人的日常饮食，韩语中包含"떡"的熟语非常多，而且通常借其意象表达积极的感情色彩。但在中国文化背景下，"年糕"只是一种食物，人们并不理解"年糕"为何会蕴含积极的感情色彩。这种情况下，笔者考虑改换意象，来再现原文中的含义及情感。上文中提到，兵满以前只会邀请大家吃一次辣海鲜面，但由于新来的班主任改变了竞选方式，兵满提出再请大家吃一次。对于多彬来说，这是"意料之外的好事"。在中文熟语中，"天上掉馅饼"表示"无缘无故发生的一些满足人们欲望的事情"。因此使用套译法，用"天上掉馅饼"替换原文中的"웬 떡이냐"，达到与原文相同的表达效果。

例11：

【原文】

<u>공짜를 너무 밝히면 대머리가 된다</u>는데, 다빈이는 나중에 나이를 먹으면 대머리 아저씨가 될 게 분명하다.

【译文】

都说<u>吃人家嘴软</u>，多彬以后肯定会成为一个没牙的大叔。

例句中的"공짜를 너무 밝히면 대머리가 된다"是韩国人常用的熟语，直译为"总是贪图免费的东西，以后会成为光头"，旨在告诫人们现在贪图便宜，以后都要偿还。例句上文描写了兵满为了当选班长，"贿赂"班级同学，请同学吃辣海鲜面，多彬喜滋滋地跟着兵满走了。例句是"我"心理活动的描写，表达了"我"对多彬行为的不喜。例句中后半段有提到"대머리 아저씨가 된다"，例句前后呼应，可译为"如果总是贪图免费的东西，以后会成为光头，所以多彬以后肯定是个光头大叔"。由于中文里没有将"贪图免费"与"光头"搭配在一起的熟语，因此笔者考虑中文里是否有与人体器官相关，可以表达相同含义，有相同训诫意义的熟语。"吃人家嘴软"表示"收到别人的好处，就要帮别人办事"，与原文想要表达的

"吃了兵满的面，就要选兵满做班长"相契合。

中文里事物意象丰富，有着深厚的文化内涵，在翻译时，可以在充分理解原文文本所要表达的内容及情感的基础上，转变思维，在中文中寻找与其表达内涵一致的熟语。

4. 结论

本翻译实践报告选取《金班长的诞生》为翻译文本，探讨了在弗米尔目的论指导下翻译儿童文学文本时应采用的翻译策略、翻译方法及翻译技巧。

本次翻译实践选取的文本类型为儿童文学，读者为儿童，与笔者年龄差距大，因此笔者在本次翻译实践中，多次转换视角，站在儿童的角度思考译文是否合理。儿童的特点是认知能力较差，需要用丰富有趣的语言吸引其兴趣。笔者在翻译过程中认真分析原文语句的表达效果，争取让译文表达效果与原文一致。将韩语中丰富的拟声拟态词译成中文时，不局限于相同词性之间的直译，采用了意译的翻译方法，主要使用了增译、转换的翻译技巧，将拟声拟态词译为比喻句、叠词等。在翻译原文的文字游戏时，笔者遵循目的论中的目的性原则，努力尝试保留文字游戏带来的趣味，寻找语音之间的联系，结合图文内容，减少目的语读者阅读障碍，让其体会阅读乐趣。翻译文化负载词时重点着眼于词汇在句子中的功能，用中文语境下功能相同的词汇进行替换，抹去异国文化色彩，保证目的语读者在阅读过程中不会产生疑惑。

原文文本中使用了大量的比喻句，翻译比喻句时要注意喻体和本体的搭配。不同的文化背景下，喻体所代表的含义不同，笔者在翻译时适当转换喻体，避免目的语读者因文化认知差异而出现理解误差或不理解的情况。熟语是人们长期生活过程中积累并流传下来的，具有很强的民族色彩与通俗性。中文熟语丰富浩瀚，笔者翻译熟语时，努力挖掘目的语中与原文熟语表达内容与情感一致的熟语或词汇，保证目的语读者能够顺利读取信息，最大程度地保留了原文具有的通俗性。

撰写翻译实践报告的过程是一个收获和反思的过程，通过本次翻译文本及撰写报告，笔者加深了对理论的认识，提高了翻译水平，也感受到了自身翻译水平的局限，发现自己容易受韩语影响，并且存在词汇积累不够、翻译技巧不熟练等问题。在之后的学习中，笔者会查漏补缺，加深理论学习，进一步提高翻译水平。

参考文献

1. 专著、译著

[1] 廖七一. 当代西方翻译理论探索 [M]. 南京：译林出版社，2000.

[2] 刘军平. 西方翻译理论通史 [M]. 武汉：武汉大学出版社，2019.

[3] 奈达. 翻译科学探索 [M]. 上海：上海外语教育出版社，2004.

2. 期刊论文

[1] 최원평,「한·중 의성어의 문법적 의미적 특징」,『현상해석학적 교육연구』, 2010(03).

[2] 郭梓萌. 叠词在儿童文学翻译中的应用探析 [J]. 文化创新比较研究，2019(26).

[3] 马万平. 析汉斯·弗米尔的目的论 [J]. 语文学刊（外语教育与教学），2010(03).

[4] 熊兵. 翻译研究中的概念混淆：以"翻译策略"、"翻译方法"和"翻译技巧"为例 [J]. 中国翻译，2014(03).

3. 网络链接

[1] https://stdict.korean.go.kr/search/searchResult.do?pageSize=10&searchKeyword=의성어，2022.04.13

[2] https://stdict.korean.go.kr/search/searchResult.do?pageSize=10&searchKeyword=의태어，2022.04.1